U0128130

# 武漢近代工業史

——第一冊

唐惠虎、李靜霞、張穎 主編

序

# 工業是立市之本

唐良智

一

　　工業是現代經濟的脊樑，是財富之源，是國家綜合實力和競爭力的重要標志。習近平總書記二〇一三年七月在武漢考察時指出：「工業是立國之本」「我們這麼一個大國要強大，要靠實體經濟，不能泡沫化」。

　　世界近現代發展史表明：工業崛起，國家就崛起；工業興盛，民族就興旺。直到今天，這個規律依然沒有改變。不管人類社會發展到什麼程度，生產製造的能力始終是核心和關鍵。

　　第一次工業革命發端於英國，英國因此領先世界一百年。第二次工業革命中，美國迎頭趕上，異軍崛起，由此奠定了超級大國的地位。二戰後，德國、日本迅速再度崛起，靠的也是工業。

　　近代中國落後於世界，主要是製造業的差距。新中國成立以後，我國逐步建立了比較完整的工業體系。特別是改革開放以

來，我國製造業突飛猛進，一舉成為「世界工廠」，成就了經濟總量世界第二、在全球具有重要影響的最大新興經濟體的大國地位，工業發展居功至偉。

殷鑑不遠。二〇〇八年爆發的國際金融危機，讓歐美發達國家「去工業化」、過度依賴虛擬經濟的增長模式受到嚴重衝擊。為應對危機、走出困境，他們紛紛推進「再工業化」，發展高端製造業。回歸實業、重振工業，成為世界經濟發展的一個重要趨勢。

二

武漢是一座工業重鎮，工業是武漢的立市之本。工業文明是武漢近代文明的基石，是我們城市歷史最輝煌的一面。

二〇一三年，是武漢近代工業誕生一百五十年。回望武漢近現代發展史，工業與城市命運血肉相連、同頻共振。

武漢與上海、天津、廣州等均是我國近代工業的發祥地之一。武漢近代工業發端於一八六三年。鼎盛於清末民初的官辦、官督商辦和民族工業，武漢一度「駕乎津門，直追滬上」，成為我國近代最大的重工業城市、僅次於上海的第二大工業城市，「大武漢」與「大上海」齊名。

一八六三年是武漢近代工業的萌芽之年。一八六一年漢口開埠。一八六三年，俄國商人率先在武昌府羊樓洞開設磚茶廠，繼而轉至漢口建成我國第一座機制磚茶廠，這是武漢第一座近代工廠。製茶業成為當時漢口最大的工業。此後，英、德、法、俄、美、日等十七個國家在武漢開設了約二百五十家洋行和四十餘家

工廠，這些工廠大多是中小型企業，借助武漢是中國內陸最大對外貿易港口的優勢，進行農副產品深加工，以滿足歐洲、美國和日本的市場需求。

一八九〇年是武漢近代工業的提速之年。這一年，晚清重臣張之洞調任兩湖總督，由此督湖廣十八年，興實業、練新軍、辦新學，拉開了武漢近代工業蓬勃發展的大幕。武漢誕生了亞洲第一個大型鋼鐵聯合企業漢冶萍煤鐵廠礦有限公司，建成亞洲最早最大的鋼鐵聯合企業漢陽鐵廠、中國最大的軍工企業漢陽槍炮廠，僅次於上海的紡織工業群——湖北布、紗、麻、絲四局等二十家近代工廠，漢陽成為我國第一個重工業區，「漢陽造」聲名鵲起，享譽海內外，成就了武漢近代工業的輝煌，奠定了武漢的工業重鎮地位。

一九二六至一九三七年，是武漢近代工業發展壯大期。這一時期，恰逢我國民族資本第四次大遷徙，江浙、粵閩、川漢、湘徽、晉陝等商幫財力彙聚武漢，投鉅資發展紡織、機械、化工、輕工、食品等工業，進一步鞏固了武漢的工業大市地位。

這一時期，武漢工人階級迅速發展壯大，全市工人約三十萬人，約占全市人口的四分之一。二七大罷工、收回英租界等近代的著名工人運動中，武漢工人階級都做出了重要貢獻，武漢成為我國早期工人運動的發源地之一。

一九三八年底至一九四九年，是武漢工業的衰落期。日本侵略軍佔領武漢期間，全市大中型工業企業大量西遷至四川、湖南、廣西、陝西等省，減少百分之七十以上。

全市人口也由一百五十八萬人降至三十九萬人。抗日戰爭結

束後，受內戰影響，武漢經濟恢復乏力，物資匱乏、物價飛漲，工業企業停工停產達到一半以上。

新中國成立後，武漢工業迎來了發展的春天。新中國成立初期，工業迅速恢復，一九五二年全市工業總產值達到五億元，為一九四九年的一點二倍。在國家第一個五年計畫實施的一百五十六個重大專案中，武漢鋼鐵廠、武漢重型機床廠、武漢鍋爐廠、武昌造船廠、武漢肉類聯合加工廠、青山熱電廠和武漢長江大橋七個專案落戶武漢。此後二十多年時間，逐步形成了以鋼鐵、機械、紡織輕工為主，兼有化工、電子、建材等門類齊全的現代工業體系。在全國二十五個大中城市中，武漢工業總產值僅次於上海、北京、天津，始終位居前四。其中，冶金工業居第三位，紡織工業居前五位，機床擁有量也居前五位。武鋼，武重等「武字頭」大型國企崛起。武漢成為全國六大工業基地之一。此時的武漢，是中南地區經濟、文化中心，發揮著實質上的國家中心城市作用。

改革開放以來，武漢工業進入改革調整期。一方面，推進國有企業改革，改造重組傳統工業。武鋼、武重、武船等一批「武字頭」國有骨幹企業，實行產權多元化改革，建立現代企業制度，推進大規模技術改造，煥發出新的活力。東風汽車公司總部及其乘用車基地遷至武漢，汽車及其零部件產業逐步成長為武漢第一大產業。另一方面，優化工業空間布局，設立開發區，集中布局一批新的產業項目。武漢東湖新技術開發區於一九八八年正式成立，一九九一年被國務院批復為國家首批高新技術產業開發區，二〇〇一年被原國家計委、科技部批復同意建設國家光電子

資訊產業基地——武漢‧中國光谷，二〇〇九年十二月八日，國務院正式批准同意東湖高新區建設國家自主創新示範區。武漢經濟技術開發區於一九九一年動工興建，一九九三年被國務院批准為國家級經濟技術開發區。各區也先後設立一批省級開發區。吳家山經濟技術開發區於二〇一〇年被批准為國家級經濟技術開發區，二〇一三年被批准更名為武漢臨空港經濟技術開發區。以八十萬噸乙烯項目為龍頭，二〇〇八年設立武漢化學工業區。目前，東湖新技術開發區位居全國前列，武漢經濟技術開發區發展成為全國重要的汽車產業基地。汽車、電子資訊等產業釋放出巨大發展能量，成為千億元產業。武漢的工業結構進一步完善。

為重鑄工業輝煌，築牢城市發展基礎，二〇一一年，我們啟動實施工業倍增計畫。堅持抓大專案、大投入，引進建設上海通用武漢基地、聯想武漢基地等二十五個五十億元以上重大工業項目，工業投資兩年實現翻番，二〇一二年達到一千七百零一億元，位居副省級城市前列。抓大平臺，在六個新城區各規劃建設一個二十平方公里以上的工業倍增發展區，在三個跨三環線中心城區各規劃建設一個十平方公里以上的工業倍增發展區；推進產業集群發展，依託中國光谷、武漢經濟技術開發區、天河機場、武漢新港，構築大光谷、大車都、大臨空經濟區和大臨港經濟區「四大工業板塊」。抓大產業，大力發展汽車及其零部件、鋼鐵、電子資訊、石油化工、裝備製造、家電、食品等產業集群；確定「創新驅動、轉型發展」戰略，規劃培育新一代資訊技術、生物醫藥、新能源、新材料等戰略性新興產業。

兩年多來，工業倍增成效初顯。二〇一二年武漢工業總產值

突破萬億元，千億元產業達到五個。

規劃到二〇一六年，武漢工業總產值突破二萬億元，二〇一九年突破三萬億元，實現工業總量規模和品質水準同步跨越提升，打造國家先進製造業中心。

二〇一四年，是武漢工業發展的一個重要歷史節點。武漢工業走過一百五十年波瀾壯闊的歷程，站在了萬億元總產值的平臺上蓄勢待發。

三以史為鑑，可以知興替。武漢近代工業史是一座富礦，值得認真研究。兩湖總督張之洞興建我國重工業基地及京漢鐵路、粵漢鐵路、川漢鐵路的前瞻性思維，對官辦、官督商辦企業的支持，對工業企業經營模式的大膽創新嘗試，都值得今人借鑑。

民國「黃金十年」時期，武漢成為繼港穗（香港、廣州一帶）、上海、天津之後的近代第四次民族資本遷徙聚集地，其中的許多經濟因素和人才因素，值得我們深入思考。

武漢近代工業投資者、管理者和工人，敢為人先，衝破陋習舊規，創造了許多中國工業第一。武漢的許多優質工業品享譽世界，在歐美等國家深受歡迎。

一九一一年在南洋舉行的世界博覽會上，漢冶萍公司的鋼鐵製品，漢口勸工院的地毯、銅器、燈盞、琉璃、水晶、瓷器，湖北制麻局的葛布、假絲布，湖北繅絲局的紡織物，湖北氈呢廠的羊毛呢等十餘個產品，榮獲「最優等」或「金牌」獎。武漢的近代工業文明，為我們留下了一批十分珍貴的工業遺址。既有背負「國家富強、抵禦外侮」重任的漢陽鐵廠、槍炮廠舊址，也有民族資產者「自強不息、實業報國」的南洋煙廠舊址；還有英、

法、俄、德、日等外資工廠舊址。這些前人留下的寶貴遺產，是我們這座城市的歷史記憶，是城市獨特的文化符號，是城市無法磨滅的基因，必須得到保護和傳承。二〇一三年五月，武漢市人民政府批准《武漢工業遺址保護規劃》，在全市三百多處工業遺址中精選二十七處，公布為第一批市級工業遺址。

武漢地區的一批學者在不長的時間裡撰著了《武漢近代工業史》。本書以開闊的視野、翔實的史料，再現了武漢近代工業波瀾壯闊的歷史畫卷，既具有歷史價值，也具有現實意義。讀史明智，我們可以從中汲取營養和智慧，加快推進工業跨越發展，再鑄武漢工業新的輝煌！

是為序。

二〇一四年三月十六日

（唐良智　時任武漢市政府市長，經濟學博士，研究員、高級工程師）

目錄

# 第二冊

# 第三冊

# 第四冊

第一章 ——

緒論

　　武漢與上海、天津、廣州、南京、蘇州、福州等城市是中國近代工業的主要發祥地之一。

　　中國近代工業的誕生是一個極為緩慢的歷史過程，但是在外力作用下又奮發圖強，僅用一百多年的時間走了歐美國家二三百年的工業化路程。

　　自西元前二〇二年漢朝建立以來，中國就是世界主要的政治、軍事、經濟大國。西元十世紀至十八世紀末的唐、宋、元、明和清朝早中期，中國的經濟總量占世界的比重在三分之一左右[1]。

　　美國學者彭慕蘭對比了清朝中晚期即十八、十九世紀，西歐諸國和中國的人口預期壽命、卡路里攝入量以及茶葉、糖、紡織品的人均消費水準後認為，中國與西歐諸國的巨大差距是在一千八百年以後出現的[2]。據英國學者安格斯・麥迪森估計，中國在一八二〇年（清朝嘉慶末年）的國內總產值占全球的百分之三十三，但是由於中國人口龐大，西歐國家的人均購買力已經是中國的二倍[3]。

1　章開沅著《中國早期現代化的開拓者——張之洞與張謇比論》，載陳鋒、張篤勤主編《張之洞與武漢早期現代化》，中國社會科學出版社，2003年版，第245頁。
2　〔美〕彭慕蘭著《大分流：歐洲、中國及現代世界經濟的發展》，轉自梁柏力著《被誤解的中國——看明清時代和今天》，中信出版社，2010年版，第6頁。
3　參見〔美〕羅威廉著，江溶、魯西奇譯《漢口：一個中國城市的商業和社會1796-1889》，中國人民大學出版社，2005年版，第30-31頁。

十八世紀，英、法、奧、荷、比、意等歐洲國家出現政體改革和產業改良。稍後，英國爆發工業革命，席捲了歐洲以及深度依賴英國經濟的美國。西方列強用堅船利炮侵佔全球一個又一個的國家，用殖民地的財富和工業原料來富國強兵。

此刻，中國的清朝廷還沉浸在「中央天朝」的夢幻和海禁的政策中。十八世紀初，經朝廷准允，廣州十三行成為外國商人與中國地方高級官員交往的唯一管道，外國與中國朝廷貿易是「薄來厚往」。一七二七年以後，我國基本形成三大口岸，西洋貿易以廣州為主，南洋貿易以廈門為主，對日貿易以寧波為主[4]。對地大物博的中國窺伺已久的西方殖民帝國，以巨額貿易逆差和清朝廷傲慢無禮為由，頻繁挑釁中國並傾銷毒品鴉片。

一八四〇年六月二十八日，二十一歲的英國女王維多利亞下令向中國開戰。英法等西方列強用艦炮打開中國大門，逼迫清朝政府簽訂了一批喪權辱國的不平等條約。在掠奪財富和資源的同時，西方列強將中國捲入世界資本主義經濟貿易體系，使中國延續兩千多年的以區域政治中心布局城鎮的格局逐漸瓦解。通過國際殖民貿易和原材料加工，上海、廣州、福州、寧波、天津、廈門等沿海城埠，成為中國第一批萌芽近代工業的城市。

中國成為西方列強的工業原料來源國、工業品傾銷國和直接攫取金銀財富的半殖民地。

---

4　參見廣州十三行研究中心編《廣州十三行研究回顧與展望》，世界圖書出版公司，2010 年版。

　　長江流域特別是漢口周邊的繁華、富庶，通過西方傳教士的介紹，激起西方列強的極大興趣。一八四七年挪威、瑞典商人開始進入漢口經商。

　　一八五八年英、法兩國迫使清廷簽訂了十分屈辱的《天津條約》。根據此條約，一八六〇年天津開埠，從一八六一年四月英國駐漢領事館首設，到一九五一年四月英國駐武漢總領事館最後一個撤離，九十年間武漢三鎮先後有二十個國家設立領事機構。其中，曾設立駐漢口總領事館的有英國、法國、美國、俄國、日本、德國、比利時、義大利八個國家；曾設立駐漢口領事館的有葡萄牙、荷蘭、丹麥、瑞典、挪威、墨西哥、芬蘭、瑞士八個國家；曾在漢口設立領事代辦機構的有奧地利、西班牙、菲律賓、剛果四個國家。十七個國家在漢口成立約二百五十家洋行、二十家銀行和四十二家工廠。由此，西方列強在武漢開展了以爭取最大殖民利益為動力的國際貿易和近代工業的角逐。

　　一八六三年俄商漢口順豐洋行在武昌府羊樓洞建立磚茶廠，後遷至漢口，建成我國第一家近代機器製茶廠。隨後，英德法日美等國數十家近代工廠陸續在漢口、武昌、漢陽建立。西方國家商人在中國內陸建廠，控制農產品深加工及其對歐貿易，極大地刺激了清朝政府和還在激烈爭議的「洋務運動」。

　　清末洋務派領袖、湖廣總督張之洞，經奏請朝廷批准，在武漢建立了鋼鐵、機械、紡織等一批具有亞洲領先水準的大中型企業，主持修建了影響深遠的京漢鐵路，主持啟動了粵漢鐵路工程。幾乎在同時，以復興民族為抱負的武漢民族資本家，也先後創辦了機械、水電、輕工等一批國內一流的大中型企業。

清末民國初，武漢後來居上，成為中國近代最大的重工業基地，成為僅次於上海，與天津、廣州、青島、南京、蘇州、無錫等並駕齊驅的近代工業城市。

清朝宣統三年（1911），《最近漢口工商業一斑》第五章工業，第一節 概說，引用日本駐漢口總領事水野幸吉論著稱，「牛莊、上海、廣東皆土產貨物之集散地，然非直接於生產地……漢口之宜於工業地」。自光緒二十九年至三十四年的六年間，武漢在清朝廷立案的工廠及資本金均居全國第一。[5]

中華民國六年至八年（1917-1919），孫中山先生完成《建國方略》的撰著，其在論述中說：「現在漢陽已有中國最大之鐵廠，而漢口亦有多數新式工業，武昌則有大紗廠，而此外漢口更為中國中部、西部之貿易中心，又為中國茶之大市場。湖北、湖南、四川、貴州四省及河南、陝西、甘肅三省之各一部，均恃漢口以為與世界交通唯一之港。至於中國鐵路既經開發之日，則武漢更形重要，確為世界最大都市之一矣。所以為武漢將來立計畫，必須定一規模，略如紐約、倫敦之大。」

中華人民共和國成立第九年的一九五八年，毛澤東在中共八屆六中全會上講到工業發展時說：「湖北的工業基礎，如漢陽鐵廠、紡織廠、兵工廠，京漢鐵路，都是張之洞帶頭辦的。」

一九六五年，在紀念中國重化工業奠基人范旭東逝世二十周年座談會上，毛澤東也深情地說：「講到重工業，不能忘記張之

5　張壽漢著《最近漢口工商業一斑》，清宣統三年刊行，第1-2頁。

洞。」

　　武漢在中國工業近代化中的作用，一直受到國際學術界的關注。一九八四年，美國斯坦福大學出版社出版了羅・威廉教授（William T.Rowe）所著的《HanKow：Commerce and Society in a Chinese City，1796-1889》。這位美國學者四十萬字的著作一經出版，被《亞洲問題研究》評論為「中國城市與資本主義發展研究的一個里程碑」。江溶、魯西奇教授譯出後即被列入中國《國家清史編纂委員會編譯叢刊》，由中國人民大學出版社二〇〇五年出版，書名為《漢口：一個中國城市的商業和社會（1796-1889）》。作者論述說：「全球早期工業化進程中受影響最顯著的是政治中心和商業城市」，「一些中心城市（其中包括歐洲的倫敦、巴黎和中國的漢口）」。

　　作者以這樣的表述，來凸顯武漢以及三鎮之一的漢口，在中國乃至在世界近代工業化中的地位。


## 第一節 ▶ 中國內陸最大手工業商埠與近代工業萌芽

　　武漢區域，有三千五百多年建城歷史，但是「武漢」成為城市名稱不足百年。

　　一九二七年一月一日國民政府中央、國民黨中央宣布將首都由廣州遷至武漢，為國民政府京兆區。武漢市由武昌、漢口、漢陽三座城埠組成，並由各城埠第一個字組成得名。

　　自一九二一年二月廣東省議會宣布成立中國近代第一座城市廣州市，到同年七月北洋政府頒佈《市自治制》設立六個特別

市、八個普通市，中國的特別市、市政府，均隸屬於省政府管轄。一九二七年，直屬中央政府管轄的武漢市，成為中國第一座直轄市。

## 一、武漢的歷史脈絡

早在五六千年前，武漢就有人類居住和耕作。唐代著名詩人李白曾在武昌水果湖放鷹，在這個放鷹臺和相鄰地域，都出土過人類早期種植的水稻化石和耕漁工具。

在武漢市黃陂區境內，有占地三點九五平方公里的商代早期盤龍城遺址保護範圍，其中內城有一點三九平方公里。這座建於西元前一千六百年的商代城埠，是考古發現的「前朝後寢」中國宮廷式建築的最早實證地，出土了大量精美的青銅器、玉器、陶器和農耕工具。商代盤龍城遺址，被國家夏商周斷代工程首席科學家稱為迄今為止考古發現的南方最早最大的城埠遺址。盤龍城與鄭州、偃師、殷墟同為經考古發現的四大商代遺址之一。

現今的武漢市，由長江及其最大的支流漢江分割為三座城鎮，長江南岸是武昌，長江北岸是漢口、漢陽。漢口、漢陽又由漢江相隔。區域內，夏、商、周時期遺址散見，楚國遺址有富商墓葬群。這一時期的出土文物精緻和眾多，二〇〇六年武漢市政府曾舉辦《武漢地區戰國時期出土文物展》。

漢朝（西元前 206-西元 220 年），武昌、漢陽已有行政建制。武昌的建城早於漢口、晚於漢陽。漢高祖六年（西元前 201 年），朝廷設九州，在荊州下轄江夏郡，轄境約為今湖北省北部、河南省東南部的十四個縣。歷史學家譚其驤主編的《中國歷

史地圖集》，將江夏郡所在地西陵，標注在今武漢市新洲區三店鎮附近。其下的沙羨縣，縣府位於今江夏區金口鎮，轄區包括今武昌區、洪山區、青山區和長江北岸的漢陽。這是武漢最早的行政建制，也是長江南岸武漢段城埠的起始。

三國時期（220-280 年），四百年漢朝帝國的歷史結束，使群雄紛起。中原的魏國曹操揮軍南下，長江下游的東吳孫氏軍隊沿江而上，與掌控長江中上游的蜀國劉備在武漢及其周邊地區戰亂不已。武昌城源於東吳孫權修建的軍事城堡，漢陽被孫權軍隊三次屠城，以報蜀國黃祖殺父之仇。「正是這種三方拉鋸爭奪江漢地區的態勢，急劇抬升了武漢地區的戰略地位，導致龜、蛇二山夾江峭峙的兩岸，湧現出一批各路諸侯競相爭築的屯、壘、城、堡和港埠商市。建立在軍事目的之上的城港一體化格局，奠定了今天武漢三鎮的初基」[6]。

東晉南北朝（317-589 年），我國經濟重心出現南移，武昌、漢陽位於南方的兩大經濟中心荊州、揚州中間，經濟快速發展。

隋朝（581-618 年）平定戰亂後，開皇年間將州治——駐武昌的郢州，更名鄂州，下轄三十多縣。大業二年（606 年），隋煬帝將江津縣更名為漢陽縣，漢陽之名至今已有一千四百多年歷史。歷史學家劉玉堂認為，隋朝已初步確立了武昌、漢陽雙城隔

---

6　劉玉堂主編《武漢通史‧秦漢至隋唐卷》，武漢出版社，2006 年版，第 1-2 頁。

江並立的城市建制 [7]。

唐朝（618-907 年），武漢地區市場繁盛、手工業發達，經濟持續發展。安史之亂致使江淮漕運受阻、戰亂地區人口大量向南方遷徙，我國經濟重心由此從黃河流域逐漸向長江流域轉移 [8]，鄂州（武昌）一躍成為唐朝中晚期的重要經濟支柱之一，被譽為「東南巨鎮」。李白、王維、孟浩然、劉禹錫等著名詩人雲集武昌，留下無數詩篇。

宋朝（960-1279 年），湖廣總領所設在鄂州（武昌），經濟十分發達，稅收範圍已經遠達廣東、廣西 [9]。南宋時期（1127-1279 年），武昌已是與臨安（杭州）、建康（南京）、江陵（荊州）齊名的中國南方大都市。岳飛在鄂州（武昌）駐軍七年抗擊金兵，所向披靡，後被佞臣秦檜用十二道金牌召到臨安（杭州），以「莫須有」的罪名殺害，平反後被封為鄂王。

元朝（1271-1368 年），朝廷設十一個行中書省，武昌成為湖廣行中書省駐地，轄湖南、廣西全部，湖北、廣東、貴州一部，成為我國重要的區域性行政、軍事中心。

明朝（1368-1644 年），明太祖朱元璋蔭封十位兒子為藩王，六子朱楨為楚王駐武昌，承擔平定南中國割據和經濟發展的重

7　劉玉堂主編《武漢通史・秦漢至隋唐卷》，武漢出版社，2006 年版，第 1-2 頁。

8　李懷軍主編《武漢通史・宋元明清卷》，武漢出版社，2006 年版，第 1 頁。

9　〔美〕施爾雅主編《中華帝國晚期的城市》，中華書局，2000 年版，第 98-99 頁。

責。明朝在武昌設立的楚王府歷經二百六十年、八代九王。明朝，漢陽仍是府、縣駐地。明朝成化年間（1465-1487年），長江武漢江段北岸發生局部地裂，長江最大的支流漢江，由蜿蜒十餘公里網漫狀入江，改道為經過約一千米寬河道直入長江。漢水退去後的河灘濕地，被張姓、徐姓人家搶佔墩臺築房居住，漢口很快成為長江中游的商埠。明朝嘉靖年間，朝廷在漢陽縣崇信坊設漢口巡檢司。因遠離官府管理和舟楫停靠之利，漢口農副產品的貿易輸送量和傳統手工業很快超過武昌、漢陽。至今，漢口仍有許多地名以墩、臺命名，如天門墩、鄂城墩、高家臺、熊家臺等等。

清朝（1636-1911年）初年，朝廷任命九位封疆大臣，轄湖北、湖南的湖廣總督為其一。武昌是湖廣總督府、武昌府、武昌（江夏）縣衙門所在地，清康熙三年（1664年）又增加了湖北省衙門。在十九世紀九〇年代的清朝都城北京和十八個省府中，武昌城內面積居第九位，約為二點四五平方公里。漢陽仍是府、縣兩級衙門所在地。

與武昌駐有一品官員的兩湖總督和四級衙門地位顯赫不同，與漢陽駐有五品官員和知府的兩級衙門也不同，清中期以前漢口只設巡檢司。「巡檢，從九品，是派到離縣城較遠的市鎮，負責巡邏緝捕，維護治安的官員」[10]。雖然漢口是清末中國最大的城埠之一，由於清朝沒有工商業城市的設置，漢口也不是朝廷的區

---

10　孔令紀等主編《中國歷代官制》，齊魯書社，1993年版，第359頁。

域政權中心所在地，所以一直是漢陽縣下轄的鎮。清光緒二十五年（1899 年），張之洞奏請朝廷同意將漢口提升為相當於縣級的夏口廳。

武漢三鎮中，武昌、漢陽兩府文化發達，士大夫家族聚集，明清兩朝五百多年間，武昌貢院是湖北、湖南學子的神聖之地，武昌也是每三年鄉試考舉人的神聖之地。明朝廷批准的各地鄉試錄取名額，南直隸一百名，北直隸及浙、贛、閩、湖廣、山東、河南、陝西等行省各四十名，四川三十名，廣東、廣西各二十五名。

明朝歷時二百二十七年，湖廣行省考中一千三百五十六名進士，年均五名左右，在全國十五個行省中居第八位 [11]。漢口則官方文化欠缺，工商氛圍濃烈。據明清兩朝地方官府統計，在數百年間漢口竟沒有產生一位進士，武昌、漢陽有些文人便稱漢口只有「碼頭文化」。

其實，書院、貢院是武昌、漢陽的靈魂，碼頭則是漢口的靈魂。封建帝制時代，工匠、商人被稱為「末業」，從業者卻是城埠的市民主體。明清兩朝承元制，工匠另立戶籍，既能自操其業，又必須聽差服役。近代以來，吸引漢口工匠、商人眼光的，永遠是最大的輪船、最遠的海港、最新奇的工廠機械。漢口江漢關是城市的矚目所在，最宏大的建築、最有財力的銀行都圍繞在它的周邊，體現著城市的富裕和市民的追求。與行省、府、縣衙

11　參見方志遠著《明代城市與市民文學》，中華書局，2005 年版。

門所在地武昌、漢陽的深厚官方文化不同，漢口以商業貿易、手工業作坊為中心，繁華的街道和裝修精美的建築，都是貿易行、銀行和商店，一些前店後廠的大作坊也設在鬧市街邊；而朝廷設在漢口的仁義、禮智兩個巡司衙門，都建在背街小巷之中。

主導國家千年的傳統科舉文化，和積蓄數百年、異軍崛起的近代工商文化，在同一地域的城埠群中競顯魅力，形成了武漢多元、包容的城市文化底蘊。

## 二、清末的武漢三鎮

清朝時期，武昌府、漢陽府十分繁華，地域廣闊，轄區相當於現今湖北省域內的武漢市、仙桃市以及黃石市、孝感市、鄂州市、咸寧市的一部分。漢口自明朝成化年間（1465-1487 年）形成以來，有三百多年時間是漢陽府漢陽縣下轄的鎮。

・清末人流如潮的漢口歆生路（今江漢路）

武昌在宋元明時期已是南中國的政治、軍事、經濟中心之

一。清朝是湖廣總督府所在地，是湖北、湖南兩地的首府和經濟中心。

表 1-1 清末武昌府基本情況

| 縣名 | 面積（平方公里） | 鄉數 | 鎮數 |
|------|------|------|------|
| 江夏縣 | 2 606 | 3 | 6 |
| 武昌縣 | 1 838 | 7 | 22 |
| 嘉魚縣 | 1 338 | 3 | 3 |
| 蒲圻縣 | 1 565 | 4 | 10 |
| 咸寧縣 | 1 325 | 4 | 22 |
| 崇陽縣 | 1 953 | 3 | 4 |
| 通城縣 | 1 096 | 3 | 9 |
| 興國州 | 3 771 | 2 | 31 |
| 大冶縣 | 1 530 | 4 | 7 |
| 通山縣 | 1 461 | 2 | 14 |
| 武昌府總計 | 16 884 | 35 | 128 |

注：鄉鎮數見《湖北通志》，志 33-34。面積數見《湖北統計年鑑》民國三十二年（1943 年）版 87-90 頁。參見《中國現代化的區域研究‧湖北省 1860-1916》，蘇雲峰著，臺北「中央研究院」近代史研究所，1981 年版。

漢陽，在武漢三鎮中建制最早。漢陽之名始於隋煬帝大業二年（606 年），即中國經科舉考試選任官員開始之年。漢陽在一千多年的時間裡大多都是府、縣的所在地，一直是鄂中重鎮。明朝嘉靖年間，朝廷將漢陽對岸的漢江故道上新生的城埠設漢口鎮，劃歸漢陽縣管轄。此後，漢口鎮設仁義、禮智兩分司，仁義司自磺口至金庭公店，立居仁、由義二坊；禮智司自此以下至茶

庵，立循禮、大智二坊。清朝中晚期，漢口已是我國內陸最大的城埠，二十個國家在此設領事機構，仍由九品巡司管轄。一八九九年，漢口改為夏口廳（相當縣級），屬漢陽府管轄。

表 1-2 清末漢陽府基本情況

| 縣名 | 面積（平方公里） | 鄉數 | 鎮數 |
|---|---|---|---|
| 漢陽縣 | 2 227 | 7 | 17 |
| 夏口廳（漢口） | 134 | 3 | 7 |
| 漢川縣 | 1 464 | 5 | 31 |
| 孝感縣 | 2 634 | 5 | 35 |
| 黃陂縣 | 2 158 | 4 | 23 |
| 沔陽州 | 4 678 | 5 | 24 |
| 漢陽府總計 | 13 295 | 29 | 137 |

注：1. 鄉鎮數見《湖北通志》，志 33-34。面積數見《湖北統計年鑑》民國三十二年版 87-90 頁。2. 夏口廳即漢口舊稱。

從西元九六〇年的宋朝，直至一八五三年一月太平天國軍攻克清朝第一座省城武昌，武昌、漢陽的傳統手工業一直比較發達，貢品較多，貿易鼎盛，常有數千艘乃至上萬艘船舶停靠。

明朝嘉靖年間（1522-1566 年）趁勢而起的漢口傳統手工業，呈後來居上的態勢，清末成為我國主要的手工業城市之一。從一八六一到一八九四年的三十四年裡，漢口江漢關的間接對外貿易在全國四大海關中，有二十一年僅低於上海江海關，有八年或次於廣州粵海關或者次於天津津海關居第三位，僅有一年位居

第四。一八九五到一九一四年的二十年中，江漢關的對外貿易量有十二年居全國海關第二位。[12] 張之洞創辦漢陽鐵廠以後，江漢關的進出口貿易額快速增長，一八九九年漢陽鐵廠開始向日本出口鋼鐵。一九〇一年，江漢關進出口貿易總額突破一億關兩；一九〇三年達到一點六七億關兩，僅比上海江海關少不到百分之五。一九〇〇到一九〇七年時任日本駐漢口總領事水野幸吉在《漢口：中央支那事情》中寫道：「（漢口）位於清國要港之第二，將進而摩上海之壘，使觀察者羨稱為東洋之芝加哥（米國之第二大都會）。」[13]

## 三、近代武漢的人口和城市沿革

清末武漢三鎮中，武昌是清朝五級行政管理層級中的四級衙門所在地，漢陽是兩級衙門所在地，漢口是不需朝廷批准的九品巡司駐地。直至清同治元年（1862）因朝廷設立江漢海關和江漢關監督一職，才將管轄漢陽府、黃州府、德安府（府治今安陸）的漢黃德道移至漢口。

但是，近代漢口最為繁盛，人口居三鎮之首，武昌次之，漢陽最少。

---

12 據漢口租界志編委會編《漢口租界志》，武漢出版社，2003 年版，第5頁。
13 參見〔日〕水野幸吉著，劉鴻樞、唐殿熏、袁青選等譯《漢口：中央支那事情》，上海昌明公司，1908 年版。

．武漢水陸便利，九省通衢，歷來商貿繁盛。圖為一八七一年從龜山上俯瞰漢陽與漢口

　　明末清初，漢口已號稱「九省通衢」。漢口的農副產品和手工業產品，在貿易所及的鄂、湘、贛、皖、豫、陝、雲、貴、川九省範圍內，盛極一時。鄰近省份的農民，或迫於饑荒、或迫於高利貸，大量流離失所奔向漢口，力圖用勞力換取口糧和歇息之地。美國歷史學家羅威廉綜合西方傳教士、商人和官府的報告估計了近代漢口的人口數，他認為漢口人口的大幅波動主要源於戰亂、水災。

　　羅威廉認為，從十九世紀初起，漢口開始進入手工業、貿易的快速發展期，從而帶動武漢三鎮人口的增長。

表 1-3 外國人估計的清朝中晚期武漢三鎮人口（1737-1881）

| 年份 | 估計人口 | 資料來源 |
|---|---|---|
| 1737（清乾隆二年） | 260 萬-300 萬 | 羅賓，耶穌會教士 |
| 1850（清道光三十年） | 200 萬 | 奧利芬特，英國官員 |
| 1858（清咸豐八年） | 100 萬 | 奧利芬特，英國官員 |
| 1867（清同治六年） | 100 萬 | 邁耶等，《通商口岸大全》 |
| 1881（清光緒七年） | 100 餘萬 | 希爾，傳教士 |

注：轉摘自〔美〕羅威廉著《漢口：一個中國城市的商業和社會（1796-1889）》第 51 頁。其中：

1. 羅賓，1837 年《耶穌會士書簡集》12 卷 355-356 頁；羅賓認為此數包括在港口附近船戶約 40 萬人。

2. 奧利芬特《1857-1859 額爾金伯爵出使中國、日本紀行》560、579 頁，紐約，1860 年版。

3. W.F. 邁耶等《中國和日本的通商口岸大全》446 頁，倫敦，1867 年版。

4. 希爾《中國湖北：它的需要與要求》1 頁，約克，1881 年版。

5. 羅威廉認為，胡克神父在《中華帝國旅行記》第二卷第三部分中稱武漢三鎮有 800 萬人口之說，不可信。


歷史學家皮明庥、鄒進文認為此資料偏大。他們在《武漢通史》中引用了三份官府公佈的資料：

1. 光緒十四年（1888），地方「保甲冊」記載，漢口 26685 戶、180980 人；

2. 光緒三十四年（1908），朝廷預備立憲時全國普查人口，夏口廳（漢口）244889 人，漢陽縣（城鄉）481917 人，江夏縣（城鄉）594420 人。其中，夏口廳（漢口）人口密度為每平方公里 703.7 人；

3. 宣統三年（1911），按現轄地域面積的官府統計資料，武

漢三鎮人口 832470 人。其中，夏口廳（漢口）590000 人，武昌城區 182345 人，漢陽城區及近郊 60125 人。兩位歷史學家也意識到，清朝官方的人口只按戶籍所在地統計，從農村湧入武漢的大量無戶籍的手工業工人和碼頭工人等等不在統計之列。這在許多史料中得到印證。

身臨漢口的英國政府使團或歐美東方學者，曾用大量的筆墨描述清末漢口的宏大與繁華。

一八五〇年，英國人 S. 威爾斯・威廉姆斯撰文驚歎漢口的人口密度：「只有倫敦和江戶（今東京）才能與漢口相比，中國再也沒有另一個在同樣的面積裡居住著同樣多人口的地方了。」[14]

一八六一年，被英國政府派來開闢漢口商埠的使團向英國議會報告：「這個城市不僅在外表上看來是個適宜居住的地方，而且有充足的證據表明——正像一般人所猜測的那樣，是中華帝國的大商業中心。」[15]

一八六一年九月十八日，基督教倫敦佈道會收到來自漢口的英國傳教士霍恩的一份報告：

漢口是「中國最大的商業中心，也是世界最大的商業中心之

---

14　轉引自〔美〕羅威廉著《漢口：一個中國城市的商業和社會（1796-1889）》，中國人民大學出版社，2005 年版。

15　轉引自〔美〕羅威廉著《漢口：一個中國城市的商業和社會（1796-1889）》，中國人民大學出版社，2005 年版。

一」<sup>16</sup>。

一八八一年，大衛‧希爾在約克出版的《中國湖北：它的需要與要求》中說：「從商業的角度來看，漢口是東方最重要的城市之一……它是外國商人和國內商人在華中的匯合處，是一個極好的交易中心，是中國的國際化都市。」

在歐洲、美國和中國查閱了大量歷史資料的美國學者羅威廉認為，「在整個十九世紀的中國，很可能漢口是人口最密集的地方」。

光緒二十四年（1898）十二月初八，湖廣總督張之洞向朝廷呈報《漢口請設專官折》，陳情漢口的地位重要：「（漢口）自咸豐年間創開通商口岸以來，華洋雜處，事益紛繁。近年俄、法、英、德、日本各國展拓租界，交涉之件愈形棘手。且奉旨開辦盧漢、粵漢南北兩鐵路……自非有正印專官駐紮漢口，不足以重交涉而資治理」，「今擬將漢陽縣轄襄河（今漢江）以北之地北至灄口、西至涓口橫約一百二十餘里、縱約三四十里地方撥歸夏口廳。」<sup>17</sup>

次年，朝廷批准漢口設為夏口廳。清朝「廳」的設置分兩級，隸廳相當於州府級，散廳為相當於縣級。漢口是散廳，不再

16 參見彭雨新、江溶《十九世紀漢口商業行會的發展及其意義 —— 漢口：一個中國城市的商業和社會（1795-1889 年）》，載《中國經濟史研究》1994 年第 4 期。

17 苑書義、孫華峰、李秉新編《張之洞全集》第 2 冊卷 49，河北人民出版社，1998 年版，第 1 333 頁。

隸屬漢陽縣，改屬漢陽府。民初，夏口廳改為夏口縣。

一九一三年，湖北省裁撤漢陽府、武昌府，設江漢道。武昌、漢陽、夏口（漢口）三縣歸其管轄，三鎮第一次隸屬同一道府。

一九二一年二月，廣東省議會宣布成立廣州市，由孫科首任市長。這是中國近代史上第一個城市。同年七月三日，北洋政府頒佈《市自治制》。一，成立六個特別市：京都（今北京）、津沽（今天津）、淞滬（今上海）、青島、哈爾濱、漢口（今武漢一部）；二，成立八個普通市：無錫、杭州、寧波、安慶、南昌、武昌（今武漢一部）、廣州、梧州等。它們是我國第一批城市。

一九二六年十月，國民革命北伐軍攻克漢口、佔領武昌城，廣州國民政府又相繼宣布成立漢口市、武昌市。一九二六年十一月下旬，國民黨中央政治會議在廣州決定，中央黨部和國民政府遷都武漢。不久，中央執行委員宋慶齡、外交部長陳友仁、司法部長徐謙、交通部長孫科、財政部長宋子文以及國民政府總顧問鮑羅廷等第一批要員抵達武漢。

國民政府一九二七年元旦在漢辦公，並發佈命令：「確定國都，以武昌、漢口、漢陽三城為一大區域，作為京兆區，定名武漢。又組織委員會，以財政、外交、交通諸部長，漢口、武昌市長及防軍司令等九人為委員，統治京兆區。」

這是「武漢」城市名稱之始。

中華民國十六年（1927）一月一日，國民政府由廣州遷至武漢。三月二十五日確定武漢為中央直轄特別市。是年，江漢關統

計武漢人口 158.39 萬人。

表 1-4 武漢城市設置沿革簡表（1921-1954）

| 年份 | 頒佈機構 | 城市名稱 |
|---|---|---|
| 1921 | 北洋政府 | 特別市 6：京都、津沽、淞滬、青島、哈爾濱、漢口<br>普通市 8：無錫、杭州、寧波、安慶、南昌、武昌、廣州、梧州 |
| 1926 | 廣州國民政府 | 漢口市（省轄）、武昌市（省轄） |
| 1927 | 武漢國民政府 | 京兆區 1：武漢市〔武昌市、漢口市（含漢陽）合一〕<br>特別市：上海、南京<br>普通市：杭州、寧波等。 |
| 1928 | 南京國民政府 | 特別市 6：京都、津沽、淞滬、青島、哈爾濱、漢口<br>普通市 17：廣州、蘇州、杭州、鄭州、蕪湖、長沙等 |
| 1929 | 南京國民政府 | 特別市：漢口、廣州等 |
| 1929 | 南京國民政府 | 漢口特別市（含漢陽，院轄），武昌市（省轄市） |
| 1930 | 南京國民政府 | 院轄市：南京、上海、廣州、漢口、北平。武昌市撤銷 |
| 1932 | 南京國民政府 | 漢口市（省轄市） |
| 1937 | 南京國民政府 | 武漢市（院轄市） |
| 1939 | 汪偽南京政府 | 武漢特別市 |
| 1940 | 汪偽南京政府 | 漢口市（院轄市） |
| 1943 | 汪偽南京政府 | 漢口市（省轄市） |
| 1946 | 南京國民政府 | 武昌（含漢陽城區，省轄市） |
| 1947 | 南京國民政府 | 漢口市（院轄市）、武昌市（省轄市），漢陽縣 |

| 1949 年 5 月 | 中共中央軍事委員會，中原臨時人民政府 | 武漢市（直轄市） |
| 1954 年 6 月 | 中央人民政府 | 武漢市（省轄市） |

注：1. 編自武漢檔案館有關資料；參見《武漢印記》，武漢檔案館編，宋曉丹、張嵩主編，武漢出版社，2014 年版。

2. 一九二一年七月北洋政府頒發《市自治制》，「市」成為國家法定行政區域管理機構，隸屬於省政府管轄。國民政府時期，院轄市為國民政府行政院直轄，也稱為直轄市，以人口達到一百萬人以上為基準。

3. 表中的武昌市、漢口市、漢陽縣，現均為武漢市三鎮中的一鎮。

　　從一九二一年二月廣州建市開風氣之先，到一九四九年新中國成立，政局動盪，政見百出。全國城市隸屬關係朝令夕改，工業投資者無所適從，極大地阻滯了我國近代的工業發展。僅一九二八至一九三七年十年間，南京國民政府就改變武漢三鎮城市隸屬關係達六次之多，主管工業的機構、官員更迭頻繁，政策前出後否，實業家叫苦不迭，直接影響了武漢的「民國黃金十年」發展。

　　近代，武漢的隸屬關係多次變化，折射出中央政府與湖北省政府對武漢城市地位和財富的重視。辛亥革命後出現軍閥割據，武漢作為革命中心其經濟和財政收入在我國佔有重要地位，在湖北更是一枝獨秀。在清末民初的幾十年裡，由於武漢的經濟聚集力太強和湖北省域交通欠發達，湖北未形成類似沿海的廣東、江蘇、浙江的大城市群和工業群，境內只有長江沿岸的沙市、大冶、武穴，漢江沿岸的襄陽等地工業小有規模，武漢工業產值占湖北全省百分之九十左右。武漢市直轄或院屬，中央將上劃主要

稅費收入，湖北社會會無以為繼，失去經濟和人才的支撐。

武漢市（漢口、武昌）的直轄、省轄之爭貫穿國民政府時期。最終，往往以武漢為省轄市、財稅按較高比例上繳中央政府結束爭論。

## 四、清末民初的武漢傳統手工業

傳統農業加工工藝製作的產品，批量生產並進入流通商貿領域就衍生成了手工業。

武昌、漢陽的手工業生產可追溯到漢朝（前 206-220 年）的米麵加工、棉布紡織和酒醋釀制等。到了唐朝（618-907 年），武昌府的紫布、綢緞、綾、絹、紵布、葛布等精緻的手工紡織品已遠近聞名，成為朝廷貢品。南宋時期（1127-1279 年），武昌府武昌縣湖泗鎮的民窯瓷器已形成較大規模。明朝時期（1368-1644 年），武昌、漢陽兩府的手工業已形成大規模生產，武昌府的茶業、印刷業具有全國影響。此時，武漢的商業貿易中心，一在武昌鯰魚套、一在漢陽鸚鵡洲。隸屬於漢陽縣的漢口，這時還在蔓延十餘里的漢江故道上占地建房。武昌、漢陽兩府的手工業品，主要用於周邊八九個省的貿易，具有全國影響的手工產品則被地方官府進貢朝廷，以便取悅皇室和抵減稅賦。

十七世紀以後，武昌府、漢陽府的傳統手工業生產主要集中在製茶、紡織、食品加工、榨油、日用品、農用品六大類。其中，茶葉是中國傳統飲品，湖廣總督府下轄的湖北、湖南是全國茶葉主產地之一，羊樓洞青磚茶、安化黑磚茶主要銷往英俄等歐洲國家和蒙古；土布、紗布是城埠鄉間製作衣服及婦女包頭巾、

男人纏腰的必需品；菜油及酒類、醬醋調味品，湖北多產；木床、窗飾、漆器、紙張、雨傘、燈具、女妝等類日用品；木船、鋤犁、水車等類漁耕用品等等。清朝早期，這些傳統手工業品已成為以銷售為目的的商品。清朝咸豐年末同治年初，即一八六一年前後，武昌城內已有紡織坊近百家，每家少則一人，多則二十人，紡織工匠經常保持在一千至兩千人左右。產品遠銷雲貴、川陝、豫贛等省，甚至銷往傳統手工紡織業發達的江浙地區[18]。

自明末迄清初，漢口已開始取代武昌鯰魚套與漢陽鸚鵡洲的地位。[19] 清中晚期，武漢地區手工業的快速發展和領域拓寬，也集中發生在漢口。

· 清末漢口製造竹繩的場景

十八世紀中後期，江浙、晉陝、鄂湘、徽贛、川貴等省大批商人陸續來到遠離官府的漢口，在此設立碼頭、倉庫、作坊和店鋪，轉運和銷售農副產品和生活必需品。漢口的航運地位很快超過武昌、漢陽，成為長江中上游最大的水運碼頭，也成為長江最

---

18 蘇雲峰著《中國現代化的區域研究・湖北省（1860-1916）》，臺北「中央研究院」近代史研究所，1981 年版，第 242 頁。
19 呂寅東總纂民國《夏口縣誌・商務志》，第 10 頁。

大支流漢江的主要碼頭。全國十餘省商人來漢，也帶來了各地的手工業技術和工匠，其中許多產品成為暢銷全國和周邊國家的商品，「漢汾」酒仿製山西汾酒，用大麴釀造，醇厚清冽；漢口產「陳老醋」則仿製浙江紹興醋坊工藝[20]。至今在世界著名交響樂團廣泛使用的漢口大銅鑼，工藝來自山陝高原；百年老店鄒紫光閣毛筆，源自江浙等等。這些商品暢銷、利潤豐厚，又促使各地商人高薪抽調當地的名牌手工業的優秀工匠向漢口會聚，極大地促進了漢口手工業的發展。

據《武漢市志‧工業志》下卷記載，清末武漢手工業已有四

‧一八六五年漢口的手工棉紡織機

---

20　蘇雲峰著《中國現代化的區域研究‧湖北省（1860-1916）》，臺北「中央研究院」近代史研究所，1981年版，第37頁。

十多個自然行業，工匠一萬餘人[21]。由於商業資本的介入，造船、紡織、冶煉、建築、食品加工、製茶和日用品製作等已初步具備近代工業部分特徵。

造船水運業。主要服務於長江、漢江運輸。宋元明時期，武昌、漢陽已經擁有可以製造數百噸載重量的木帆船的造船坊，其規模較大，雇用工匠數十人。清末造船廠主要集中在漢口沈家廟一帶，「其船大者裝至四千五百引（約 900 噸）」。因每年需運輸幾十萬噸漕糧、漕鹽，武漢有的大型船坊已能製造載重上千噸的木帆船。造船剩餘木材用於製作裝運茶葉、紡織品的木箱。據江漢關估計，清末常年有一萬艘船隻停靠漢口碼頭。一八六三年來漢傳教、在漢居住長達數十年的基督教傳教士楊格非，則估計十九世紀六〇年代漢口碼頭常年停靠二點五萬艘船隻。另一份來自官方的報告說，漢口約有十六點五萬名水手在船上工作。史料記載，一八四九年武昌江邊發生大火，燒著的船隻被風吹向兩千多米外的長江北岸，造成停靠在漢口碼頭的四百多艘官鹽船被燒毀。可見漢口船舶之多。

紡織品加工。主要是加工由武昌府、漢陽府六縣廳送至漢口的土制棉布，首先在踹石坊、砑布坊打磨上漿，再在染布坊染成或鮮豔或雅致的花紋，銷往各省。其時，漢口的花布品種已多達一二百種，聞名遐邇，甚至銷往海外。

---

21 武漢地方志編纂委員會主編《武漢市志・工業志》下冊，武漢大學出版社，1999 年版，第 990 頁。

冶煉金屬業。元代以來武漢就是銅器製作名鎮，清末已有三百八十家銅器作坊，漢口銅器市場被稱為「打銅街」，生產的大號銅鑼至今為紐約、波士頓、倫敦、柏林等著名交響樂團使用。一八六一年漢口開埠之前，英國曾派遣官員到漢口考察，《英國議會公報》一八六一年第六十六卷三百四十二頁記載了考察者的報告。報告說：「漢口已有相當重要的冶煉工業，其鐵礦來自鄂東北、煤礦來自兩湖地區。」

　　建築業。清代中葉以前，我國的民間住宅、商鋪甚至官府，主要是一二層竹木或磚木結構建築，間或有較少的石木結構建築。漢口城域大於武昌內城，約十幾平方公里，寸土寸金，完全不能與周邊動輒一二千平方公里面積的縣域相比。但是，漢口的建築品質好、密度大，主幹道路依漢江走勢而建，打破了傳統城埠棋盤狀街道的格局。一八五八年第一次訪問漢口的英國人勞倫斯‧奧利芬特稱贊說：「漢口的街道比我在清朝任何其他城市所看到的都要好。街道鋪得很好，像波斯、埃及城市一樣……鋪面要比廣州或其他開放港口豪華富麗得多。」[22]

　　漢口建築坊、工匠的知名度和傭金，取決於江邊的建築能否抵禦夏季的洪水和能否建造二至三層竹木結構建築。

　　食品加工業。武漢的糧油、茶葉、肉類等加工作坊較多，多

22　〔美〕轉引自羅威廉著《漢口：一個中國城市的商業和社會（1796-1889）》，美國斯坦福大學出版社，1984 年版，中國人民大學出版社，2005 年版。

為祖傳經營，質優價廉。與傳統糧油加工相比，清末漢口的食品加工店鋪更多採用手工業分銷模式，漢口汪玉霞食品店比較典型。十七世紀末，徽州汪氏家族開始在漢口開設家族式食品作坊，到十九世紀中期已歷經九代，積累了豐裕的財力和經營網路。但是，汪玉霞食品作坊沒有採用機器生產擴大規模，而是沿長江流域的城埠開設一家家分店，每一個分店都是一個獨立的作坊。到一八○○年，這種分店已有一百三十六家，仍然沒有脫離傳統手工作坊的模式。

與武漢傳統手工業發達密切相關的是漢口商幫、商會和金融業的強大。我國的商幫產生於明朝。商幫以地域、血緣為基礎，以保護地域利益為主。

武漢集聚了我國幾乎所有的近代較大商幫，包括以省域命名的晉商、閩商、粵商、蘇商、湘商、魯商、豫商、贛商（江右商幫）、陝商、川商等，以府域命名的寧波商幫、徽州商幫、潮汕商幫等，以縣域命名的中山商幫、龍游商幫以及蘇州府吳縣下轄兩鄉為主的洞庭商幫。

早期，蘇商、徽商以經營官方專營的江蘇海鹽即淮鹽為主。晉商、陝商依託強大的財力和朝廷支持，以茶葉、牛羊皮、豬鬃加工貿易為主，山陝會館、徽商會館、萬壽宮（江右商幫）建在漢正街中心地段，氣勢恢宏。湘商倚靠自有財力和清朝湘籍重臣曾國藩、左宗棠的支援，控制了漢口的竹木、桐油加工和貿易。贛商、豫商則以中藥材行銷為大宗。一八六一年漢口開埠以後，這種優勢逐步被後來居上的江浙商幫、閩粵商幫和本埠商幫所取代，其中又以寧波幫和本幫為甚。

商幫的優勢在於地域經濟互助、風險共擔，劣勢是不計後果追逐利益，惡性爭奪不斷。這催生了商業領域自治組織的誕生。

　　我國的商會、行會產生於清朝初中期，以行業為基礎，以保護行業發展和利益均衡為主，是具有近代社會特點的經濟自治組織。由於漢口遠離府衙、縣衙和遠離嚴厲的商業管制，因而商會、行會比武昌、漢陽發展得更早更完善。

　　清朝康熙十七年（1678 年），漢口米業公會成立。歷史學家彭雨新、江溶認為這可能是中國第一個行業公會。[23]

表 1-5 漢口主要商業行會情況（1678-1871）

| 年代 | 行會名稱 | 行業在全國地位 |
| --- | --- | --- |
| 1678 年（清康熙十七年） | 漢口米業公會 | 全國四大米市之一 |
| 1820 年（清嘉慶二十五年） | 漢口藥材貿易行會 | 全國主要出口地 |
| 1821 年（清道光元年） | 漢口鹽業公所 | 淮鹽運輸銷售中心之一 |
| 1871 年（清同治十年） | 漢口茶葉公所 | 全國三大茶市之一 |
| 1871 年（清同治十年） | 漢口錢業公會 | 全國主要金融中心之一 |

注：編自彭雨新、江溶論文，原載《中國經濟史研究》1994 年 4 期。

　　商業資本的介入，是支撐漢口傳統手工業快速發展的三個基本因素之一：一是產品的品質和持續生產能力，二是較低的交通運輸成本和強大的銷售能力，三是穩定的傳統手工業的信貸和投

23　轉引自〔美〕羅威廉著《漢口：一個中國城市的商業和社會（1796-1889）》序，美國斯坦福大學出版社，1984 年版，中國人民大學出版社，2005 年版。

資強度。到十九世紀上半葉，漢口已有一百個左右的錢莊，其中以晉商規模較大。

中國的傳統手工業特別是較大規模、實行流水線生產的作坊，已經具備了近代工業的許多特徵。武漢作為歷史悠久的手工業城市，家庭手工業受商品銷售發展影響，一直緩慢地向工廠手工業、半機械半自動手工業轉變。被雇用的數以萬計的工匠，大多是失地農民，沒有資產、固定住所，在作坊流水生產線上勞作，他們已與歐洲早期的工人相似。

直至一九二〇年，漢口仍有手工業戶 6840 戶、5 萬多人，其資本金僅占當時漢口民族工業資本金的 23.66%。

手工業企業數量多，工匠數以萬計，產品銷往大半個中國，產值額和投資量較少。這是武漢近代工業誕生前期中的一個重要特徵。

## 第二節 ▶ 漢口開埠：西方列強搶灘與近代工業 的興起

中國近代工業，是世界工業進程的重要部分。但是這一變革的加速，是在中華民族遭受英、法、美、俄、日為首的西方列強的軍事、經濟侵略的屈辱條件下進行的。

與英、法、德等歐洲國家不同，在中國成為西方列強的半殖民地的情況下，外國資本輸入成為我國近代工業投資的最早形態之一。

十八世紀六〇至八〇年代，一場源於英格蘭中部地區的產業

革命席捲英倫島。這是一場以機器生產取代手工業作坊的工業革命，也是一場改變生產關係的重大變革。此前的英國農業革命，為這次工業革命奠定了良好的基礎。一七三三年以後，英國的四千多個圈地法案的實施，使九百多萬英畝土地（約 36400 多平方公里）被圈佔，農業由家庭經營演變為土地佔有者大規模經營，大批失地農民被迫流向城市、進入工廠靠出賣勞力謀生，英國農業被納入到資本主義經濟軌道。

英國工業革命率先從棉紡織手工業取得突破。一七六七年，J. 哈格里夫發明珍妮紡織機；一七七一年，第一家近代棉紡織廠在克隆福特投產；一七八九年，蒸汽機應用於紡織業，紡紗織布的效率成倍增長，紡織工業品銷往世界各地。到了一八三五年，英國棉紡織工人達到二十三點七萬人，毛紡織工人也達到七點一萬人。

蒸汽機引發的工業革命，很快波及採礦、冶煉、化工、裝備製造業。一八二五年九月，英國斯托克頓—達靈頓鐵路通車，蒸汽機車向世人證明了令人難以置信的運輸能力。英國成為世界工廠，成為用戰爭和工業品掠奪他國資源和財富的全球最大的殖民國家。

英國通過工業革命佔領世界市場的示範效應，帶動了整個歐洲。不僅西班牙、葡萄牙、荷蘭等老牌「海盜」殖民國家發展工業，法國、德國、俄國、比利時等也相繼成為殖民帝國。甚至，遠離英國萬里之遙的美國、日本也擠進殖民帝國之列。

一般認為，十八世紀的第一次工業革命，以發明應用蒸汽機為標誌，以紡織業為主體，確定了現代工廠制度；十八世紀末十

九世紀初第二次工業革命，以發明應用電動機、內燃機為標誌，以重工業為主體，確定了公司制度、金融壟斷制度。兩次工業革命催生的資本主義體系，為滿足各國壟斷資本家的利益需求，大肆推行殖民主義和資本輸出，用堅船利炮狂分世界。

在亞洲，最大的目標則是中國、印度兩大文明古國。

## 一、「東方茶港」與機器生產的誕生

茶與咖啡、可哥是世界三大飲料。茶是唯一可以多次沖泡、消食抑菌的無酒精飲料，是中國農業和傳統手工業對國際社會的重要貢獻。英語中的「tea」是中國廈門地方話「茶」的諧音，俄語是中國北方地方話「茶」的諧音，日本則深受中國文化影響直接使用「茶」字。

・製茶業是清末漢口的最大工業，漢口也成為全國茶葉加工和出口中心。圖為清末漢口苦力在碼頭搬運茶葉

一般認為，茶在中國已有五千年的飲用史，兩千多年的茶葉精製歷史。史料記載，「茶興於唐而盛於宋」。但是，歷史上與茶有關的許多事都發生在武漢周邊。傳說中神農氏發現茶，在湖北神農架；我國唯一帶「茶」字的漢代縣城——茶陵縣，在與湖北相鄰的湖南；世界第一位著述三卷本《茶經》的

茶聖陸羽（733-804 年），是唐朝複州竟陵（今湖北天門）人；武昌府羊樓洞則是青磚茶的發源地，中國四大紅茶之一的「宜紅」源自湖北宜昌一帶。

中國茶文化的傳播始於西元前。據傳，漢朝武帝（前 140-前 88 年）曾派使臣到印度支那半島，攜帶禮品中有茶葉。南北朝齊武帝永明年間（483-493 年）茶葉傳入土耳其，唐朝順宗永貞元年（805 年）傳入日本。一六〇七年，經過荷蘭東印度公司傳入歐洲。十七世紀七〇年代茶葉傳入俄羅斯。茶葉的入口清香、解乏提神、消食殺菌的功效，在歐洲宮廷貴族中引起轟動。這種天然、健康的飲料很快風靡歐洲，高檔茶是歐洲諸國皇親富商青睞的提神消食奢侈品，低中檔茶是體力勞動者的日常解乏飲品。

著名的英國社會學家麥克法蘭甚至說，英國工業革命源於紡織、陶器的消費革命，而中英茶葉貿易則是消費革命的焦點。因為，它使城市死亡率得到控制，使工人的勞動效率提高，甚至使陶器的設計生產發生革命。

溯源茶業銷售，漢口很快引起西方殖民者的重視。漢口是中國腹地的農副產品銷售中心。清朝中期以來，福建的武夷茶、湖北的羊樓洞青茶磚、湖南的安化黑茶、江蘇的碧螺春、安徽的祁門紅茶、河南的信陽綠茶、雲南的普洱等著名的中國茶，大都以漢口為外銷基地。由經濟實力雄厚的晉商在各地採購後，集中在漢口加工、封裝、出關。茶葉簍（箱）由漢口經漢江水運到樊城、賒店，再分兩路：一路用馬匹、駱駝運輸轉至恰克圖、西伯

利亞，到達聖彼德堡和歐洲 [24]；一路到張家口，銷往蒙古。

　　從十七世紀開始，始於武夷山下梅村，經漢口加工、封箱，過中俄交界的恰克圖，到聖彼德堡的這條茶葉貿易運輸線，被稱為「萬里茶道」。行程一萬三千多公里，陸路從漢口到聖彼德堡運輸時間長達數個月。其中，羊樓洞青茶磚、安化黑磚茶因味道醇厚、消食力強，易於保存、運輸成本低，受到以牛羊肉食較多的歐洲普通民眾的青睞；昂貴的中國紅茶則以英、俄、法、德等國上層消費為主。茶葉貿易的稅賦成為歐洲工業革命的經濟來源之一。一七八四年前，英國進口中國茶的關稅高達百分之一百一十九。整個十九世紀，茶葉貿易成為全球近代最具經濟效益的國際貿易。[25]

　　中國清朝政府和商人控制世界茶葉貿易的狀況，激起歐洲上層特別是英、法、俄等國家皇室、金融寡頭的不滿。英法等西方列強採用傾銷鴉片的辦法解決巨額貿易逆差，最終在一八四〇年爆發中英鴉片戰爭。這場戰爭也被一些歷史學家稱為「茶葉戰爭」，是一場控制全球茶葉貿易、企圖將中國變為殖民地的戰爭。

　　鴉片戰爭失敗使大清帝國成為西方列強的金礦。一八四三年以後，英國控制了中國紅茶的國際貿易，美國、法國控制了中國

---

24　摘自孫毓堂編《中國近代工業史資料》第 1 輯，第 44-46 頁。
25　參見〔美〕威廉・烏克斯著《茶葉全書》1935 年英文版，東方出版社，2011 年版。

綠茶的國際貿易。一八五〇到一八五二年間，中國對俄國出口貿易總額中茶葉貿易占百分之九十四點四，成為俄國重要的經濟來源之一。俄國沙皇並不滿足於轉口貿易營利，開始了控制中國茶葉國際貿易的戰略布局。

俄國沙皇在佔領了中國黑龍江以北的大片領土之後，一八六〇年迫使清朝廷簽訂《中俄北京條約》，將東北地區唯一通往太平洋的港口符拉迪沃斯托克劃入俄國版圖。一八六一年，俄國在中國的第一個領事館在武漢三鎮之一的漢陽建立。一八六二年在俄國沙皇政府的壓力下，《中俄陸路通商章程》在北京簽署，俄國打通漢口到海參崴的江海聯運通道，獲得建立茶廠的權利，並得到低於其他國家三分之一稅率的承諾。

一八六三年（清同治二年），俄商建漢口順豐洋行，並在武昌府羊樓洞設立機器生產的磚茶廠。這是俄國在中國建立的第一座工廠，也是湖北和武漢近代工業的肇始。

·一八七三年俄商在漢口建立順豐磚茶廠，開啟武漢近代機器製造之先河

羊樓洞自唐朝起就形成了茶葉的獨特發酵工藝，發明了易長期保存的青磚茶。俄商順豐磚茶廠成為中國第一座用蒸汽機生產的磚茶廠，一八七三年俄商順豐磚茶廠遷至漢口，擁有武漢第一組發電機、蒸汽機和第一座工廠自用長江碼頭。

一八六六年（清同治五年），俄商漢口新泰洋行建羊樓洞磚茶廠。

一八七四年俄商阜昌磚茶廠在漢口開工。隨後，俄商隆昌、百昌磚茶廠也投產。

裝滿磚茶的海輪，在長江豐水季節由漢口直航符拉迪沃斯托克，枯水季節由於船舶載重量較小則經天津或上海轉航符拉迪沃斯托克。一八九一年三月，符拉迪沃斯托克—聖彼德堡莫斯科火車站的西伯利亞鐵路開工，逐年通車的路段即成為中俄茶葉貿易通道。一九〇四年全長九千二百八十八公里的西伯利亞鐵路通車後，漢口茶經海運和鐵路直達聖彼德堡，再分銷歐洲各國。「自漢口輸出之紅茶，以俄國銷量為最大，美、英次之」。新的海運加鐵路運輸的「萬里茶道」路線，比原有水運加陸運的傳統「萬里茶道」路線縮短三分之二的運輸時間。

為確保這一優勢，一八九六年俄國建立漢口俄租界。一九〇〇年，俄國利用八國聯軍血洗天津之際，建立天津俄租界，面積是天津九國租界中最大的，是漢口俄租界的十四倍。俄國沙皇和俄商由此控制了中俄茶葉貿易，並通過這一運輸管道成為北歐瑞典、瑞士、丹麥、挪威等國家的茶葉輸出國。其茶葉稅賦的巨額利潤，成為修建西伯利亞鐵路的資金來源之一。

從十七世紀開始，由中國朝廷和茶商、票號主導了一百七十

多年的中俄茶葉貿易歷史被迫結束。在漢口至恰克圖的數千公里的「萬里茶道」上，大批茶葉商號、票號倒閉，數以十萬計的人失業。清朝政府和沿途城埠的茶葉貿易利稅絕大部分流進了英、俄、美、法等國的口袋。數百年來，中國朝廷對外貿易主要稅收來源之一的茶葉產銷，成為西方列強的提款機。

西方列強肆無忌憚地割地並索要賠款，使中國的近代化進程被迫停滯。英、俄兩國商人在漢口茶市競爭十分激烈。面對運輸價格攀升的漢口茶市，策動鴉片戰爭的三大英國公司之一的東印度公司，將中國的茶農、茶樹和製茶工藝引入英國殖民地印度、錫蘭（今斯里蘭卡），培育出印度大吉嶺、錫蘭烏瓦、汀布拉等著名紅茶，結束了中國獨佔世界茶市的歷史。

據一九〇六年（清光緒三十二年）倫敦出版的《二十世紀之香港、上海及其他中國商埠志》，作者萊特在論述製茶業時寫道，「（中國的）這些磚茶廠中，（漢口）阜昌磚茶公司所經營的工廠要算是最大的一個，這個公司在福州、九江、上海、天津、可侖坡和莫斯科都有支店。其漢口工廠設在英租界，規模宏大，設備完善，在歐洲人監督下的中國工人，約有兩千人」。

不久，俄商漢口新泰磚茶廠後來居上，年產值居中國茶廠之首。

一八九一年（清光緒十七年）四月二十日，三年後成為沙皇尼古拉二世的俄國皇太子羅曼諾夫，偕同其親戚、希臘親王格奧爾基，在周遊世界四大文明古國埃及、希臘、印度、中國途中，專程經廣州到達漢口，拜會湖廣總督張之洞並商談茶葉貿易事務，參加俄國茶商漢口新泰洋行二十五週年慶典，參加一八七六

年建立的漢口東正教堂（現存俄境外最早東正教堂）的禮拜活動。張之洞為此親自乘船在長江水面迎接並在晴川閣宴請俄皇太子。精通英、德、法、拉丁、希臘語的辜鴻銘時任張之洞外文秘書，辜鴻銘的學識和語言天賦使俄皇太子大為驚訝，當即贈與自戴的手錶，辜鴻銘因此聲名大噪。曾就讀英國愛丁堡大學、德國萊比錫大學並獲十三個博士學位的辜鴻銘，先後任張之洞幕僚二十多年，一八九三年奉張之洞之托，參與組建自強學堂（武漢大學前身），成為學貫中西的一代名師。

臺北歷史學家蘇雲峰統計，二十世紀初，僅俄商順豐、新泰、阜昌三廠的年產值就高達五千三百萬兩。民國初期，漢口生產並銷往俄國以及蒙古的紅磚茶、綠磚茶有四種規格，因路途遙遠，採用竹簍包裝。包裝上注明銷往「東口」係指「出張家口銷蒙古及西伯利亞」，銷往「西口」係指發至「新疆綏遠包頭」。

俄租界成為漢口五國租界中僅次於英租界的「豪華租界」。在四百一十四畝面積的俄租界中，富裕的俄國茶商建成了一批經典的歐式建築。李凡洛夫、巴羅夫等一批俄國茶商及家眷在漢口生活了五十多年。一九一五年第一次世界大戰爆發後，中國對俄國及歐美的茶葉貿易量大幅下降。一九一七年俄國十月革命後，財政困難的蘇維埃政權對進口中國茶葉等奢侈品進行了控制，當年順豐、阜昌兩廠停產，新泰廠由英商接辦改名太平洋磚茶廠。

表 1-6 漢口茶葉、茶磚占全國茶業對俄貿易統計（1869-1900）

| 年份 | 全國茶輸俄量 | 其中漢口茶輸俄量 | 漢茶占全國比例 |
|------|------------|--------------|-------------|
| 1869 | 111888 | 73758 | 65.9% |
| 1874 | 198445 | 83420 | 42.0% |
| 1878 | 336467 | 117641 | 34.9% |
| 1900 | 468549 | 390200 | 80.9% |

注：1. 據歷年中國海關貿易報告、孫毓堂編《中國近代工業史料》。參見《漢口租界志》。2. 計量單位為「擔」。擔也為「石」（音 dàn），清朝前期一擔重量約 59.2 公斤，後期為 50 公斤。

一八六三至一八八九年張之洞就任兩湖總督前，外國商人在漢口建成了十餘家工廠，均由外國貿易洋行投資籌建，主要是農副產品深加工，產品主要向歐美出口獲利。除俄商機制磚茶廠外，外商在武漢還開設了一批近代工廠、開通了一批江海聯運航線。

一八七一年，英商漢口怡和洋行、德商漢口美最時洋行等相繼建成澄油廠，加工桐油，並建有完善的儲油、檢驗設備。清末，漢口成為全國最大的桐油集散地和出口基地。到民國初年，漢口已有十一家外商澄油廠，年加工能力一百六十萬擔，其中德商約占一半，美、日、英商工廠年加工各在二十萬擔上下。

一八七六年，英商漢口壓革廠投產，採用機器制皮和打包，使漢口運往歐洲的皮革運費得到很大的節省。漢口歷來是加工山西、陝西、河南、湖北等地牛羊皮加工中心。皮革機制打包後，銷往歐洲的數量由一八七五年的五千擔猛增至一八九七年的五萬擔，逐漸成為全國最主要的皮革出口基地。其中，總額的一半由

美最時等德商洋行輸出，另一半由英、法、美等國洋行輸出。

　　一八七六年以後，英商在武漢開設金屬冶煉廠，從紋銀中提煉黃金。由於湖南有色金屬礦藏豐富，一八九九年（一說 1907 年）法商斥一百零九萬元鉅資建武昌亨達利制銻廠，提煉的銻能增加合金硬度，是主要用於軍事工業的「戰略金屬」。江漢關統計，「一八九五年銻礦開始外運……一九〇〇年達到七萬三千一百三十五擔」。不久，德商也在武昌下新河建新河礦廠，每日精煉鉛礦 40 噸、銻礦 5 噸 [26]。

　　一八八〇年，美、英、荷等國的漢口洋行經營漢口—上海或漢口—歐洲的航運。

　　據江漢關統計，當年來漢的外國三桅帆船有 272 艘，其中美國 125 艘、英國 68 艘、荷蘭 40 艘、德國 35 艘、西班牙 4 艘，總噸位達 43158 噸。平均每船載重約 160 噸。

　　一八八七年，德商禮和洋行、美最時洋行以及法商瑞興洋行等相繼在漢口建立蛋品加工廠。這是我國第一批近代化機器製蛋廠，以生產蛋粉、蛋黃粉和蛋白液為主。漢口很快成為我國最大的蛋製品生產出口基地。在漢口的十二家外商蛋廠中，德商工廠占五家，主要產品是幹蛋白、液體蛋黃，主要出口德國。當時，漢口蛋製品出口量占全國的 50% 以上。

　　一八九九年（一說 1910 年），法商漢口康成造酒廠成為我

---

26　漢口租界志編委會編《漢口租界志》，武漢出版社，2003 年版，149-159 頁。

國第一座可以生產醫用酒精的工廠，中國人熱衷的烈性飲料成為醫療用品。一九○九年，中法商人又在漢口建有合資法華蒸酒公司。

一九○八年以後，英美商人相繼合資創辦英美煙草公司漢口六合路製煙廠、礄口製煙廠，擁有製煙設備 97 臺，耗資 1057 萬元，月產煙 11500 箱，工人達到二千四百至三千人，是清末武漢最大的外資工廠。

表 1-7 1911 年在華外國人情況

| 上海 | 天津 | 漢口 | 廈門 | 廣州 |
|---|---|---|---|---|
| 30292 人 | 6334 人 | 2862 人 | 1931 人 | 1324 人 |

注：據〔美〕費正清著《劍橋中華民國史》，原數據不含哈爾濱、大連。

外商的工廠在武漢雇用了數萬名工人，其中機器生產線上的產業工人和近代蒸汽機輪船的技術工人一點五萬人左右，其他都是打包廠、倉庫、碼頭、建築工地出賣體力的零工。

西方列強開工廠以掠奪資源和財富為目的，其創辦的工廠卻展示了近代科學技術和產業的進步。工廠的高生產率和銀行的工業投資高回報率，震驚朝野。

表 1-8 漢口外商企業概略之一（1863-1905）

| 行業 | 年份 | 廠名 | 國別 |
|---|---|---|---|
| 製茶業 | 1863（清同治二年） | 順豐洋行 | 俄國 |
| | 1866（清同治五年） | 新泰洋行 | 俄國 |
| | 1872（清同治十一年） | 英商磚茶廠 | 英國 |
| | 1873（清同治十二年） | 阜昌磚茶廠 | 俄國 |

| | 1887（清光緒十三年） | 和禮蛋廠 | 德國 |
|---|---|---|---|
| | 1887（清光緒十三年） | 美最時蛋廠 | 德國 |
| 製蛋業 | 1887（清光緒十三年） | 瑞興蛋廠 | 法國 |
| | 1889（清光緒十五年） | 元亨蛋廠 | 德國 |
| 棉花打包業 | 1905（清光緒三十一年） | 平和打包廠 | 英國 |
| | 187？（清末） | 隆茂洋行打包廠 | 英國 |
| 冶煉業 | 187？（清末） | 漢口熔金廠 | 英國 |
| 其他 | 1873（清同治十二年） | 羅辦臣洋行樂器廠 | 英國 |
| | 1876（光緒二年） | 漢口壓革廠 | 英國 |

注：據孫毓棠、汪敬虞編《中國近代工業史料》，陳真編《中國近代工業史料》。

　　臺北歷史學家蘇雲峰根據調查認為，一八六一年漢口開埠至一八八九年張之洞到武昌就任湖廣總督前，外商在湖北（主要在武漢）創辦近代工廠的總投資約七百萬兩白銀；清朝官方在漢投資約三十萬兩，民間投資約二十萬兩。[27] 外商是中國官民投資開工廠總額的十四倍，成為湖北武漢近代工業萌芽的重要外因。

## 二、票號中心由漢移滬與外國金融業的壟斷

　　清末，漢口是全國主要的錢業、票號中心之一。為籌集朝廷的數千萬元鴉片戰爭賠款和白銀外流引起的財政危機，清朝廷大

---

27　參見蘇雲峰著《中國現代化的區域研究‧湖北省（1860-1916）》，臺北「中央研究院」近代史研究所，1981 年版。

量發行大面額銅幣紙鈔，造成銀貴錢賤的危險局面。

　　一八六一年，各省共應上解京餉七百萬兩白銀，直到當年農曆八月朝廷戶部僅收到一百多兩白銀。朝廷發生財政危機，致使京城的銀、票兌付比甚至達到 1：30000。清政府被迫允許由票號匯兌京餉，從此票號的主要業務逐漸由彙聚民間銀兩轉向經營巨額朝廷官款。官款在解京過程中無需支付利息，山西商人成為這種無成本匯解巨額官款的主要受益者。

　　「九省通衢」的漢口，成為山西票號的業務中心。漢口「已有能力通過信貸控制地區之間和對外的大規模貿易，其穩定程度與上海或其他商業中心相比，有過之而不及」。

　　一八六一年前後，山西票號進入上海，錢莊和票號成為維繫上海與漢口之間資金周轉的橋樑。由於擔心華中地區的太平天國戰爭會影響資金安全，山西票號開始向沿海轉移。

　　學者王俞現認為，「大約在一八七一年，山西票號的業務中心從武漢轉至上海」[28]。

　　傳統金融業，是支撐漢口手工業快速發展的基本因素之一。到十九世紀上半葉，漢口已有一百個左右的錢莊，一般以地域商幫為借貸款對象。為了確保漢口金融市場穩定，漢口錢業公會規定設立錢莊的條件十分苛刻，一是必須有公所五個不同成員擔保，再由公所向漢口鎮的上級漢陽縣府申請發行信用券；二是公所每個成員必須繳存四百兩銀子作為保證金；三是公所每年向成

---

28　王俞現著《中國商幫600年》，中信出版社，2011年版，189頁。

·最早來漢口設立的外國銀行 —— 英國麥加利銀行
漢口分行（圖左建築）

員支付保證金利息，其中百分之八十給錢莊投資人，以鼓勵其積極性。一些金融學家認為，漢口錢業公會制定的行規，是我國金融領域一場意義深遠的改革[29]。到一八九一年（光緒十七年），漢口的錢莊竟然達到五百家，是十年前的兩倍。

但是，傳統的中國錢莊、票號，很快受到了隨西方列強一起進入的外國銀行業的衝擊。

最早在漢口開業的外國銀行，是一八六三年設立的英國麥加利銀行漢口分行；其次是一八六八年設立的英國滙豐銀行漢口分行。至一八八二年，在漢口設立的中外銀行達到高峰，計有四十家[30]。起初，銀行業競相為製茶業、製蛋業等盈利較豐的農產品深加工業貸款；此後又競相以鐵路、港口資產抵押為條件，投資京漢鐵路、漢口港口的建設。其中，又以英國滙豐、麥加利，美國花旗，法國東方匯理，日本橫濱正金，中俄法合資華俄道勝，

29 〔美〕羅威廉著《漢口：一個中國城市的商業和社會（1796-1889）》，中國人民大學出版社，2005 年版，28-30 頁。
30 武漢地方志編纂委員會主編《漢口租界志》，武漢出版社，2003 年版，第 160 頁。

比利時義品放款，中德合資德華等銀行影響較大。

　　清末民初，先後有十三家外資銀行漢口分行自行發行鈔票，俗稱「漢鈔」。漢鈔以銀本位計值，分銀兩券和銀圓券兩種，面額為 1、5、10、20、50、100 元（兩）六種，發鈔總額竟然高達約一億元，在華中數省流通[31]。流通的漢鈔，遠遠超清朝廷的京餉、協餉的年度收入。十三家在漢發鈔的外資銀行，根本不屑於向清政府報告漢鈔發行的數額及使用範圍。同時，英、美、法、俄、德、日、比等國在漢銀行分行，在本國總行的支援下以國際財團的名義，以債券形式輸出資本和投資鐵路、港口。

　　為了在中國獲得最大金融利益並爭奪京漢鐵路的貸款權，俄國沙皇政府頒佈《俄華道勝銀行條例》規定，該銀行有權代收中國各種稅收，有權經營與地方及國庫有關的業務，有權代還中國政府所募公債利息，可以敷設中國境內鐵路、電線等工程。這些單方頒佈的《條例》，完全無視中國國家主權，嚴重侵犯中國的國家金融主權。其他外國銀行也「利益均沾」，照此辦理。清朝政府在西方列強的威逼下，對國家金融的控制力逐年下降。

　　漢口成為外國銀行向中國中西部輸出資金的基地。在漢的外資主要銀行，承擔了向所在國漢口總領事館領事轄區的工業、交通業貸款，英、法銀行甚至貸款到領事轄區的甘肅、陝西等西北數省。其聚集的資本，大部分來自於漢口及上海、天津、廣州等

---

31　武漢地方志編纂委員會主編《漢口租界志》，武漢出版社，2003 年版，第 160 頁。

大的商業資本中心。一九一一年辛亥革命後，因擔心湖北革命軍政府的干預，漢口的外國銀行成立了「漢口外國匯兌銀行公會」，推選英國麥加利銀行漢口分行為公會永久主席。

十九世紀七〇年代至一八九四年之前，外國銀行的外債投資中，英國銀行特別是滙豐銀行資本處於壓倒性優勢。（英國）香港滙豐銀行上海分行長期是中國海關的關庫銀行，儘管江漢關與江海關無隸屬關係，滙豐銀行漢口分行也「順理成章」地成為江漢關的關庫銀行。據統計，從一八八一至一八九五年的十五年間，清政府舉借外債二十二筆，其中英國資本提供十八筆，總額達庫平銀二千七百五十三萬兩，占借款總額 2961.6 萬兩的92.9%；而由滙豐銀行提供的貸款有 14 筆、2021.5 萬兩，占這一時期外債總額的 68.2%[32]。為避免受世界銀價跌落的影響，滙豐銀行對清朝政府貸款多以金鎊計價，增加了清政府的還款成本；滙豐銀行貸款時間長、利息重並堅持以清朝政府關稅為擔保，滙豐銀行在確保了該行利益的最大化的同時，基本撇清了任何風險。

---

32 李弘等編著《博物館中的中英金融》，首都經濟貿易大學出版社，2012 年版，第 88 頁。

表 1-9 清末民國初外國銀行在漢主要機構（以成立時間為序）

| 行名 | 國別 | 機構性質 | 成立時間 | 總行地址 | 銀行原址（現狀） |
|---|---|---|---|---|---|
| 麥加利 | 英國 | 分行 | 1863 | 倫敦 | 英租界華昌街口（省保） |
| 滙豐 | 英國 | 分行 | 1868 | 香港 | 英租界河街（國保） |
| 華俄道勝 | 中俄法 | 分行 | 1896 | 聖彼德堡 | 俄租界河濱街（省保） |
| 德華 | 中德 | 分行 | 1898 | 上海 | 德租界河街 |
| 東方匯理 | 法國 | 分行 | 1902 | 巴黎 | 法租界河街（市保） |
| 華比 | 比利時 | 分行 | 1902 | 布魯塞爾 | 英租界阜昌街 |
| 正金 | 日本 | 分行 | 1906 | 橫濱 | 英租界河街（國保） |
| 住友 | 日本 | 分行 | 1908 | 大阪 | 英租界歆生路（市優建） |
| 花旗 | 美國 | 分行 | 1910 | 紐約 | 英租界河街（省保） |
| 萬國通商 | 美國 | 分行 | 1910 | 紐約 | |
| 義品放款 | 法比 | 分行 | 1912 | 布魯塞爾 | 法租界霞飛路 |
| 中法實業 | 中法 | 分行 | 1913 | 巴黎 | 法租界 |
| 臺灣 | 日本 | 分行 | 1915 | 臺灣 | 英租界歆生路（市保） |
| 中法振業 | 中法 | 分行 | 1917 | 北京 | 法租界 |
| 中華匯業 | 中日 | 分行 | 1918 | 上海 | 河街 |
| 友華 | 美國 | 分行 | 1919 | 紐約 | 英租界鄱陽街 |
| 中華懋業 | 中美 | 分行 | 1920 | 北京 | 英租界歆生路 |
| 漢口 | 日本 | 總行 | 1920 | 漢口 | 日租界成忠街 |
| 華義 | 義大利 | 分行 | 1920 | 天津 | 英租界東方碼頭 |
| 震義 | 中意 | 分行 | 1921 | 北京 | 英租界一碼頭 |

注：1. 參見《漢口租界志》161 頁，漢口租界志編委會編，武漢出版社，2003 年版。2. 二十家外資、合資銀行中，除萬國通商、義品放款、華義、漢口、中華振業、中華匯業等 7 家銀行外，均自行印發漢鈔，發行總額約一億元。3. 原址括弧中的「國保」，係指國務院公佈的全國重點文物保護單位，「省保」「市保」為省市政府公佈的同級文物保護單位，「市優建」為武漢市政府公佈的武漢市優秀歷史建築。

西方列強十分擅長運用資本的槓桿獲得在華的長期利益，擅長於預測和追逐新的高利潤行業。

一八九五年中日甲午海戰以後，清朝政府被迫向日本支付「甲午戰爭賠款」二點三億兩白銀，由於遠遠超過清廷三年的國家收入，清廷只能向西方列強借貸，實際支付本息四億多兩。外國銀行業利用清朝廷巨額戰爭賠款，形成在華投資的一個高峰，英、德、法、美、俄、日、比等國銀行業投資工業力度加大。

日本政府利用清朝政府「甲午戰爭賠款」全力支援本國紡織、化工、食品工業發展，向中國大量傾銷產品；又通過銀行貸款控制中國重工業和礦業資源。亞洲最早、最大的鋼鐵聯合企業漢冶萍鐵煤有限股份公司，在湖廣總督張之洞交由盛宣懷主持後，自一八九九年（清光緒二十五年）到一九一一年（清宣統三年）向日本借貸二千四百餘萬元，結果被早已虎視眈眈的日本控制。一九一〇年（清宣統二年）一月，我國水泥業發源地之一的大冶水泥廠，向日本三菱公司借款三十萬日元，年息竟高達七釐，因無力還貸，被三菱查封，宣告破產。三菱公司相繼高價轉售給德商、華商經營，獲得巨額利潤。華商經營後，一九一八年更名華新水泥廠，經營至今。

英、法、美、俄、德、比等國銀行漢口分行，在一八八九年張之洞興辦重工業後，由投資農業深加工逐漸轉向投資交通業。在中國第一條深入腹地的京漢鐵路籌建過程中，美國、英國、俄國相繼與清朝廷談判有條件借貸。比利時銀行工廠合股公司獲得借債合同後，一再逼迫清政府讓步，最終竟以大清帝國政府作為擔保、三位清朝廷一品官員簽署認保，債票上注明：「遵照大清

國批准，由直隸總督王（文韶）、湖廣總督張（之洞）、鐵路督辦盛（宣懷）蓋章。」

在西方列強資本的強力介入下，京漢鐵路的路權、建造權、行車權和管理權均由比利時執掌。一八九九年四月比利時銀行團在巴黎、布魯塞爾、阿姆斯特丹和日內瓦發行債券籌款，法國人搶購了總額的五分之四。法國人施阿蘭在其《駐使中國紀 1893-1897 年》中慶賀說，這是法國同它的盟國俄國、它的夥伴比利時一起，取得無可爭辯的勝利 [33]。張之洞調任清廷軍機大臣後，法國自行將漢口法租界擴界至京漢鐵路終點站漢口大智門火車站附近，使法租界成為連接鐵路客運站與長江碼頭的繁華之地。

一九〇八年（清光緒三十四年）十二月，清朝廷在巴黎償還京漢鐵路的比利時借款 11250 萬法郎（約 450 萬英鎊），支付的本息竟高達 22740.1 萬法郎（約 909.6 萬英鎊）。痛定思痛，清朝廷決意國家交通基礎設施投資不再依賴外國資本，下諭建立交通銀行，專門經營鐵路、輪船、郵政、電報業務，漢口分行為首批成立的三家分行之一。但是，一九一一年（清宣統三年）五月，郵傳大臣盛宣懷不顧朝野反對，與英、法、德、美四國銀行在北京簽署「湖廣鐵路 5 釐利息遞還金鎊借款」條約，將湖廣（湖北、湖南）境內的粵漢鐵路以及四川、湖北境內的川漢鐵路部分權益拱奉給了西方列強，引發全國特別是湖廣、四川民眾的

---

33　引自汪瑞寧著《武漢鐵路百年》，武漢出版社，2010 年版，第 34-39 頁。

「保路運動」，成為結束清朝帝國的辛亥革命武昌首義導火索之一。

表 1-10 漢口外商企業概略之二（1890-1911）

| 行業 | 年份 | 廠名 | 國別 |
|---|---|---|---|
| 製蛋業 | 1891（清光緒十七年） | 和盛蛋廠 | 澳國 |
| | 1891（清光緒十七年） | 瑞興蛋廠 | 瑞典 |
| | 1893（清光緒十九年） | 公興蛋廠 | 法國 |
| | 1895（清光緒二十一年） | 嘉利蛋廠 | 德國 |
| | 1908（清光緒三十四年） | 永源蛋廠 | 英國 |
| | 1909（清宣統一年） | 貝格德蛋廠 | 德國 |
| 麵粉榨油業 | 1905（清光緒三十一年） | 恆豐麵粉廠 | 英國 |
| | 1905（清光緒三十一年） | 和豐麵粉廠 | 英中合資 |
| | 1905（清光緒三十一年） | 禮和機器麵粉廠 | 英德 |
| | 1905（清光緒三十一年） | 日信豆粕第一工廠 | 日本 |
| | 1906（清光緒三十二年） | 日信豆粕第二工廠 | 日本 |
| | 1907（清光緒三十三年） | 東亞製粉株式會社 | 日本 |
| 煙酒製造業 | 1899（清光緒二十五年） | 康成造酒廠 | 法國 |
| | 1908（清光緒三十四年） | 頤中煙公司宗關工廠 | 英美 |
| | 1909（清宣統一年） | 法華蒸酒公司 | 法中合資 |
| 發電業 | 1906（清光緒三十二年） | 漢口英租界電燈公司 | 英國 |
| | 1907（清光緒三十三年） | 漢口德租界電燈部 | 德國 |
| 冶金機械建築業 | 1899（清光緒二十五年） | 亨達利制銹廠 | 法國 |
| | 1900（清光緒二十六年） | 通和有限公司（建築） | 英國 |
| | 1911（清宣統三年） | 漢口機械修理廠 | 德國 |
| | 1911（清宣統三年） | 民豐機械修理廠 | 德國 |

| 行業 | 年份 | 廠名 | 國別 |
|---|---|---|---|
| 制冰冷藏業 | 1891（清光緒十七年） | 和利制冰廠 | 英國 |
| | 1904（清光緒三十年） | 屈臣氏制冰廠 | 英國 |
| | 1908（清光緒三十四年） | 和記洋行冰凍食品廠 | 英國 |
| 其他 | 1893（清光緒十九年） | 百昌磚茶廠 | 俄國 |
| | 1905（清光緒三十一年） | 日資棉花打包 | 日本 |

注：據孫毓棠、汪敬虞編《中國近代工業史料》，陳真編《中國近代工業史料》，武漢市檔案館歷史資料，《武漢市志・工業志》等。

外國銀行對中國金融市場和重要工業行業的控制，也使我國新興的銀行業十分焦慮，組織應對。第一次世界大戰期間，歐美國家自顧不暇，我國的工業和金融業獲得難得的發展機遇。一九一七年，北京十九家銀行組成北京銀行公會，隨後上海、天津、漢口、蘇州、杭州、哈爾濱等城埠也成立了銀行公會。一九二〇年，全國銀行公會聯合會議召開，以研究金融形勢、尋求中國銀行業和工業投資的對策。

・清末漢口街頭的手工木匠

到一九二六年，武漢已有五十二家銀行，其中總行九家、分（支）行四十三家。歷史學家王天偉認為，我國自此形成以上海、天津、漢口為中心

的區域性金融市場 [34]。

## 三、空前衝擊與傳統手工業的應對

清末，清朝十五個省總督府的駐地有三個半開埠：兩廣總督府駐地廣州、閩浙總督府駐地福州、湖廣總督府駐地武昌（武漢三鎮之一）；直隸總督府在保定，一度夏季遷至天津，算是半個。其中，時年又以武漢的城市規模較大、手工業較為發達。

武漢由於地處中國腹地，近代工業轉型遠比上海、天津等沿海城市複雜。

中國傳統手工業者稱為工匠。優秀工匠具有較高的社會地位，生活安逸。

掌握關鍵工藝技術被譽為有絕活，在行業中受到尊重。優秀工匠的絕活，大多只在家族的男性中世代相傳。為朝廷做貢品的工匠，多為家族祖傳作坊，其家族社會地位更高。

十六世紀中期至十九世紀初的明清時期，武漢已有一批雇用多人甚至雇用二十多人的手工作坊，主要集中在紡織、農產品深加工、冶煉、造船、印刷等行業。宋元明時期，武昌、漢陽已經擁有可以製造五百至一千噸的木帆船的造船坊，其規模宏大，雇用工匠數十人。一八四〇年（清道光二十年）左右，鄂東南等地的紡織戶逐漸遷至武昌、漢口、漢陽三鎮，產量、花色之豐，甚

---

34 王天偉著《中國產業發展史綱》，社會科學文獻出版社，2012 年版，第 259 頁。

至在漢口形成白布街、花布街。這些被雇用的工匠，與傳統手工業者不同，他們大多是失地農民，沒有資產和固定住所，在作坊流水生產線上勞作，與歐洲早期的工人十分相似。

席捲全球的機器化生產，從它產生的第一天起就極大地衝擊了以農業自然經濟為基礎的傳統手工業。外商建立的漢口機器製茶廠，很快淘汰了磚茶廢品率約占四分之一的傳統製茶廠；可以從漢口直航歐洲、俄國的海輪，使陸路萬里茶道的沿線城鎮逐步凋敝；歐美的精紡布、煤油、五金機械等也以新奇、實用佔領較大的市場。一批歷史悠久的手工作坊，一批昔日繁忙的陸路、水運交通線路相繼停業。

武漢手工作坊中一批有遠見的作坊主，在國家風雨飄搖、作坊資金短缺的情況下，殫精竭慮，變革變通，與外國同行進行了艱巨的、不平等的競爭。

武漢傳統手工紡織業，在受到洋布（主要來自日本和英殖民地印度）的衝擊後，武昌、漢口許多紡織作坊改用進口紗線，大幅提升了織布品質。到一九〇〇年（清光緒二十六年）前後，武漢三鎮的土布年產量已達到十五萬匹，重新佔領周邊數省布料市場，並遠銷上海、江蘇等外國產品傾銷的地區。

周恆順是武漢歷史悠久、規模最大的民營機器廠。一八六二至一八七四年（清同治元年至十三年），武昌周天順爐冶坊因鑄造黃鶴樓銅頂、歸元寺大香爐名聞遐邇。一八六六年（清同治五年）從武昌大堤口遷至漢陽雙街後，數更其名，後為周恆順機器廠，開創武漢民營工業製造機器的先河。周仲宣繼任後，先後研製、生產蒸汽輪船、煤氣機、蒸汽起重機、造幣機、壓茶磚機、

抽水機、榨油機等工業設備，許多機械設備是中國民族工業的首臺（套），暢銷全國。最多時職工約二千二百人，生產能力居湖北民營機器廠之首。一九三八年日軍佔領武漢前夕舉廠西遷重慶，成為抗戰後方的重要機械廠。至今，該廠是國家大型骨幹企業武漢汽輪機廠、重慶水輪機廠、武漢第二機床廠等的前身。

曹祥泰成立於一八八四年，先經營雜貨煙酒，後涉足工業，建有肥皂廠、機器米廠、紐扣廠、針織廠、香皂廠。其中，「警鐘牌」肥皂佔據武漢七成市場，並遠銷湘、豫、贛、粵以及南洋群島。至今，「曹祥泰」仍是武漢市民喜愛的品牌。

季節性極強的棉花打包業，也一改英、美商洋行一統天下的局面。一九三一年，全市年打捆四百斤重的棉花包十萬零八千九百八十七件，其中華商穗豐打包廠占百分之五十以上。

從傳統手工業到近代工業企業的演變，得到民間錢莊、票號乃至商業貿易業的支持。據歷史學家徐凱希統計，一八九五至一九一一年間，漢口民族資本創辦的四十一家工廠中，由商人投資的達二十一家。

長江內河航運的外商輪船公司與民族航運業的競爭則更為炙熱。武漢的手工業及貿易繁盛，依賴於歷史久遠的長江、漢江的傳統內河航運業。在長江航道，通過載重一百到一千噸的木製帆船，西上連接一千三百七十公里外的重慶，東下連接一千一百二十五公里外的上海；在漢江航道，通過十到一百噸的木製帆船，連接五百三十二公里外的襄陽。武漢成為連接川、鄂、湘、贛、皖、豫、陝、雲、貴等省對外貿易的中樞。

英、美、日等國是海洋航運大國，深知掌握長江航運就是掌

握中國內陸對外貿易的鑰匙。列強在爭奪航權和贏取暴利上，毫不手軟。一八六一年（清咸豐十一年）四月，美商瓊記洋行載重六百七十八噸的「火鴿號」首航上海—漢口。至一八七二年（清同治十一年），英、美兩國十三家洋行輪船公司的三十七艘船舶，先後經營上海—漢口航線。漢口對外貿易基本被西方列強控制以後，激起中國朝野的憤怒。清朝廷這才解除對民間河運業的禁令，放寬內河航運許可。一八七三年中國輪船招商局「永寧號」從上海首航漢口。一八九六年後，日本利用中日甲午戰爭賠款，大量購置新船，幾乎壟斷了漢滬客貨運輸。重組的日資日清公司，開通了漢口至日本大阪、神戶、橫濱的航線。

民族航運業處境艱難在夾縫中發展，一九一〇年（清宣統二年），漢口民族航運業已在江漢關註冊內港輪船八十二艘，主要經營長江的漢湘線、漢宜線、漢渝線，漢江的漢口至漢川、老河口線，承運農產品集散和對外貿易中轉業務。


## 第三節 ▶ 張之洞與中國近代重工業的崛起

### 一、晚清政府與洋務派的「雪恥強國」

一八五八年第二次鴉片戰爭以後，幾十年前尚是世界強國的中國，淪為英、法等西方列強的半殖民地，上海、天津、漢口、重慶、廣州、廈門、杭州、寧波、鎮江、九江十個重要城市的二十六個外國租界，則完全被實行殖民治理。其中，又以上海、天津、漢口三地租界面積大、影響大，全國上下莫不痛感恥辱，強

烈要求改革。清朝同治末光緒初,「疆吏朝臣凡章奏舉辦軍工者,多以國恥為言,可見當時君臣之心理也。故中國之新工業濫觴於軍工」[35]。

在舉國上下的「雪恥強國」激憤中,清朝廷逐步實行實業興國政策。清朝重臣曾國藩(1811-1872)、李鴻章(1823-1901)、左宗棠(1812-1885)、張之洞(1837-1909)等洋務派領袖,深感農村自給自足的自然經濟,根本無法抵禦工業強國的堅船利炮。他們在各自的管轄區域內以「自強求富」為目標,提出官辦—官督商辦—民間商辦的一系列政策,主持創辦一批以軍工為主的近代化大中型工廠,會同民族資本者,促進了中國近代化工業迅速發展。

一八六一年(清咸豐十一年),五十一歲的曾國藩奉旨督辦四省軍務(蘇浙贛皖),在安徽創辦安慶內軍械所,開創了中國近代軍工業。

一八六五年(清同治四年)初,四十二歲的兩江總督李鴻章在曾國藩的支持下,收購位於上海虹口的美商旗記鐵廠,與韓殿甲、丁日昌的兩個局合併,擴建為江南製造局。隨後,他又將蘇州機器局遷擴到南京,更名金陵機器局。通過這兩次合併,李鴻章協助其恩師曾國藩完成了創建清朝最大軍工廠——江南製造總局的心願。一八七〇年(同治九年),李鴻章調任直隸總督,接

---

35　陳真、姚洛合編《中國近代工業史資料》第一輯,生活・讀書・新知三聯書店,1957年版,第4頁。

收並擴建了天津機器局。一八七二年（同治十一年），他創建了時年最大的官督商辦企業——輪船招商局，隨後又主持建設一批煤鐵礦、金銅礦，天津、上海電信總局，上海機器織布廠，以及主持中國人修建的第一條鐵路即九公里長的唐胥鐵路等。

一八六六年（清同治五年），五十四歲的閩浙總督左宗棠提議創辦清末最大的近代造船廠——馬尾船政局。一八八〇年（清光緒六年），左宗棠奉旨收復新疆後，創辦蘭州機器織呢局，這也是我國最早的官辦毛紡織廠。

一八七七年（清光緒三年），五十七歲的四川總督丁寶楨創辦四川機器廠，為時年重要軍工廠之一。

清朝政府在外侮內患、經濟日衰的壓力之下，成立總理各國事務衙門，改革陳規陋習，加大了近代化進程。

一八九八年（清光緒二十四年）頒佈章程獎勵興實業者「凡發明軍用船械者，特賞專利五十年；發明日用新器者，給工部郎中實職，專利三十年；仿造西器之制法未傳入中土者，給工部主事職，專利十年」，等等。[36]

一九〇三年（光緒二十九年）七月清朝廷成立商部，在北京成立勸工陳列所，奏請在各省成立實業學堂。甚至一改隋唐以來的進士考選定制，在奏定的《獎勵商勳章程》中規定，學部考驗遊學生設工商科進士；一九〇六年（清光緒三十二年）改商部為

---

36 陳真、姚洛合編《中國近代工業史資料》第一輯，生活・讀書・新知三聯書店，1957年版，第7頁。

農工商部，由曾考察歐洲工業的載振任尚書；奏定《獎勵華商公司章程》《獎給商勳章程》，規定興辦一千萬元以上之實業者賞男爵；兩千萬元以上者賞子爵……[37]

這一時期，清朝政府全力獎勵創辦工業。但是，此時的清朝廷的財力連支付西方列強索賠的本息都不夠，華商面對外商工業品傾銷且稅賦日重一日，已無財力支持國家工業發展了。

## 二、張之洞十七年督湖廣興實業

作為晚清「四大重臣」和洋務派領袖之一，張之洞比曾國藩、左宗棠年齡小二十五六歲，比李鴻章也小十四歲。一八八九年（清光緒十五年），五十二歲的張之洞由兩廣總督調任湖廣總督。督湖廣湘十七年間，張之洞推新政，建新軍，興實業，辦學堂。他主持修建了京漢鐵路，策劃修建粵漢鐵路。他先後在武漢創辦了二十多家官辦、官督商辦工廠，是我國重工業的開拓者。張之洞對興實業的重視，到了日有所思、夜有所夢的境地。一八九〇年（清光緒十六年）張之洞在古史中發現「大冶劍」的記載，推測大冶有鐵礦，即聘外國礦師調查，發現了唐宋時期的煉鐵遺址，進而重新發現大冶鐵礦[38]。

張之洞在武漢的官辦實業主要是重工業、紡織工業：

---

37 《農工商部奏定爵賞章程・獎勵華商公司章程・獎給商勳章程》，清農工商部印刷科，清光緒三十三年。

38 據《支那省別全志——湖北省》，東亞同文會出版，1941-1944 年版，第 809 頁。

・亞洲第一座大型鋼鐵廠——漢陽鐵廠雄姿

　　漢陽鐵廠——一八九〇年建廠、一八九三年建成，一八九四年五月投產，是時年亞洲最早、最大的鋼鐵聯合企業。漢陽鐵廠建有色麻鋼廠（酸性轉爐）、西門士鋼廠（鹼性平爐）、鋼軌廠、鐵貨廠、熟鐵廠、鑄鐵廠、打鐵廠、機器廠、魚片鉤釘廠等四大廠六小廠，聘請歐洲工程師、技術員四十一人，全盛時員工六千二百多人。一八九五至一九一四年，該廠生鐵產量約為全國產量的百分之九十，一八九五至一九一七年間鋼產量也占全國的絕大部分。其產品包括鐵路軌道等，遠銷美國、日本等國。

　　大冶鐵礦——一八九〇年建礦，面積約一百平方公里，主要供應漢陽鐵廠。鼎盛時有三千多工人，日均運出礦石一千噸左右，由七艘可裝三百五十噸礦石的輪船帶拖船承運，從石灰窯（今黃石市）逆水上行運至漢陽約需二十八小時。湖北槍炮廠——一八九二年建廠，一八九四年建成。與江南機器廠並稱，是清末全國十八個軍火工廠中規模最大、製造精良的軍工廠。至一八九八年，先後建成造槍廠、槍彈廠、鑄炮廠、炮彈廠、鋼罐廠、火藥廠等，其設備主要通過清朝駐歐洲使臣許景澄，從德國

・一八九二年湖北槍炮廠在漢陽開建，一九〇四年改名為湖北兵工廠，又稱「漢陽兵工廠」，為近代中國最大的軍工企業

克虜伯公司購買當時世界先進的軍工製造設備。初有工人一千二百人，一九〇四年增至四千五百人左右。主要生產毛瑟槍、克虜伯快炮。其製造的德國一八八八式改良五響毛瑟槍又稱「漢陽造」，是中國軍隊二十世紀初期至中期六七十年間的主要輕武器。

由此，武漢成為我國最大的重工業基地。

湖北織布局——一八九〇年興建，一八九三年建成，地點在武昌文昌門外，資本金一百二十多萬兩，織布機一千臺、提花機一千臺，設備從英國訂購，聘請英國工程師，雇工二千五百多人。張之洞批准其在本地銷售免稅、外省銷售僅在江漢關納稅一次的鼓勵政策，使產品憑藉價格優勢旺銷。

湖北紡紗局——一八九四年在武昌文昌門外建設，一八九七年投產，設備主要採購自比利時洋行、德國洋行。聘用多名外國技師，雇用男工一千六百人，有紗錠五萬枚，日產棉紗五千五百公斤。後因資金困難，設備轉售給清朝狀元張謇，張在其家鄉創辦了南通大生紗廠。

湖北繅絲局——一八九六年在武昌望山門外建設，有繅絲機兩百盆，雇用工人五百人，產品全部出口。

湖北制麻局——一八九八年在武昌平湖門購地，一九〇四年試產。從英國北愛爾蘭購進製麻機四十張，耗資一萬四千零四十三英鎊，約合白銀十一點五一萬兩。日產麻紗約三百斤、織物約五百米。

湖北製襪廠——一八九五年建成，位於武昌平湖門外，是中國最早的機器製襪廠。

由此，武漢成為我國僅次於上海的第二大紡織工業基地。此外，張之洞還奏請建造了我國第一條縱貫南北方向的鐵路幹線，啟動了我國第一條縱橫東西方向的鐵路幹線，以及一批其他工廠。

一九〇〇年（清光緒二十六年），張之洞奏請光緒皇帝、慈禧太后批准，主持建設盧漢鐵路（盧溝橋—漢口）。一九〇六年（清光緒三十二年）四月一日全線通車，更名京漢鐵路，全長一千二百一十四公里。此後，又奏請啟動修建從廣州至武昌的粵漢鐵路。

一九〇三年（清光緒二十九年），奏准在武昌三佛閣街建設湖北銀元局，其製品在晚清多省鑄造的銀元中因成色足而流通較廣，因此受到朝廷褒獎。

一九〇七年（清光緒三十三年），耗資五十萬兩從比利時引進設備，在武昌白沙洲建成我國規模最大的官辦造紙廠。白沙洲造紙廠可制新聞紙、印書紙、連史紙、毛邊紙等，日產三點五噸。此外還建成度支部造紙廠（度支部係清廷財政部），是國內

最大的生產鈔票紙的工廠之一。

　　張之洞對工業的污染也逐步有所認識。一八八八年、一八八九年，外商儲存的石油在武昌、漢陽引起兩場大火。為了安全和長江下游民眾飲水問題，一八九四年（清光緒二十年）張之洞准予《批江漢關道詳請阻止洋商設火油池》，不准各國油商沿江建造油庫。但是，由於工廠增加，外商在加強防範的同時，石油進口量仍由一八九六年的 1260 萬加侖增加到一八九七年的 1700 萬加侖，價值 220 萬銀兩。[39]

　　一九二三年上海《申報》出版《最近之五十年》，在《五十年來中國之工業》一章中評價說，「官辦工業之功臣，李鴻章而外，當推張之洞。李所發起之實業，以航業（招商局）電報（北洋電報局）為最重要。製造工業僅有織布局。張則在粵、在鄂皆銳意提倡織布煉鐵，漢陽之鐵政局，武昌之織布紡織制麻繰絲四局，規模之大，計畫之周，數十年後未有能步其後塵者」；「此時期中疆吏之能知工業重要，而以全力提倡者，張氏當首屈一指矣」[40]。

---

39　蘇雲峰著《中國現代化的區域研究・湖北省（1860-1916）》，臺北「中央研究院」近代史研究所，1981 年版，第 118 頁。

40　陳真、姚洛合編《中國近代工業史資料》第一輯，生活・讀書・新知三聯書店，1957 年版，第 5-6 頁。

表 1-11 張之洞主持建設的工廠名錄（1890-1907）

| 行業 | 建設時間 | 廠名 |
|---|---|---|
| 鋼鐵行業 | 1891-1894 | 漢陽鐵廠（含色麻鋼廠、西門士鋼廠、鋼軌廠、鐵貨廠、熟鐵廠、鑄鐵廠、打鐵廠、機器廠、魚片鉤釘廠等） |
| 軍工行業 | 1892-1898 | 湖北槍炮廠（含造槍廠、槍彈廠、鑄炮廠、炮彈廠、鋼罐廠、火藥廠等） |
| 紡織行業 | 1890-1898 | 湖北織布局、湖北紡紗局、湖北繅絲局、湖北制麻局 |
| 冶煉制幣業 | 1893-1905 | 湖北銀元局、武昌銅幣局（擴建）、 |
| 輕工業 | 1890-1907 | 白沙洲造紙廠、度支部造紙廠、南湖製革廠、下新河氈呢廠、蘭陵湖北模範工廠 |

　　張之洞的興實業之路也充滿探索和坎坷，歷史學家嚴昌洪等認為，張之洞辦洋務萌芽於山西，發端於廣東，官辦企業不少經營不善。在組建漢冶萍公司、籌建粵漢鐵路中，極度重用盛宣懷，以致一九二三年上海申報館在《最近之五十年：五十年來中國之工業》中評價「惜夫所用非人，不能興利，反為外資輸入之階，亦中國新工業之大不幸也」。

　　臺北歷史學家蘇雲峰認為，根據挑戰與反應理論，漢口開埠代表外部挑戰強度增加，張之洞在湖廣「興實業」代表中國手工業發展為近代工業的實質性改變。

　　美國學者羅威廉也認為，武漢的近代變革應從一八八九年張之洞就任兩湖總督算起。

　　一八八九年湖廣總督張之洞到職啟動興業，是武漢近代化的實質性推進之年。

### 三、武漢近代民族工業的發軔

張之洞推崇官辦工業，也十分重視民族商人的工業投資，多次下發官文鼓勵。在此影響下，武漢地區的民族商辦工廠投入逐步超過外商的工業投資。

據統計，在一八八九至一九〇六年，張之洞督湖、廣、湘的十七年間，外商投資湖北（主要是武漢）工業，約為 1300 萬元，清政府投資約 1700 萬元，民間商人投資約 3000 萬元，三者合計 6000 萬元。其中，外商投資比例已下降到 21.6％。[41] 史載，張之洞多次在武昌、漢陽、夏口（漢口）會見本省和浙江、安徽、湖南、江西、福建、山西、陝西以及四川等省商人，商討興辦實業良策，鼓勵民族資本進入工業投資。對投鉅資興實業的，給予若干年獨家生產專利權和暫減稅費，對宋煒臣等主要企業家則奏請朝廷授予榮譽官職。

·清末漢陽鐵廠門樓

據學者徐凱希統計，從一八六五年（清同治四年）到一九一一年（清宣統三年）的四十六年中，漢口江漢關

---

41 參見河北省炎黃文化研究會、河北省社會科學院編《張之洞與中國現代化》，中華書局，第 242 頁。

進出口總額約二十五億兩關銀，按買辦經紀費百分之三到五計算，買辦階層獲利約在一億兩關銀。除去支付聘請走街等職員和各地採購人員的費用，買辦獲利在一半以上。這些買辦的利潤許多用於工業投資，至一九一一年，武漢較大的民族工業企業已達一百二十家左右，涵蓋二十幾個行業，規模和投資僅次於上海，居全國第二位。

工業生產也極大地促進了漢口的對外貿易。一八八九年（清光緒十五年）張之洞到職，江漢關直接對外貿易額總值是5581695 關兩，間接貿易額總值是 37600898 關兩。一九〇一年（清光緒二十七年）江漢關進出口貿易總額突破 1 億關兩，達到11158 萬兩；一九〇三年進出口額更達到 16717 萬關兩，已逼近上海。到一九〇六年（清光緒三十二年）張之洞離漢赴京之時，江漢關對外直接貿易總值達到 31683214 關兩，間接貿易額達到115071383 關兩，十八年間分別增長 567.6％ 和 306％。[42]

## 四、張之洞的興實業理論

張之洞的「興實業」，與曾國藩、李鴻章、左宗棠等早期洋務派相比較，已經形成了比較完整的近代工業發展思想及實踐體系。在某種意義上說，「興實業」是張之洞《勸學篇》中，實現國家近代化理想的「中體西用」思想的實業實踐。

張之洞與早期洋務派的近代工業建設有著顯著的共同性：一

42 皮明庥主編《簡明武漢史》，武漢出版社，2005 年版，第 175 頁。

·武漢近代工業奠基人——張之洞

是強調興實業是解救清朝國家、抵禦外侮內患的根本大計；二是宣導朝廷帶頭投資官辦企業，以此帶動官督商辦企業；三是優先創辦軍工企業，提高國家軍事實力；四是注重辦學，培養工業人才。

張之洞的「興實業」活動主要在一八九〇年以後才形成體系，距離曾國藩、李鴻章創辦安慶內軍械所、江南製造局已有二三十年。張之洞「興實業」的思想及其體系，是在清朝洋務派基礎上的發展，較之曾、李更為成熟，並有著自己的特點：

一是實業建設以重工業為中心，以輕養重。以紗布之利，協濟鐵廠，用煉成之鋼鐵供造鐵軌、船舶、槍炮，解決國家工業化的基本用材，形成較完整的產業鏈，挽回洋人奪取之利權。二是重視國家基礎交通建設。奏請建成京漢鐵路，所用鐵軌基本為漢陽鐵廠製造；一九〇八年七月已調任軍機大臣的張之洞出任督辦粵漢鐵路大臣兼辦川漢鐵路；奏請成立上海、漢口招商局，發揮民族航運和造船業在外貿運輸中的重要作用。

三是重視區域性工業近代化。在他主持下，漢陽成為我國最大的重工業區；武昌一度成為僅次於上海的紡織工業區；漢口成為中國最大的農產品深加工基地，一度成為僅次於上海的對外貿

易基地。

四是注重以商促銷，創辦商務公所、商品交易會。注重在歐洲聘用所在國人員，銷售中國產品。在張之洞主政期間，武漢三鎮的出口商品由磚茶、桐油、牛羊皮、豬鬃、麵粉等傳統農業深加工產品，擴大到向歐洲、美國、日本出口鋼軌、鋼材、焦炭、釘絲等重工業產品。歐洲人對此感到十分惶恐，稱為「中國黃禍」。

五是建設了與近代工業相適應的教育體系。在張之洞主導下，創辦中國第一所近代幼稚園到初等學堂、高等學堂，設立物理、化學、農學到外文等學科，以及創辦近代圖書館、專業報刊、編譯館和製圖館。武漢大學、華中農業大學、武漢科技大學等武漢高等院校，分別源自張之洞在清朝光緒年間創辦的自強學堂、農務學堂、工藝學堂，都已有一百多年的建校歷史。其創辦的湖廣教育體系，得到朝廷嘉許，在清末起到極大的示範作用。

六是引進大批歐洲工程師和企業管理人員，薈聚一批中國優秀科學家、工程師，並派遣數千名學生赴歐洲、日本留學，是清朝九個總督中派出留學生最多的。

七是清朝歷史上動用朝廷最多資源興辦工業的重臣，「經手一千數百萬兩舉辦洋務企業」。

八是扶植本地商人興辦企業，制定官方參股、專利獨享等政策。漢口開埠後外商投資的企業利潤豐厚。張之洞督湖廣後逐步完善吸引外資政策，使外商來漢辦企業人數激增，對武漢的經濟結構產生重要影響。其中，法商的兩家制銻廠是我國最早提煉金屬銻的工廠之一，多返銷法國等歐洲國家用於軍事工業和裝備製

造。

張之洞的工業政策也有缺陷：過分相信朝廷興辦工業的力量，選擇性地支持民營工廠發展；其推崇的工廠專利技術保護制度，實際衍變為行業準入制度，制約了民族工業的發展等等。張之洞創辦湖北紗、布、麻、絲四局後，規定十到十五年專利保護，使武漢地區在此期間無法新建紡織廠，以致無錫、南通、青島等城市紡織業後來居上，超過武漢。

但是，張之洞的「興實業」的業績震驚了歐美和日本。英、法、德、美、俄、日、比等國重要官員相繼訪問湖廣總督府所在地武昌。除俄國皇儲尼古拉外，日本到訪的政要最多，總理清浦奎吾、第一任內閣首相伊藤博文、內閣首相加藤高明子等都曾到武漢拜會張之洞 [43]。

歷史學家章開沅先生在《中國早期現代化的開拓者——張之洞與張謇比論》 中認為，張之洞「以全方位的近代追求創制了堪稱典範的區域現代化模式，成為後來居上的中國早期現代化開拓者」。歷史學家嚴昌洪等在《武昌首義史話》中認為，張之洞辦洋務萌芽於山西，發端於廣東，收功於湖北。

---

43 〔日〕內田佐和吉著，李故靜譯《武漢巷史》，湖北人民出版社，2012 年版，第 23-24 頁。

## 第四節 ▶ 民族工業的濫觴和發展

武漢最早的一批近代民族工業企業，源於傳統手工作坊的成功轉型。武漢地處中國中西部腹地，物產豐富、人口眾多，需求旺盛、市場廣闊，傳統手工業一直極為發達，為近代民族工業的產生奠定了良好的物資基礎。

### 一、民族工業突破於冶煉機械業

學者許滌新、吳承明主編的《中國資本主義發展史》第一卷中認為，明朝後期我國的傳統手工業中已有資本主義萌芽。他們在分析清代若干行業公所後認為，傳統手工業性的公所主要是技藝性行業和飲食、服務行業，「有公所和行規的手工業，大體未見資本主義萌芽，而有資本主義萌芽的行業，卻少見公所組織的行規」[44]。

武漢最早的近代民族工業就突破於行會比較薄弱的爐冶業、機械業。十九世紀中，武漢出現翻砂業及機器修理業。漢陽的南岸嘴、雙街等地集中周恆順等一批爐冶作坊，包括一八七三年（清同治十二年）誕生的中國最早專業鑄造廠——榮華昌翻砂廠。這一年，在漢口印刷作坊誕生了由中國人艾小梅創辦的第一份中文報紙——《昭文新報》。

創造了我國工業製造業許多首臺首套設備的漢陽周恆順機器

---

44 許滌新、吳承明主編《中國資本主義發展史》第一卷，中華書局，第305頁。

廠，一八九五年仿製成功軋花機；一八九六年發明製造我國第一臺木架手搖車床，其比上海精明機器廠一九三二年發明的皮帶車床早了三十六年；一九〇五年製造出我國第一臺榨油聯合設備；一九〇七年製造出我國民族工業第一臺八十匹馬力蒸汽機、第一臺抽水機、第一臺卷揚機；一九一三年製造出三十匹馬力臥式煤氣機並形成系列產品等。周恆順機器廠成為我國當時最重要的機械工廠之一。

　　一九〇七年（清光緒三十三年），李維格、顧潤章、宋煒臣、王光籌資創辦的漢口揚子機器廠，也是清末民國初我國八大機器製造廠之一。除製造鐵路車輛、橋梁等外，可建造載重一千五百噸的輪船。該廠相繼承建了漢冶萍公司、輪船招商局和國民政府海軍部訂購的大量艦船，包括海軍的「建中」、「永安」、「拱辰」等艦艇。揚子機器廠工人較多時超過二千五百人，產品遠銷歐、美、日。其所轄揚子鐵廠，時為中國八大鐵廠之一，其後幾經易名，抗戰初期遷至重慶，成為抗戰後方最主要的煉鐵廠。

・民國初揚子機器廠全景圖

表 1-12 武漢民族商辦工業企業名稱一覽表（1890-1911）

| 機器製造業 18 家 | 周恆順、揚子、永旭、中同、猷生記、洪順、泰昌、泰興發、義同、順裕 五革昌、胡尊記、占錦花、譚花、紐合昌、義昌、順義昌、第一實業製造 |
|---|---|
| 紡織成衣業 14 家 | 華勝、廣生、中立、富華、鴻昌、勸工院紡織、錦雲、培德厚、求實、益利、莫記、天孫、昌發、肇新 |
| 榨油豆粕業 14 家 | （榨油）美盛、同豐、鼎升記、久豐、允豐、順豐、猷生記、天盛、源豐 永昌元、德棧、（豆粕）元豐、華昌、興盛 |
| 機制磚瓦業 13 家 | 同德、廣茂、美奐、大豐、裕記、福記、福興盛、巢興、直萬、華泰、協興、大發、德源 |
| 碾米麵粉業 12 家 | 金龍、和豐、漢豐、瑞豐、恆豐（裕隆）、兆豐、裕仁、裕曆、寶善、阜成、世豐、張國源 |
| 化工制皂業 7 家 | 漢口、利用、漢口雄黃、亞獻、（銀珠）玉興、天生、裕寧 |
| 造紙印刷業 7 家 | 制紙廠、礄口、（印刷）中西報、蔚華、大成、漢康、（石印）傳集文 |
| 機製煙草業 3 家 | 物華、兩宜、福豐 |
| 機器製蛋業 3 家 | 同茂仁、公益、立泰 |
| 機制玻璃業 3 家 | 漢口、耀華、廣順記 |
| 機制皮革業 2 家 | 普潤、漢口 |
| 水電業 1 家 | 既濟 |
| 其他若干家 | |

注：編自《武漢市志·工業志》，武漢地方志編纂委員會主編，武漢大學出版社，1999 年版。

## 二、第四次民族資金大轉移與寧波、香山財團入漢

近代，我國民族工業資本發生了四次較大規模轉移，其中第四次轉移至武漢，助推工業和城市快速發展。在這些資金中，華

人買辦的鉅資投入不能小視。據美國學者費正清在《劍橋中國晚清史》中推算，一八四二至一八九四年中國買辦的全部收入約五點三億兩白銀，而截至一九〇二年，外國人在華的投資總額為五點八四億兩白銀。學者宋亞平等在《辛亥革命前後的湖北經濟與社會》中認為，武漢買辦全部收入約為 1 億兩。這幾乎占全國買辦總收入的五分之一。買辦的資金雄厚，但在主流社會無地位。一八六一年（清咸豐十一年）開始的洋務運動，為洋行買辦提供了從社會邊緣到舞臺中心的華麗轉身機遇，特別是在廣州、上海、天津、武漢等城埠的經濟、政治舞臺。第一次是民族資金彙聚廣州、香港、順德地區。一七五七年（清朝乾隆二十二年），朝廷欽准廣州為事實上的唯一對外貿易口岸。資金雄厚的晉商、閩商、徽商等商幫集聚廣州及其周邊地區，建成一批用於對外貿易的農產品深加工工廠和貿易行。在民族資本的助推下，以閩商、粵商為主的廣州「十三商行」成長為與晉商、徽商齊名的我國三大商幫之一，時稱「香山幫」。

第二次是民族資本彙聚上海。一八四三年（清道光二十三年）上海開埠，由香山買辦和晉商、蘇商、徽商和寧波幫齊聚，助推上海由濱海縣城成長為中國最大的經濟中心。據統計，一八九三年上海的票號匯款額，已經占全國二十五個地區總匯額百分之十左右，助力上海紡織、食品、輕工工業出現大的發展，也助力上海的進出口貿易大幅攀升。與此同時，香山幫取代二十萬在滬的福建人，稱雄上海三十年，此後又逐漸被寧波幫所替代。

第三次是民族資本集聚天津。一八六〇年（清咸豐十年）天津開埠，徽商在同鄉、直隸總督李鴻章的支持下，占盡先機。寧

波幫、香山幫也瞄準金融業，會同北洋軍閥，開辦金城、鹽業、中南、大陸四大銀行，號稱「北四行」。在賺取巨額利潤的同時，投資工業，使天津成為北方最大的工業基地和經濟中心。

第四次是民族資本聚集漢口。一八八九年（清光緒十五年）張之洞主政湖廣，大力支持興辦實業。這引起民族資本者「實業救國」的極大激情，不少錢莊把信貸對象轉向工業企業。一八九七年左右，寧波幫以合股、社會募集資金的形式，率先從上海進入武漢，在漢興辦輕工、水電、機械業，進入金融業、航運業、建築業，盈利極豐。香山幫等商幫也開始將洋買辦所得，承租張之洞創辦的湖北紗、布、麻、絲四局，投資金融業和農業加工企業。晉商、徽商、湘商、贛商等則主要投資農業加工和貿易；本地商幫轉向紡織、機械、建築業和市政配套工程。蘇商進入武漢工業較晚，主要開設麵粉、紡織大型企業。

民族資本集聚漢口不久，本地商幫、寧波幫的工業投資逐漸超過晉商、徽商、蘇商、湘商和香山幫，主導了武漢的民族工業、建築業和交通業的發展。

一八九七年（清光緒二十三年），上海的寧波幫領袖葉澄衷，派上海燮昌火柴廠經理、小老鄉宋煒臣到漢籌建漢口燮昌火柴廠，葉、宋

·一九〇六年宋煒臣創辦的「商辦漢鎮既濟水電股份有限公司」，為當時湖北最大的民營資本企業

各投資十四萬元，在漢口募集資金十四萬元。建成後的漢口燮昌火柴廠時為全國規模最大，月產「雙獅牌」火柴一百五十萬大箱，暢銷我國中西部，迫使日本「洋火」退出華中大部分市場。漢口燮昌當年盈利十八萬元（一說 24.4 萬元），小店員出身的二十六歲宋煒臣一時轟動全國工商界。

一九〇一年（清光緒二十七年），上海商人進入武漢建築和房產市場，借鑑英國工業革命後的聯排兩層磚木結構住宅建築模式，劉貽德兄弟三人投資，在漢口法租界修建了三德里一百一十二棟住宅等一批「漢口里份」建築，並委託比利時漢口義品洋行代管，這是我國與「上海里弄」同期的近代第一批住宅建築群。至今，已有一百一十多年歷史的三德里風貌依存，建築結構完好，臨街近百米長的三層商鋪依舊繁華。清末，建築一詞尚未引入，建築行業官稱「營造廠」。由此，武漢產生了第一批民族營造廠，其中的寧波幫營造公司影響較大。建造滙豐銀行漢口分行大樓、武漢大學的漢協盛營造廠沈祝三、建造江漢關大樓的魏清記營造廠魏清濤等，成為武漢標誌性的建築家。

一九〇六年（清光緒三十二年），英商漢口電燈公司開始發電，漢口英、俄、法三國租界一夜之間燈火通明，連渣土碾軋的馬路旁也安裝了路燈，仿佛成了不夜城。湖廣總督張之洞邀請本地商人和周邊省份商人商議建設華商電廠，未得到響應。不久，宋煒臣會同漢口商人王仿予、萬伯等十一位浙、鄂、贛商人，向張之洞呈送了籌建漢鎮既濟水電有限責任公司的報告，張之洞欣然批准並做出兩項決定：撥官銀三十萬兩參股，准予使用專利十年。消息既出，既濟公司一月內竟籌集資金三百萬兩。一九〇八

年（清光緒三十四年）8
月既濟電廠送電，擴建
後的既濟電廠裝機容量
一千五百千瓦，占全國
同期華商發電廠總裝機
容量四千四百五十千瓦
的三分之一強。次年
（1909），既濟水廠通過
兩百里長的管道日供應
自來水七百萬加侖，約
二點七萬噸，供水面積
涵蓋今江漢路以南、中
山大道以東、礄口以北
的四點三平方公里範

・既濟水電公司漢口水塔舊影

圍，遠超其他城市自來水供水水準。漢鎮既濟水電公司成為全國
最大官督商辦的民族水電聯合企業。

寧波幫虞洽卿等合資的寧紹輪船公司，率先與外商輪船公司
爭奪長江航運業務，成為長江六大輪船公司之一。其獨資的三北
輪埠公司，後來發展為抗戰前夕我國最大的民族內河航運集團。

兩家輪船公司的漢口分公司，分別擁有大型船隊、倉庫、碼
頭及港埠設施。二十世紀初的一些年份，通過這些輪船公司促成
漢口與上海、寧波等地年度國內外貿易額達三千五百萬至四千萬
兩。

近代，武漢一直是中國主要金融中心之一。一九二五年，漢

口十七家浙系錢莊資本金有一百一十七點八萬兩，僅次於本地商幫錢莊。隨後，以寧波籍買辦為主創辦的三大浙系銀行：浙江實業、浙江興業、四明銀行均在漢口設立分行，在江漢路或中山大道各自建有宏大的歐式銀行大樓，成為寧波幫在漢興辦實業的貸款、擔保後盾。

湖廣總督張之洞對興實業的寧波人十分信任，委任寧波籍史晉生為漢口商務局總董；一九○七年（清光緒三十三年）漢口商務總會成立，經議董們推薦，寧波籍交通銀行漢口分行行長盧洪昶（盧鴻滄）擔任第一任總理。

一度，居漢寧波人占漢口人口的百分之五左右。

廣東香山被稱為「中國買辦的故鄉」，縣域範圍是今廣東省中山市、珠海市和澳門特別行政區。最早的一批買辦源於葡萄牙殖民澳門時期，後來香山幫的外延逐漸擴大。

清末四大買辦中，席正甫（1838-1904 年）是江蘇人，唐廷樞（1832-1892 年）、徐潤（1838-1911 年）、鄭觀應（1842-1921 年）三位都是香山人。清朝初、中年間，依附洋人的買辦的社會地位極低，林則徐斥之為「漢奸」，商界貶為「白人之外變」。此後，香山買辦攜帶巨額獲利，投資興業強國，逐漸走向社會主流。在上海、寧波、天津、福州等沿海城埠，都有實力雄厚的香山幫買辦。一九○二年，香山幫首領唐廷樞、徐潤等創辦了上海茶業公所。徐潤的上海寶源祥茶棧，甚至號稱在一定程度上可以左右漢口茶市的價格。

英商在漢口的主要銀行、洋行的買辦幾乎都是香山幫，他們在漢主要投資工業、金融業。英商滙豐銀行漢口分行買辦鄧紀

常，以鉅資為後盾，承租了張之洞創辦的湖北布、紗、絲、麻四個紡織局；英商怡和洋行漢口分行總買辦，先後由陳修梅、陳仙洲叔侄兩人擔任數十年，積累甚豐，陳仙洲投資了裕華、大興等企業。此外，一八九六年香山人關盛美投資建設關盛榨油廠，唐壽勳建有七百多名工人的興商磚茶廠等等。以香山幫為主的廣東銀行業，在武漢也設有多家銀行分行：廣東銀行、廣東實業銀行等，是武漢金融業僅次於「南四行」、「北四行」和本地商幫銀行的地域性銀行群。

寧波幫和香山幫商人經滬、粵、港、澳大批進入漢口，對武漢的民族製造業、航運業和建築業產生了重要的影響。

本地商幫則以清末民國初中國三大地皮大王之一的劉歆生為主，帶動了漢口的民初重建以及紡織、機械、化工等工業行業。

## 三、武漢民族企業躍居全國前列

一八六一年漢口開埠至一九一一年清朝覆滅的五十年間，特別是一八九五年中日甲午海戰後，西方列強通過索要巨額戰爭賠款迫使中國無力籌資發展工業，採用低價傾銷工業品的辦法對付中國剛剛興起的民族工業。在此情況下，我國朝野的民族振興意識日益高漲。武漢工商界以「愛國禦侮、救國興業」為目標，新建約一百二十家較有規模的民族商辦工廠，其規模、數量在全國一度僅次於上海。[45]

---

45 武漢地方志編纂委員會主編《武漢市志·工業志》上冊，武漢大學出版社，1999年版，第 7-8 頁。

表 1-13 中國近代四大工業城市比較（1895-1913）

| 城市 | 大中型廠礦數（家） | 廠礦資本總額（萬元） |
|---|---|---|
| 上海 | 83 | 2 387 |
| 漢口 | 28 | 1 724 |
| 天津 | 17 | 472 |
| 廣州 | 16 | 579 |

注：據武漢辛亥革命博物館館藏資料

臺北歷史學家蘇雲峰，是近代中國特別是近代湖北的研究學者。據他統計，一八九五至一九一三年，我國至少創辦了五百四十九家商辦或官商合辦的製造業企業，資本金約 12028.8 萬元，其中不包括軍工、鑄幣等官辦企業。這些企業，主要分布在上海、武漢、天津、廣州、南京、無錫等幾個全國主要的製造業中心城市。

在這十八年中，一九〇五至一九〇八年創辦的商辦、官商合辦企業較多，達到二百三十八家左右，資本金約占總量的一半以上，達到 6121.9 萬元。這些企業規模較前稍大，機器設備主要從歐洲國家進口。[46]

這些企業主要集中在三個工業行業和若干城埠：

紡織工業。約有一百六十個企業，占總數的 29.14％；資本金約有 3024.6 萬元，占總數的 25.14％。主要集中於上海、無

---

46 蘇雲峰著《中國現代化的區域研究・湖北省（1860-1916）》，臺北「中央研究院」近代史研究所，1981 年版，第 242 頁。

·漢口申新第四紡織廠舊影

錫、武漢、南通、天津、廣州等地。

食品工業。約有一百二十五家，占總數的 22.76％；資本金約有 1 187.5 萬元，占總數的 15.69％。主要集中於上海、武漢、廣州等地。

礦冶工業。約有八十一家，占總數的 14.75％；資本金約有 2207.1 萬元，占總數的 18.35％。資本金主要集中於武漢及其周邊地區。

這三個行業企業，約占企業總數的 66.67％，資本金總額的 59.18％。

至一九二七年中，武漢已有民族資本企業和大中型手工業作坊六百多家，遍及二十多個行業。其中，以中小企業居多，資本金萬元以上的只有五十二家。一九一二至一九二七年（民國元年至十六年）新建的一百萬元以上的企業主要集中在紡織工業、機械業。

## 第五節 ▶ 武漢近代工業的四次跌宕起伏

近代工業的發展不同於農業自然經濟的發展規律，其產業鏈更長、涉及地域更廣、波及人口更多，往往具有國際性。

十九世紀中末期外商在漢建立一批工廠後，武漢不由自主地

捲入全球資本主義的經濟貿易體系。外商在武漢生產的工業初級產品和農業深加工產品，主要銷往歐、美、日等國家。同時，武漢經濟也深受國內戰爭、自然災害的影響。

一八六一至一九四九年，武漢近代工業的四起四落，既有國內因素也有國際因素。

## 一、一八六一至一九一三年：漢口開埠、張之洞興業與馮國璋焚城

一八六一年漢口開埠，西方列強由沿海進入長江中游。西方國家急需的茶葉、木材、牛羊皮、豬鬃、蛋製品、桐油等農產品的深加工，以及金、

・二十世紀二〇年代，漢口沿江地帶的工廠

銀、銻等貴重金屬的提煉，成為外商在武漢開辦的第一批近代工廠。外商企業需求明確，皮革禦寒，豬鬃制刷，木材、桐油用於製造艦船，茶葉利於消化提神。由於漢口品牌多次在國際獲獎，外商利潤豐厚，武漢的外商工廠的規模、數量在這一時期居全國前列。

一八八九年張之洞就任湖廣總督以後，即奏請光緒皇帝和慈禧太后支持，募集資金一千七百多萬銀兩，修建二十一座近代工廠，其中官辦工廠十七家，武漢成為中國最大的重工業群所在地。其動用的建設資金，主要源自本應上繳朝廷的江漢關、宜昌

海關的鴉片稅、淮鹽轉運稅等等。[47]這一時期，武漢民族工業所辦的工廠，已經突破農產品深加工範疇，建設了一批國內規模居前的發電廠、機器廠、紡織廠、火柴廠等。

武漢成為國內居前的工業重鎮。但是，一場罕見的清軍縱火，使城市的工業和傳統手工業遭受重大損失。

一九一一年十月十日，武昌爆發旨在推翻清朝統治的辛亥首義。清朝廷十分驚恐，連夜派遣清軍第一軍軍統馮國璋率部，乘火車沿京漢鐵路直奔漢口鎮壓。在遭受革命軍頑強抵抗後，十月三十一日馮國璋下令在漢口五國租界之外的市區縱火，縱火點達十餘個，頓時漢口上自礄口玉帶門、六渡橋，下至大智門的城區成為巨大的火場，大火蔓延一二十里。同時，清軍炮轟了武昌、漢陽。

十一月二日，江漢關稅務司發出的函件記載：「昨日，漢口市內大約燒去一半，情況很淒慘。今天清晨清軍指揮官說，其他一半也要燒。十點鐘左右，日清公司的倉庫燃燒起來。從那裡起，沿河街一帶都在燃燒……清軍在太古碼頭縱火焚燒民船和舢板……」[48]

據災後統計，漢口除五國租界以外的「本地街」，被馮國璋率部完全燒毀四分之一，嚴重損壞四分之一。此時，漢口集中了

---

47 參見蘇雲峰著《中國現代化的區域研究・湖北省（1860-1916）》，臺北「中央研究院」近代史研究所，1981 年版，第 242 頁。
48 據《中國海關與辛亥革命》，中華書局，1983 年版，第 24 頁。

．一九一一年辛亥革命陽夏之戰，馮國璋下令火攻漢口，漢口繁華之區化為焦土

武漢的大部分對外貿易工廠和貿易機構，武漢的近代工業和國際貿易遭受重創。時任清軍第六鎮統制吳祿貞在致清廷內閣的電文中痛斥：

「在本國財賦薈萃之區，人民生命財產忍令妄遭荼毒。」武昌辛亥首義，推翻了已有二千一百三十二年歷史的封建帝制，使世界五分之一人口走向共和制度。輝煌歷史的代價，是首義之城的經濟蒙受重大損失，大批工廠、作坊被燒毀，上萬工人失業，造成全市一億元以上的資產損失，僅漢口一百多家錢莊不能收回的債務就達到三千多萬兩。[49] 經濟蕭條的狀況一直延續到中華民國成立之初。民國初年，國民政府僅能控制華東、華中、華北數省。許多省份軍閥擁兵自重，只顧窮兵黷武，極少顧及經濟發展。一九二三年上海《申報》在論述此段經濟時說：

49　摘自翟耀東、任予箴主編《水火》，武漢出版社，2011 年版，第 39頁。

「由民國元年至十年，政爭兵亂，無年無之，舉清末獎勵實業政策之成績盡破壞之，而無以為繼。各省軍人官吏不特不能提倡保護其省內之實業，且加以剝削摧殘；兵匪劫掠，官吏敲詐，幾於相繼成風……故就政府對待實業之態度及影響言，六十年中清末之九年為黃金時代，而民初之十年為黑暗時代。」[50]

## 二、一九一四至一九二七年：一戰機遇與英國禁運

一九一四至一九一八年第一次世界大戰，以德國、奧匈、土耳其為主的同盟國，與英國、法國、俄國為主的協約國，在歐洲進行了影響全球的戰爭，雙方六千五百多萬人參戰。在決定自己國家和民族興衰的時刻，西方列國根本無暇顧及萬里之外的中國。

歐洲參戰國家的紡織品、鋼鐵產品、機械五金幾乎停止向中國的傾銷，反而向中國企業訂購進口產品。武漢和其他城市一樣，民族工業出現重要發展機遇。發展最快的首先是紡織業。此時，恰逢張之洞的紡織專利期結束，一九一五至一九二二年，武漢新建武昌第一紗廠等紡織工廠五家，資本金達到一千四百餘萬兩，紗錠二十四萬枚，布機一千五百餘臺，棉紗產量由二點四萬餘包增長至八點四萬餘包，工人由五千餘人增長至一點五萬餘人。[51] 同一時期，上海、南通、無錫等地的紗廠規模、數量大幅

50 申報館編輯《最近之五十年‧五十年來中國之工業》，1923 年版。
51 宋亞平等著《辛亥革命前後的湖北經濟與社會》，中國社會科學出版社，2011 年版，第 84 頁。

增加。學者趙岡、陳鐘毅在其著作《中國棉業史》中說，這一期間全國棉紡業的年增幅達到 300％ 以上，「這種驚人的發展速度，創下全世界前所未有的記錄」[52]。武漢紡織業在這種大背景下，在全國的比重也有所提高。

但是，由於張之洞紡織專利期的影響，武漢紡織業在全國的比重仍未達到 8％。

表 1-14 武漢紡織業占全國的比重（1915-1922）

|  | 紗錠數 | 布機數 |
|---|---|---|
| 全國 | 301 萬枚 | 19 228 臺 |
| 武漢 | 24 萬枚 | 1 500 臺 |
| 占比 | 7.97％ | 7.8％ |

由於民國初年軍閥混戰，內亂不已，國家財庫空虛已無力顧及工業。到二十世紀二〇年代，民營資本已占這一時期湖北工業投資 72％，從而改變了清末以來朝廷工業投資曾占湖北工業投資的 52％ 的狀況。這一時期，鋼鐵、紡織、機械、食品、建築、交通貿易成為武漢的六大經濟支柱。民族資本取代外國資本，成為工業的主要投資者。同時，向歐美日的出口量得到恢復。

建築業，因漢口「本地街」的重建工作得到極大發展。至一

---

52 參見趙岡、陳鐘毅著《中國棉業史》，聯經出版社，1983 年版，第 154 頁。

九一八年，一批工廠和商行修復，並在漢口形成了六渡橋、江漢路、南京路、大智路、車站路等商業街區和大片里巷。在漢口重建中，民族資本發揮了主導作用。漢口 80% 以上的被毀建築得以恢復，市政建設遠比清末的漢口更為現代。[53] 一九二七年，武漢國民政府遷至漢口南洋大樓辦公。這棟五層現代風格的建築，始建於一九一七年，一九二一年完工，是民族資本南洋兄弟煙草公司的簡氏兄弟所有。

一戰結束後，漢口沿江大道和江漢路陸續建成數十棟四至六層歐式宏大建築，幾乎重現了各類經典的歐洲建築形式，業主主要是英、美、法、俄、日等國銀行和我國的銀行。同時，官僚資本、買辦資本進入城市房產開發，在這一時期建設了一千多棟仿英國工業革命時期的聯排兩三層磚木結構的住宅群，形成了我國僅次於上海里弄的「漢口里份」。

武漢的建築業得到極大的提升，據稱最多時建築工人達到十萬餘人。甲午戰爭後，日本對中國由仰慕到蔑視，工業界甚至對中國不屑一顧。一九一四年，號稱「日本近代實業之父」的澀澤榮一訪問我國，在上海、漢口、天津、北京等

·二十世紀二〇年代漢口江漢路歐式建築群

---

53 參見翟耀東、任予箴主編《水火》，武漢出版社，2011 年版。

地調查中國實業。在武漢及其周邊考察了漢陽鐵廠、大冶鐵礦、武昌紡紗局、織布局、模範工廠以及日資東亞、作山工廠之後，他卻不得不感歎，「敝國在漢商務近年大有進步」[54]。

表 1-15 民國初期武漢新建主要工業企業（1912-1927）

| 行業 | 廠名 | 責任人 | 創辦時間 | 職工 | 規模 |
|------|------|--------|----------|------|------|
| 紡織業 | 第一紗廠（武昌） | 李淩（李紫雲） | 1919 | 8 000 人 | 420 萬兩 |
| | 裕華紗廠（武昌） | 張松樵 | 1922 | 4 000 人 | 222.85 萬兩 |
| | 震寰紗廠（武昌） | 劉季五 | 1922 | 1 000 人 | 142.8 萬兩 |
| | 申新紗廠（漢口） | 榮月泉 | 1922 | 1 200 人 | 28.5 萬兩 |
| 機械業 | 漢陽藝榮昌機器廠 | | 1918 | | |
| | 揚子鐵廠（漢口） | 宋煒臣等 | 1919 | | 全國八大鐵廠之一 |
| 化工業 | 曹祥泰皂廠 | 曹雲階 | | | |
| | 漢昌燭皂廠 | | | | |
| | 太平洋皂廠 | | | | |
| | 礄口燧華火柴廠 | 劉子敬等 | 1917 | | 20 萬元 |
| 造紙業 | 諶家磯造紙廠 | | 1915 | | 日產紙 30 噸 |
| 水電業 | 武昌電燈公司 | | 1911 | | 43 萬元 |
| | 漢陽民營電廠 | 周仲宣等 | 1925 | | |

54　田彤編《1914 澀澤榮一中國行》，華中師範大學出版社，2013 年版，第 61 頁。

| 行業 | 廠名 | 責任人 | 創辦時間 | 職工 | 規模 |
|---|---|---|---|---|---|
| 糧油業 | 漢口福新第五麵粉廠 | 榮氏家族 | | | 中南最大麵粉廠 |
| | 順興恆米廠 | | 1923 | | 較早使用電機制米 |
| | 天盛榨油廠 | | | | 湖北新式榨油廠之始 |
| 蛋品業 | 華髮蛋廠 | 劉子敬等 | 1912 | | |
| | 中華製蛋公司 | 劉子敬等 | 1917 | | 漯河、鄭州設分廠 |
| 皮革業 | 華勝呢絨軍服皮件廠 | 宋煒臣 | 1897 | | |
| | 民營第一製革廠 | 宋煒臣 | 1925 | | |
| | 天勝製革廠 | | 1925 | | |
| 磚瓦業 | 阜成磚瓦廠 | 沈祝三 | 1913 | | 配建軋石廠、煉灰廠 |
| 打包業 | 漢口打包股份公司 | 劉季五等 | 1919 | | |

注：據《武漢市志‧工業志》上卷、《武漢通史》（中華民國卷）等編制。

　　但是，武漢的工業在一九二七至一九二八年初遭遇了重大挫折。由國民黨中的左派和中共黨員為主組成的武漢國民政府，是在背負振興中華民族、面臨重大財政金融危機的情況下開展工作的。此時，發生的數件重大事件激怒了西方列強。一九二七年一月，因漢口英租界駐軍多次向集會人群開槍致人死傷，武漢爆發大規模民眾衝擊英租界事件，國民政府宣布收回漢口、九江英租界；一九二七年一月中央銀行在漢口成立，四月武漢國民政府實施《集中現金條例》，要求完稅、流通均以中央、中國、交通三

家我國銀行發行的漢鈔為主。這遭到西方列強的強烈反對。英國首相張伯倫宣布不承認武漢國民政府；英國、日本關閉在漢的全部企業，致使一點八萬多工人失業；英資滙豐銀行命令所屬分行，五月十八日起停止武漢的一切匯兌，拒收湘、鄂、贛三省流通券；全力支援蔣介石在南京另行建立國民政府，並會同其他西方國家和江浙財團籌集三千萬元資金予以支持。

西方列強和隨後成立的南京政權對武漢國民政府實行禁運、禁銷、禁貸政策，在武漢周邊發動戰事，首當其衝的是武漢的外貿和工業產業。一九二七年七、八月，紡織工廠陸續停機，揚子、永昌、裕昌等機器廠停業；建築、水泥、磚瓦等建築業停工並導致與其相關的竹木、運輸業工人失業。據武漢國民政府會議記載，僅漢口就造成二十餘萬工人失業。

一九二七年八月二十五日，武漢國民政府汪精衛屈從西方列強和經濟的壓力，宣布遷都南京，實現「寧漢合流」。武漢工業跌入穀底。

## 三、一九二八至一九三八年：黃金十年與全城大廠西遷

一九二七年四月十八日南京政權成立至一九三七年十一月二十日遷都重慶的十年，被一些經濟學家譽為「民國黃金十年」。其標誌之一是，國家經濟相較清末民國初的動亂出現了持續發展，實現關稅自主，經濟實力出現較大幅度的攀升。

一九二七年八月，南京政權與武漢國民政府以「清共分共」為基礎，實現「寧漢合流」。遷都南京後，西方列強和南京政權

解除了對武漢的禁令。一九二八年中期，武漢經濟出現復蘇，此後紡織、機械、鋼鐵、糧油加工、建築、交通等產業有了新的發展。

至一九三三年，國民政府社會局統計，漢口市符合國民政府實業部工廠法規定的大中型工廠，達到五百多家；納入統計的行業工人五點七萬人；納入統計的工業登記資本額約三千萬元。

一九二八至一九三八年間，武漢創辦的萬元以上資本金的工廠有五十一家，資本金達到 1622.4 萬元，廠均 31.81 萬元。

一九二九年，武漢民營紡織業紗錠由 15.3 萬枚增至 20 餘萬枚，工人增至 2.4 萬人。[55] 一九三一年九一八日本侵略東北三省以後，由於抵制日貨、提倡國貨，武漢紡織業大幅發展，形成紡織、漂染、針織產品系列。一九三六年全市六大紗廠紗錠數，在上海、武漢、青島、天津、無錫、南通六大紡織業城市中居第二位，僅次於上海。[56]

三○年代，武漢已有一百四十多家製造業工廠。新建的中國煤氣機製造廠、江漢造船廠、善昌機器廠達到較大規模。一度停產的周恆順機器廠再度進入全國九大民營機器廠之列。一九三三年全市造船廠已有二十二家。武漢磚瓦製造業的七家較大規模的工廠，使「漢陽瓦」聞名遐邇，也使武漢在相當長的時間裡保持

55 武漢地方志編纂委員會主編《武漢市志・工業志》上，武漢大學出版社，1999 年版，第 15 頁。
56 武漢地方志編纂委員會主編《武漢市志・工業志》上，武漢大學出版社，1999 年版，第 27 頁。

民國建材生產基地的地位。

這一時期，武漢是全國糧油加工業中心之一。一九三七年全市榨油工廠十二家，是名副其實的全國植物油加工中心；麵粉業是中西部加工中心，其產能產量僅次於淪陷前的上海、哈爾濱、天津。

武漢是華中煙草最大產銷區，英美煙草公司與民族資本的南洋煙草公司在武漢均設廠，競爭十分慘烈。

但是，武漢此時仍未恢復二十世紀二三十年代的最好水準。一九三一年，長江洪水持續淹沒漢口近百天，致使許多工廠全面停產。這一年，英國政府宣布對中國蛋製品實行反傾銷。武漢蛋製品出口產量在全國佔有一半左右的份額，英國的這一決定，不僅嚴重打擊了武漢蛋製品生產商，而且帶動其他出口農副產品深加工工業全面暴跌。據一九三四年的一份統計，漢口在全國六大工業城市中位次下滑，動力數、工人數次於上海、天津、無錫，居第四位，資金額、總產值次於上海、無錫、天津、青島，居第五位。[57] 但是，許多經濟學家對這一出處不詳的統計數據提出疑問。在這一統計中，除上海以外突出了無錫，其他城市均被低估：漢口、南京的工業職工統計人數分別只有三千八百九十五人、三千一百八十人，北方最大的工業重鎮天津甚至只有二千八百六十名工人。顯然與事實相距甚大。

---

57　武漢地方志編纂委員會主編《武漢市志・工業志》上，武漢大學出版社，1999 年版，第 27 頁。

一九三六年，武漢工業再度復蘇，在全國工業地位上升，紡織業紗錠數已僅次於上海。但是，由於全國最大的鋼鐵企業漢陽鐵廠幾度停產，武漢的重工業與輕工業的比重，輕工業佔有壟斷地位。此時，全市已有十六個工業行業，二十萬到三十萬工人主要集中在十二大行業：

表 1-16 1936 年武漢十二大工業行業情況

| 業別 | 廠數（家） | 資本（萬元） | 工人數（人） | 年產值（萬元） |
|---|---|---|---|---|
| 水電 | 10 | 968.00 | 1 340 | 1 557.40 |
| 冶煉 | 10 | 151.00 | 494 | 108.20 |
| 機器 | 71 | 37.40 | 1 617 | 116.00 |
| 交通工具 | 9 | 5.25 | 1 888 | 11.30 |
| 軍火 | 2 | 429.00 | 4 000 | — |
| 建築材料 | 16 | 65.10 | 539 | 25.50 |
| 化學 | 43 | 142.98 | 2 554 | 433.00 |
| 飲料食品 | 230 | 648.20 | 6 184 | 2 628.60 |
| 煙草 | 4 | 1 195.30 | 3 517 | 10 247.10 |
| 紡織染整 | 56 | 1 252.23 | 16 191 | 3 033.40 |
| 服裝飾品 | 12 | 85.80 | 4 513 | 515.70 |
| 文化印刷 | 38 | 154.00 | 1 376 | 119.00 |
| 其他 | 27 | 14.4 | 813 | 56.56 |
| 總計 | 528 | 5 148.66 | 45 026 | 18 851.76 |

注：摘自《武漢市志‧工業志》。其他工業行業包括金屬製品、電器、木材加工等；工人不包括工廠雇用的二十多萬的臨時工、零工。

中國的經濟快速發展，再次激起鄰國日本的禍華之心。早在四百多年前，日本幕府關白豐臣秀吉就明確提出系統進攻中國的

計畫，宣稱「在我有生之年，誓將唐（明）之領土納入我之版土」，「奉天皇定都北京」。

一八九四年日本挑起的中日甲午戰爭，通過索賠二點三億兩庫平銀本息，日本完成現代工業格局，並徹底破壞了中國晚清政府改革和洋務運動帶來的經濟快速發展，致使經濟崩潰。

一九三七年七月七日，日本故伎重演，全面發動侵華戰爭。一九三七年十一月上海淪陷，十二月首都南京棄守，中國最富裕的半壁河山被日軍佔領，使中國「民國黃金十年」的經濟高速發展成果，基本化為烏有。日本目標是「三個月滅亡中國」。

日軍的暴行，使得東北、華北、華東淪陷區的人口大量湧入武漢，上海、南京、無錫、河南等地的一些中小型工廠也遷入武漢。城市用電量大幅增加，全市的供電、輸變電業也達到新中國成立前的巔峰。全市 6 家發電廠，中外各 3 家；加上 16 家工廠自備發電設備，1937 年全市總裝機容量 40718 千瓦，建成 2300 伏高壓電線 27 路，長 7.75 公里。受中日淞滬戰爭影響，上海紡織及輕工業產量大幅下跌，銷路受阻。日軍對長江的封航又加劇了這一狀況。此時，武漢成為全國紡織及輕工業產品主要的生產中心，尤以紡織業為盛。武漢紗廠每天獲利均在六萬元以上 [58]。城市用電、用水量劇增，達到全國最高水準。同時，武漢的紡織、煙草、軍火、食品等工業產值也達到歷史最高水準。

這一時期，武漢聚集了從東三省、華北、華東及首都南京等

---

58　徐鵬航主編《湖北工業史》，湖北人民出版社，2008 年版，第 183 頁。

淪陷區來的新聞、文藝人員，三鎮報刊達到一百七十七種，其中日報十四種 [59]。漢口交通路、統一街成為全國的報業、出版業中心。武漢的印刷廠達到二百七十多家，工作機一千一百多臺，從業工人一萬餘人。上海淪陷後，武漢成為抗戰初期中國最大的工業城市和經濟中心。

一九三八年六月十五日，三十六歲的日本天皇主持御前會議，正式決定進行攻佔武漢的作戰。七月，日本大本營制定戰爭指導大綱，規定「漢口作戰的目的，在於摧毀蔣政權的最後統一中樞──武漢三鎮」。為此，日本調集十四個師團四十多萬兵力、三百多架飛機進攻武漢及其周邊地區。由此，爆發抗日戰爭中雙方投入兵力最多、規模最大、時間最長的「武漢會戰」。[60]此時，上海、天津、南京、蘇州等城市的工業企業已基本落入日軍之手。最大工業城市上海僅有 11.4% 的工廠內遷。為了避免南京大屠殺悲劇重演和民族工業的毀滅之災，新成立的國民政府經濟部公佈武漢工廠西遷的決定。抗戰時期，全國向西南、西北地方遷移工業企業四百五十二家，其中武漢二百五十家（一說 223 家），西遷十餘萬工人、技術人員。其中漢陽鐵廠、漢陽槍炮廠等遷至位於四川省的「陪都」重慶，紡織業等遷至湖南、陝西、四川，機械業遷至四川、湖南。在武漢工業企業西遷中，落

---

59 唐惠虎、朱英主編《武漢近代新聞史》上卷，武漢出版社，2012 年版，第 22-23 頁。

60 唐惠虎、林陽春、韓兆海主編《武漢抗戰圖志》，湖北人民出版社，2005 年版，第 122 頁。

戶最多的是湖南，達一百一十五家，其次是四川九十八家；重工業企業落戶則多在「陪都」重慶。

武漢工業企業西遷，是武漢對我國奪取抗日戰爭勝利的重大貢獻。武漢西遷企業占全國西遷企業的 55%，西遷機械設備噸數占總量的 80% 以上，使我國堅持抗日戰爭有了堅實的工業基礎，同時極大地改變了我國近代工業的布局。

在歷時四個月殘酷的戰爭、日軍傷亡十餘萬人後，十月二十七日武漢三鎮淪陷。

## 四、一九三九至一九五二年：淪陷七年與新中國工業崛起

武漢淪陷後，城市人口由一九三八年初吳國楨市長宣布的一百五十八萬人，劇減至當年十月二十七日以後的三十九萬人。武漢經濟水準跌落至穀底，工商企業比戰前減少 70% 以上。

從一九八年十月至一九四五年九月日軍佔領武漢七年，招募一點五萬多日本人到武漢居住，並以「委託經營」方式，強令日本的株式會社經營留漢企業，以滿足軍需，並向日本運回武漢周邊的優質礦產資源。

通過發動戰爭阻止中國經濟發展、保持日本亞洲霸主地位，一直是明治維新以後的日本國策。清末洋務運動工業發展、民國黃金十年經濟發展，兩次中華民族的崛起努力，都被日本發動的侵華戰爭所打斷。

日本明治維新的先驅吉田松陰（1830-1859 年），在直接用日式漢文寫成的《幽室文庫》中寫道：「乘間墾蝦夷，收琉球，

取朝鮮，拉滿洲，壓支那，臨印度，以張進取之勢，以固退守之基。」

被譽為「日本近代化設計師」的福澤諭吉（1834-1901 年），是日本第一個軍國主義理論家，為日本設計了佔領中國、朝鮮的路線。他認為，使中國屈服是「世界文明之洪流賦予日本的天職」[61]。其撰寫的報紙社評充滿血腥、暴力，如《強令割讓臺灣的理由》《直沖北京可也》《趕快攻略滿洲三省》等。至今，一萬元日鈔上印有福澤諭吉的肖像，可見其影響深遠。

對於當時中國內陸最大的城市武漢，日本窺伺已久。

一八九五年（光緒二十一年）五月二十五日，日本借甲午戰爭逼迫清朝廷簽訂了鴉片戰爭以來不平等條約之一——《馬關條約》，除割地賠款外，增設湖北省荊州府沙市等為通商口岸，日本輪船可從湖北宜昌溯長江以至四川省重慶府，中國不得逮捕為日軍服務的漢奸等等。

一九一五年（民國四年），日本趁第一次世界大戰之機，出兵山東，並強迫急於稱帝的袁世凱政權簽訂了《民四條約》即臭名昭著的「二十一條」。二十一條分為 5 號，其中第 3 號要求由日本控制漢冶萍公司：「中國政府……不使該公司（注：漢冶萍公司）借用日本國以外之外國資本。」第 5 號要求中國兵工廠由中日合辦，日本在武昌與九江、南昌之間有修築鐵路權，其目標

---

61　王向遠著《「筆部隊」和侵華戰爭》，昆侖出版社，2005 年版，第 9頁。

是武漢及其周邊的重工業和優質礦產資源。

武漢淪陷後，唯一留漢的大型企業是武昌一紗廠。該廠因欠英國安利英洋行二百六十八萬餘元債務，被英國洋行抵押。淪陷後，日軍收繳該廠。一九四一年更名為泰安紡織株式會社，又從湖北官布局、英商九江紗廠拆來部分設備。由於缺電少煤，只開紗錠 2.4 萬多枚、布機不足五百臺。

漢口的英、俄、法、德、日五國租界，除法國維希政權與德、意、日合作，法租界保留外，日軍對全城包括英、俄、德租界進行軍事管制。將武漢劃為日占區、日華區和難民區，以漢口江漢路為界分別劃歸日本海軍、陸軍管轄。

日軍不僅沒收華商企業，也沒收與德、意交戰的英國、美國企業。對德、意採取綏靖政策的法國利益得到保障。漢口法租界成為「漢口孤島」，湧入近六萬人，日軍用鐵絲網隔離，一度斷水斷電。法租界內的中小型工廠只能維持生產，以供食品、日用品等所需。

據日偽漢口工商會議廳統計，至一九四二年武漢的「復興」工廠一百三十三家，約占淪陷前企業數的 25.6%，年產值約為淪陷前的 15.8%。這些企業多半是較大的手工業作坊，以手工、半手工操作，產品主要是日軍急需的被服、襪子、手套等針織軍工產品。作坊和工人多集中在漢口三民路以上的難民區。

武漢淪陷期間，全市的建築業、對外貿易業、航運交通業基本停業，未及西遷的大量工人淪為難民。

一九四五年九月抗日戰爭取得勝利，這是中國人民在遭受百年外侮後的第一次勝利。武漢受降儀式於九月十八日在漢口中山

公園受降堂舉行，二十多萬華中日軍投降。

國民政府武漢派遣官員接收日偽工廠一百零三個，資產以當年物價指數計在八十億元（舊幣）以上。其中，第十一兵工廠（原漢陽兵工廠舊址）有六千一百六十九名工人。

武漢工人陸續返鄉。但是按國民政府的要求，企業設備基本留在西部省份。回到已被摧殘得面目全非的家鄉，武漢企業家和工人報國心切，以極大的熱忱恢復生產和重建城市。

較早復工的是紡織業。一九四六年，武昌第一紗廠在創始人李淩之子李薦廷的帶領下複產，達到三千七百零六名工人；武昌震寰紗廠在業主劉梅生的精心組織下，二百二十三臺布機復工。但是，期盼復工的工商企業家的喜悅，很快遭到打擊。一是國民政府派遣的接收官員成為貪婪的「劫收大員」。他們不僅全面接收日偽銀行、鐵路、航運、礦山、工廠和城市基礎設施，也搶佔了工商業主在淪陷前擁有的別墅、公寓和資產。一些大中型民營工廠被強行沒收改為軍工廠，既濟水電公司、南洋兄弟煙草公司被宋子文家族控制，武昌第一紗廠則被地方軍閥何成浚佔有最大股權。國民政府和官僚資本利用戰後接收之機，控制了武漢的產業資源。

二是美國以抗日戰爭勝利最大功勞國的名義，向中國傾銷工業產品。同時，美國棉花進口稅率由 70％ 減至 40％，使用美國棉花織成的布匹必須上繳政府，以換取生產原料，武漢紡織行業淪為美國紡織業代工廠。在美貨傾銷的背景下，企業利潤極微甚至無利，大批工廠破產或停產。到一九四六年，全市大小煙廠關閉 90％，大小棉紡織廠關閉 75％，三百多家染整廠也在當年十

月關閉二百多家。一些企業家乾脆歇業轉為囤積生產原料，通過投機交易賺錢。

在雙重打擊下，武漢工業恢復極其緩慢。據統計，一九四七年，武漢僅有工廠 459 家，工人只有 23863 人。抗戰勝利三年後的一九四八年，全市有動力設備的工廠僅 223 家，其中，機械業 68 家、紡織業 21 家、麵粉業 32 家、煙草業 18 家、電力業 3 家、印刷業 39 家、制皂業 27 家、其他 25 家。全市工廠用電量不到戰前的 68%。失業工人占到全市職工總數的 25%。

因鋼鐵、機械工業主要設備遷至重慶，紡織業成為戰後武漢市的第一大產業。至一九四九年五月武漢解放前夕，全市只有紗錠 12.72 萬枚，是 1937 年的 44.2%。印染等工廠開工不足，色織布業開工不足 50%。

到一九四九年，武漢工業進一步下滑，固定資產僅有 7000 萬元，年產值 19766 萬元。這一時期，武漢 30 人以上的工廠僅有區區 260 家。全市經濟瀕臨崩潰。

一九四九年五月十六日武漢解放。中共中央華中局（後更名中南局）設在武漢，林彪、鄧子恢主持工作，轄武漢、廣州兩直轄市，河南、湖北、湖南、廣東（含海南）、廣西五省。武昌市、漢口市（含漢陽城區）再次合一，恢復武漢市名稱。

一九四九至一九五二年，武漢市政府提出以恢復和發展生產為中心，並出臺極為詳細的相關政策，提出「團結工廠主和企業家，迅速恢復和發展生產」的口號。為穩定企業家和技術人員、工人，保障經濟發展，頒發了一系列工業政策：

接收官僚資本企業，改為國家所有制。中央軍委武漢軍事管

·二十世紀五〇年代武漢重型機床廠鳥瞰圖

制委員會按照「各按系統，自上而下，原封不動，先接後分」的原則，接收三十一家官僚資本企業，管理人員和工人四點二萬人，實行「原職、原薪，新制度」的方法，使工廠生產經營盡快恢復。

支援民族資本企業生產。頒佈《關於進一步調整工商業和改善公私關係的決定》，將擴大加工訂貨作為調整公私關係的重心。一，貸款貸棉。武漢市政府對四大紡織廠共計貸款 5.21 億元（舊人民幣），貸棉 3 萬擔，貸糧 400 擔；二，收購成品。國家對民族資本企業訂貨總值達到 8277 萬元，占全市民族資本企業生產總值的 41.65％。其中四大民營紡織廠加工訂貨棉布 30.19 萬匹，占四廠棉布總產量的 91.1％。國家訂購超過行業年產總值 40％ 的還有：印染業 100％、麵粉業 69.62％、碾米業 56.59％。

三，支持建築業。投資建設市政設施和工人住宅。一九四九年前全市建築面積 1253 萬平方米，其中住宅僅 668 萬平方米，而且茅棚、板房佔有相當比重。武漢市政府圍繞重點工業、工程布局，在武昌、漢陽、漢口修建了一批工人住宅。

鼓勵全市手工業作坊恢復和擴大生產。頒佈扶持政策，以吸納更多的失業工人就業。

一九五二年，武漢市工業總產值四點三二億元，比一九四九年增長 118.5％，大大超過戰前的最高水準。

此後，國家實行第一個社會主義建設五年計畫，集中力量發展重工業，建立現代國家工業體系。「一五」計畫以一百五十六項涉及國計民生的重大專案為中心，以六百九十四個大中專案為重點，蘇聯提供部分貸款並派出專家援建。其中，七個重大項目和一批大中專案在武漢落戶，包括新中國建設的最大冶金聯合企業武漢鋼鐵廠，全國重特大裝備製造基地武漢重型機床廠、武漢鍋爐廠、武昌造船廠，亞洲最大的武漢肉類聯合加工廠，中部最大的發電廠青山發電廠，我國第一座長江大橋。在漢的七個重大項目和一批大中項目，國家投資總額達到十五點一四七九億元。

一九五五年，武漢市工業總產值五億多元，比一九四九年增長 1.2 倍，年均增長率達到創紀錄的 30.1％。[62]

自此到一九九〇年左右，武漢的年度工業總產值和固定資產，在納入國家統計的全國二十五個大中城市中，絕大多數時間

62　參見劉惠農著《風雨滄桑越雄關》，武漢出版社，1995 年版。

居第四位，次於上海、北京、天津。武漢工業的四起四落，是我國近代工業發展歷程的縮影，折射出中華民族振興工業的艱辛和努力。

## 第六節 ▶ 武漢近代工業轉型背景及其特點

歷經數千年的農業自然經濟社會，轉型為近代工業經濟社會，是一個漫長而又十分曲折的歷史過程。

一五〇〇年左右的地理大發現，使世界的政治、經濟、文化進入到一個全新的階段。中國、英國成為那個時代的東西方文明和經濟發展的典型代表。一五〇一年，中國是明朝弘治十四年，正是國家中興、經濟繁榮之際；一五〇一年，則是英國都鐸王朝七世推進工商業發展、強化王權之際，為其後的伊莉莎白、維多利亞海上霸權時代奠定了基礎。

三百多年後，不同的治國思維產生了截然不同的結果。在歐洲各國工業技術高速發展、互為借鑑的時代，清朝政府滿足於封建帝制下的自然農業經濟和體制內自行改革。最終，被英、法為首的西方列強用堅船利炮打開國門，淪為半殖民地。中國在不斷的割地賠款和民族屈辱中，被迫加快了近代化的進程。

### 一、清末中國淪為半殖民地的七種論點

近代工業的轉型涉及的不僅是機器製造和資本流向，更涉及政體、階層、經濟、文化諸多領域的深刻變革。在中國，這一轉型還伴隨著國家被西方列強肢解、民族工業萌芽被剿殺的恥辱。

武漢的近代工業轉型是我國近代社會轉型的一部分，不可能脫離我國近代化的進程。

近年來，國際國內學術界對中國近代史論述甚多。其中，對中國由全球最強大的封建帝國，淪為半殖民地國家；中國由世界最發達的手工業國家，淪為被殖民戰爭刺激形成近代工業萌芽的論述引人注目。除傳統的晚清政府無國家安危意識、腐敗無能的學說以外，學者章開沅、馮天瑜、梁柏力等也提出了其他的一些重要觀點：

閉關鎖國說。明清兩朝是十五至十八世紀初全球幅員最遼闊的大國，經濟總量一直位居前列。故此，明清兩朝一直採用「朝貢貿易」方式展示國家軟實力，要求貿易國家要向中國稱藩屬，承認中國是宗主國並來華朝貢。清朝乾隆年間中期，官修的《皇清職貢圖》《大清會典》中，將英國、法國、俄國、荷蘭、西班牙、葡萄牙和丹麥、瑞典等西方國家，一概列入朝貢國家，來訪的荷蘭、葡萄牙、俄國等國使節必須像亞洲朝貢國家使節一樣行三跪九叩的大禮。由於「朝貢貿易」往往使藩屬國獲利豐厚，且可從中國低價進口當時世界最好的茶葉、絲綢、瓷器等奢侈物資，來華朝貢的國家眾多。明、清兩朝對違規或挑釁的藩屬國，常常以中斷貿易或減少朝貢次數為手段，威脅對手屈服。為懲罰倭寇侵擾中國沿海，明成祖曾下令只允許日本十年來華朝貢一次。一八四二年（清道光二十二年）十月，魏源編著的《海國圖志》五十卷出版，第一次詳細介紹了世界各國歷史和地理，在朝野引起轟動。但是，朝廷仍堅持不改變政策。此種傲視外邦的制度，猶如今天美國、歐盟的所謂「最惠國待遇」。有學者認為，

所謂「閉關鎖國」主要指明清的海洋政策，因為清帝國的面積比明帝國要大，不僅沒有「鎖國」還拓展了西部的陸疆。在海洋政策上，清隨明規，朱元璋在明朝立國不久即宣布將朝鮮、日本、琉球、安南、暹羅、蘇門答臘、彭亨（馬來）、西洋（印度）等十五國列為不征之國，排除海上擴張，同時放鬆海防。忽視海洋的結果，最終導致喪失制海權，海防力量不堪一擊。

國家缺乏原始積累說。明朝以來奉行低稅少賦、休養生息政策。張居正改革後，明朝萬曆年間朝廷年總收入也僅兩百萬銀兩。清朝沿襲這一政策。在稅負不重的情況下，康熙皇帝晚年又提出「永不加賦」，按照這一承諾，直至鴉片戰爭爆發前朝廷未增加主要稅源田賦。據估計，十八世紀初清政府一年總收入約一千萬磅純銀，到十八世紀末增至一千七百萬至二千七百萬磅純銀。同期，英國政府開支達到三千萬磅純銀，英國政府的人均支出是中國的三十倍。[63] 清廷無力投入鉅資發展近代工業和提升國家生產力。

人口劇增說。明朝初期的一四〇〇年左右，中國人口約八千萬。一七四一年（清乾隆六年）全國人口普查，共有人口 14341 萬人。經過五十餘年生息休養，到一七九五年（清乾隆六十年）再次進行人口普查，人口達到 29696 萬，增長 108％，高出同期世界人口增幅的 65％。中國占世界人口比例，由十七世紀初的 23.4％，增至這一世紀末的 34.06％。一七九六至一八二〇年（清

---

63　參見梁柏力著《被誤解的中國》，中信出版社，2010 年版。

嘉慶年間）全國人口已達 3.3 億人，四百年左右時間全國人口增長三倍，人口數量之多、增長幅度之大世所僅見。其中，人口劇增的地方主要是貧瘠的西南、西北地方。相反，富庶的江南、嶺南和沿海、長江中下游地區人口，占全國人口的比例由一七五〇年的 40% 左右驟減為一八五〇年的約 25%。致使中國的人均生產力水準大幅下降，國力虛弱。同期，歐洲人口由六千萬增至一點八億，增長約二倍。清朝多位皇帝曾告誡子孫，「明不亡於崇禎，而亡於萬曆」。因此梁柏力等學者認為，從人口學說上講，清不亡於宣統，而亡於乾隆。

大社會小政府說。西歐的英、法、葡、西、德、比等國用一百年左右時間成為世界強國，背後都有一個強大的國家政權支撐。清朝廷則是皇權集中、民間自治的小政府。明清以來，歷任皇帝都尊崇民間自治，數十萬人口的縣府僅數十位官員和官差，鎮及以下自治為主。從清初的一億多人口到清末的三億多人口，清朝僅增加官員兩千多人。中央政府及地方文官、武職官員在一七〇〇年（清康熙三十九年）是 24150 人，一八五〇年（清道光三十年）增至 26355 人，平均一萬多人口設一位官員，根本無法應對日益複雜的民族矛盾、區域動亂和經濟衰退。以清末湖北省為例，因湖廣總督府設於武昌，竟一度不設湖北巡撫等職，由總督府跨級代行。清末，漢口已有約一百萬人口，二十個國家設有領事館或領事機構（瑞典領事館後設於武昌），工商企業數百，手工作坊和商鋪數千，一八九九年以前只設十餘人的鎮級管理機構，派若干巡檢（從九品）負責巡邏緝捕、維持治安。即使這樣，清朝的許多廳、州、縣仍然有大量官員缺位，以致國家經濟

發展和國防安全無法落實。

表 1-17 清朝嘉慶年間地方官員缺位元情況

| 機構 | 題缺 | 調缺 | 選缺 | 合計 |
|------|------|------|------|------|
| 直隸廳 | 15 | 5 | 2 | 22 |
| 直隸州 | 29 | 26 | 12 | 67 |
| 散廳 | 23 | 31 | 17 | 71 |
| 散州 | 19 | 42 | 86 | 147 |
| 縣 | 92 | 245 | 955 | 1 293 |
| 合計 | 178 | 350 | 1072 | 1 600 |

注：1. 據清嘉慶朝《大清會典》。調缺合計應為 349 人。

2. 按清例，直隸廳（州）為行政區劃單位，直屬於省，相當於州府級，多數不轄縣，主官為同知或通判；散廳（州）隸屬府或州，相當於縣級。

　　在同期，人口一千萬、僅為中國人口三十分之一的英國，官員也是兩萬人左右。據香港歷史學家梁柏力研究，十八世紀後期中國每名清朝官員管理國民人數是英國官員的三十倍。西方列強入侵中國後，朝廷皇權直至地方政府有限的權力：行政權、司法權、金融權、外交權、海關權、配置權等等，甚至包括軍事權也被列強分解和攫取。駐北京的外交使團和分布在上海、天津、漢口、廣州、廈門等十個城市的二十六個外國租界管理機構，成為我國除皇權以外的第二權力渠道。

　　科技落後說。十七世紀以前，中國的科技發達領先，農產品和手工業產品質量優異。英國政府曾派多批傳教士來華學習茶葉、瓷器和絲織等製作工藝技術，美國政府則派團來武漢學習金屬冶煉技術。清朝康、雍、乾三朝，中國百姓生活水準與歐洲接

近，其中北京、安徽、浙江、遼寧等地的人均壽命三十到四十歲，高於法國的二十五到三十歲，低於英格蘭的三十五到四十歲。有學者研究，日本明治維新工業化的主要動力之一，是要提高日本產品對華出口的競爭力。近代，中國在理工科學研究方面的匱乏，導致了十九世紀中後期的機械、化學等工業的落後。最近有學者指出，機械製造的研究在歐洲工業化早期中的作用巨大。

缺乏內生動力說。農業自然經濟和手工業社會是封建制度的經濟基礎，統治階層不允許觸動；中國地大物博、自給自足，沒有進一步發展生產力的強大推動力；歷代中國的威脅來自北方的遊牧民族，主要依靠戰馬軍刀，不需要艦船火炮等海洋現代軍事工業。近代歷史表明，殖民帝國大多是海洋強國，資源缺乏，危機感強。被侵略和殖民的大多是近海的內陸大國，地廣物豐，民族意識超過國家意識。最終，國家內生動力強的成為勝者。

社會壓製創新說。工業革命不是新科學、新知識觸發下的技術大改造，而是把人類已有的知識應用於生產，使生產突然間發生飛躍。明、清兩朝，中國富裕但是缺乏提高傳統手工業的政府組織和技術體系。在「萬般皆下品，唯有讀書高」的社會結構中，無法實現除入仕以外的垂直流動。在英國，除世襲以外，更多的是以財富和產業作為垂直流動的資本。學者錢乘旦、陳曉律在《英國文化模式溯源》第二章「工業民族精神的演進」中認為，工業革命沒有發生在世界農業文明和手工業最發達的中國，而是發生在偏安於北海一隅的小小島國英國，主要取決於社會結構能否創造條件發展。社會的潛在結構是鼓勵發展生產，還是一

個社會的本質必須維持現狀，這是理解近代民族工業形成的關鍵。

這七種因素，在清朝四級衙門所在地武昌、民間自治為主的漢口，表現得更為突出。

明朝時期設武昌楚王府，為九大藩王之一，負責南方的平定與經濟發展，多為「勸農」。清朝時期設湖廣總督府，轄湖北、湖南兩省地域，人口約五千五百萬，主要從事農業生產。近代工業萌芽最有基礎的漢口，是全國少有的人口逾百萬的大城埠，朝廷不設官府，主要由行會自律。除張之洞主政期間湖廣總督府制定一批激勵實業的政策外，由官府主導發展非農業產業極少。近代工業的萌芽只有在不設行會的行業中滋生。

中國近代淪為半封建半殖民地國家，是一個漫長的積貧積弱的過程。中國封建朝廷從清朝康、雍、乾三朝後即開始滑落。依靠工業革命，英、法、俄、西、葡、德等殖民帝國崛起後，將南北美洲、南部非洲、澳洲甚至強大的印度變為殖民地。中國雖然仍有一半的國土沒有淪陷，仍然擁有較強的國家力量，也淪為割地賠款的半殖民地。

## 二、近代工業化進程的五個時期

經濟學者王天偉認為，中國近代產業的形成與發展大體經歷了三個時期：一八六二至一八九四年，是中國近代產業體系建立時期；一八九五到一九三六年，是中國近代產業發展的鼎盛時期；一九三七到一九四九年，是中國近代產業由盛轉衰時期。

中國近代工業化進程，按照產業的主導者，一般可分成五個

時期：一七〇〇至一八四三年，我國手工業技術屬世界高水準之一。朝廷和民間主導手工業發展進程，精製茶葉、絲綢製品、高檔瓷器等是國際貿易中著名的奢侈品，農業深加工、冶煉、造船、紡織等較發達，產生了一批帶有近代產業工人特徵的工匠階層。一八四〇年鴉片戰爭也被一些歷史學家稱為「茶葉戰爭」，一九四二年清朝政府被迫簽訂割地賠款的第一份不平等條約──中英《南京條約》，中斷了中國的資本主義自然進程。

一八四三至一八八九年，外國商人在華投資建廠，引入歐美近代工業產業和企業制度。一八四三年上海開埠，產生第一個殖民地性質的租界。西方列強為爭取利益最大化，在低價購進半殖民地中國原材料的同時，在上海、廣州、廈門、寧波、天津、漢口等外貿港口所在城埠，進行農副產品深加工，採用蒸汽機、發電機等機器生產，工廠規模多數不大，但促成我國近代工業的萌芽並產生了第一批產業工人。通過開工廠，英、俄、美、法國逐漸控制我國的紅茶、綠茶國際貿易，德國控製蛋製品、機械貿易，美國控制桐油貿易，英、美、日控制內河航運。

一八九〇至一九二七年，我國近代民族工業產業規模和行業領域超過外商工廠。清朝依靠曾國藩、李鴻章、左宗棠、張之洞等晚清重臣，以及一批勵志改革的總督，主導發展以富國強兵為目的的興實業，在上海、武漢、天津、廣州、南京、福州等地創辦一批鋼鐵、機械、紡織、化工、日用品等大中型工廠，產業工人達到十餘萬。一八九五年中日甲午戰爭後，日本攫取二點三五億關兩賠款，加上民國初年連年內戰，致使中國工業發展出現先揚後滯的狀況。

一九二八至一九三七年，近代工業快速發展，中國經濟出現「民國黃金十年」，國民經濟總產值年均增幅高達百分之九。國民政府和民族資本主導工業進程，民族工業大幅發展。民族資本和外國資本集中投資上海、天津、廣州、武漢、濟南、無錫、哈爾濱、南通、蘇州等工業城市，工業化進程加快，形成比較完善的產業體系。

一九三八至一九四九年，中國近代工業由盛轉衰。中國主要工業城市被日本侵略軍佔領，大批工廠企業被戰爭摧毀，武漢等地工業企業向西部轉移，改變全國工業布局。這一時期中國主要工業產業被日軍控制。抗戰勝利後又陷於內戰，中國工業化進程倒退。

一九五〇至一九五六年，以國有資本為主、民族資本為輔，借鑑蘇聯經驗系統規劃、布局工業行業，形成比較完備的國家現代工業體系，國家工業產值年增長幅度超過 20％。國家成為投資主體，工人、農民及知識份子成為主導階級。

武漢的近代工業稍晚於沿海，進程基本與國家一致。十七世紀以後的武昌、一八五〇年以後的漢口，是我國重要的農產品深加工城埠；一八六三年外商在漢建廠，武漢近代工業發端；一八八九年以後張之洞興建漢陽鐵廠、漢陽槍炮廠等大型工廠，是武漢近代工業的真正發展年代；一九三七年初是武漢近代工業發展的高峰，次年因戰爭迫近，大中型工廠幾乎全部西遷至抗戰後方；此後十一年，武漢工業處於崩潰邊緣；一九五〇年武漢工業出現回暖，至一九五六年武漢工業總產值、固定資產額在全國僅次於上海、北京、天津。

### 三、武漢近代工業的若干特點

武漢地處內陸腹地，資源豐盛，市場廣闊，近代工業有著顯著的特點。

#### (一) 張之洞主導武漢近代工業發展，朝廷資本金居全國之首

一八八九年（清光緒十五年）張之洞就任湖廣總督後，主導興建了十七家大中型官辦企業，至一九〇七年離任赴京包括後續資金已達一千七百萬銀兩。時年亞洲規模最大的漢陽鐵廠用資七百八十四萬餘兩，是清朝二百多年間朝廷投資額最大的企業，漢陽鐵廠生產的鐵路鋼軌、焦炭等產品出口美國、日本和南洋國家。據不完全統計，張之洞在任期間，其主持建設的漢陽槍炮廠造槍十一萬支、槍彈四千萬發，造炮七百四十餘門、炮彈六十三萬發，以及一批手槍、機槍、炸彈等，成為清末十八家軍工廠（一說 21 家）中數一數二的規模。

一九一一年（清朝宣統三年）出版的《最近漢口工商業一斑》第五章「工業」中，記載了清朝廷有關工業的統計資料。其中，漢口周邊（含武昌、漢陽、大冶）工廠，占一九〇三至一九〇八年清朝廷立案的全國工廠約三分之一，資本金占五分之二以上：

「自光緒二十九年至三十四年計六年間，我國工廠稟部立案之數凡一百二十有六，而漢口附近占其四十，約當三分之一。又工廠之資本額，其報部總數共四千八百餘萬兩，而漢口附近實占其最多數，即漢冶萍製鐵一業，已占卻二千萬兩。可見漢口近年

工業漸進之端倪也。」

(二) 鋼鐵、機械、紡織、交通、建築是武漢五大工業產業

近代工業形成以來，鋼鐵、機械、紡織一直是武漢工業的主體；近代航運、鐵路、建築、郵政、電信業的產生，則是武漢近代工業產業全面發展的標誌。

鋼鐵業。

一八九一年（清光緒十七年）漢陽鐵廠破土動工，設備購自英國、比利時等國，聘請四十名外國技師，工人約三千人。三年後漢陽鐵廠正式出鐵，成為亞洲最早、最大的鋼鐵聯合企業。一九〇八年（光緒三十四年）漢陽鐵廠、大冶鐵礦、萍鄉煤礦組成漢冶萍煤鐵廠礦股份公司。經過改良，鋼鐵產品質優價廉，是清末民國初我國建設京漢、粵漢、津浦等八條鐵路的鐵軌等軋製鋼件的唯一生產基地，同時打入國際市場。漢陽鐵廠和以其為核心建立的漢冶萍公司投產三十一年間，生產鐵二百五十萬餘噸、生產鋼五十五萬餘噸。這在當年是巨大的數字，以致歐洲人驚恐地稱為「中國黃禍」。據《武漢市志・工業志》統計，武漢鋼鐵產量一九一一年前是我國的鋼鐵總產量的百分之百，一九一二至一九二四年占百分之四十一，一九二七年以後才次於日資控制的鞍山製鐵所。

機械業。

一八八九年以後張之洞所辦漢陽槍炮廠等製造業，以及武漢民族資本投資的周恆順、揚子等機器廠、造船廠，規模大，技術含量高，上下游產業鏈長，對一般工業帶動力強。機械行業一直

是武漢的主導產業之一。據宋亞平等著《辛亥革命前後的湖北經濟與社會》統計，一八九〇至一九〇七年全國有較大規模的工廠四十六家，其中湖北（主要在武漢）十一家，占總數的百分之二十四，超過上海近三倍，居全國第一。前文中已多有表述，不再贅複。

紡織業。

張之洞創辦湖北紗、布、絲、麻四局後，武漢的紡織業僅次於上海。棉紡織行業主要設備是紡紗機和織布機，按華商工廠的紗錠數計，一八九二年武漢紗錠占全國的 40.9%。此後，江蘇、山東紡織業快速發展，而張之洞制定的官辦紡織業的專利保護制度使武漢紡織業停滯十餘年。直至被日軍佔領前夕，武漢紡織業一直保持在全國的前列。但是，占比逐年下降。

表 1-18 1892-1936 年六大城市華商紗廠紗錠數占比

| 年份＼城市 | 上海 | 武漢 | 青島 | 天津 | 無錫 | 南通 |
|---|---|---|---|---|---|---|
| 1892 | 59.15% | 40.9% | — | — | — | — |
| 1898 | 52.6% | 29.6% | — | — | 3.3% | — |
| 1920 | 36.0% | 15.6% | 1.8% | 6.5% | 7.0% | 7.3% |
| 1922 | 41.8% | 10.2% | 2.1% | 12.8% | 8.5% | 4.3% |
| 1929 | 37.8% | 12.4% | 1.5% | 10.3% | 6.3% | 4.3% |
| 1931 | 41.0% | 9.3% | 1.8% | 8.3% | 7.8% | 3.8% |
| 1936 | 40.2% | 8.9% | 1.7% | 3.8% | 8.7% | 4.1% |

注：編自《武漢市志・工業志》（上卷）668 頁。

近代中國紡織業中，上海的絕對領先地位無人撼動。抗戰勝

利後，武漢西遷的鋼鐵、機械等行業設備基本留在四川；紡織業的紗錠留在四川、陝西約 12.32 萬錠，投資河北 4 萬錠，回漢僅 5 萬錠。武漢實業家傾其所有，積極恢復紡織業，一九四九年達到 10.4 萬錠，一度成為武漢最大工業產業。新中國成立後，國家布局武漢發展紡織業，一九五四年恢復到 27.26 萬錠。

交通業。

武漢交通業的近代化是從一八六一年設立江漢關開始的，時間上早於近代製造業。近代交通業又細分為內河航運的水運、碼頭、港口、航道，鐵路的營運、車站、維修、機車廠，民用航空、公路運輸以及郵政電話業等。

長江滬—漢航線、京漢鐵路的開通，使漢口江漢關的對外貿易進出口額快速增長：一九一五年超二億關兩，一九二三年超三億關兩，一九二五年超四億關兩，一九二八年達到清末民國初創紀錄的四點四三億關兩。從一八六五至一九二八年的六十三年時間，有四十二年時間江漢關進出口額僅次於上海，居第二位。此後，由於粵漢鐵路開通，湘、滇、黔的許多貨物改由通過廣州粵海關出口，漢口江漢關進出口額出現下降。據官方統計，一九四九年武漢交通業工人達到四點四萬人，其中不包括數以十萬計的碼頭、車站、機場零工。

長江航運。

武漢航運業的繁盛，依賴於歷史久遠的長江、漢江航運業。在長江航道，通過載重五十到九百噸左右的船舶，使武漢西上連接一千三百七十公里外的重慶；通過一百到兩千噸的船舶，東下連接一千一百二十五公里外的上海。在漢江航道，通過十到一百

噸的船舶，連接五百三十二公里外的襄陽。武漢成為連接湘、鄂、贛、皖、豫、陝、滇、黔、川等地對外貿易的「九省通衢」。

·從清末至民國，武漢近代航運業繁盛一時

一八六一至一八七二年間，英、美兩國的十三家洋行輪船公司三十七艘輪船經營上海—武漢等航線。一八七三年，中國輪船招商局開辦長江、漢江航運業務，七月永寧號抵達漢口。一八七七年招商局以二百二十二萬銀兩收購美國旗昌在長江各港口的船舶、碼頭，實力大為增強。但是，至一八八六年，美國旗昌輪船公司仍然控制長江航運貿易約三分之二。在此前後，外國洋行進入武漢長江航運業的主要有，英商太古（1877）、怡和（1877），中英合資鴻安（1891），德商瑞記（1899）、美最時（1900），日商大阪商船（1898）、湖南汽船（1903）、日本郵傳（1906），法商東方輪船（1906）等。至一九一一年，美國太古、英國怡和、中國招商和日本日清四大公司成為長江航運的主要公司，其中中國招商局約占四分之一營運量。

按進出港船舶噸位量計，一九一三至一九二三年每年進出港一萬到兩萬艘，年噸位約在六百萬到七百萬噸（不含內港小船）。一九二四至一九三六年，進出港船舶每年約一萬到一點四萬艘，年噸位約八百萬噸，折算貨物輸送量二百七十萬噸。其中，一九二八年進出港一萬四千二百六十艘、八百八十六萬噸，

折算港口年輸送量二百九十八萬噸，為近代之最。[64]

　　據統計，一八六一至一九三八年，先後在漢口經營航運的有十六個國家的三十八家公司、一百六十八艘船舶，總噸位為六十六點六萬餘噸。[65]

　　國際航線方面，德、俄、美、日等國洋行在每年四至十一月的長江豐水季節開通了多條國際航線。德商開通漢口—德國漢堡、不來梅航線。海輪從德國出發，經義大利熱拉亞、法國馬賽、比利時安特衛普、荷蘭鹿特丹到漢口上下貨物。日商開通漢口至神戶、大阪直航等等。

　　每年十二月至次年三月長江枯水季，由於船舶稍小，則經上海、天津中轉。俄國漢口茶商則借助海輪，豐水季節開通漢口至俄羅斯符拉迪沃斯托克、薩馬拉的航班，枯水季節開通漢口經天津或上海至符拉迪沃斯托克航線。一九〇四年以後，從符拉迪沃斯托克將國際聞名的「漢口茶」，經九千二百八十八公里長的西伯利亞鐵路運至莫斯科，再分銷至歐洲其他國家，號稱「新萬里茶道」。

　　一九〇五至一九〇七年曾任日本駐漢口總領事的水野幸吉在《漢口——中央支那事情》中寫道：「漢口者為清國中一大市場……論者謂為清國十八省、四百餘州之中心」，「與武昌、漢

64　武漢港史編委會編《武漢港史》，人民交通出版社，1994 年版，第229-230頁。

65　武漢地方志編纂委員會主編《武漢地方志·交通郵電志》，武漢大學出版社，1998 年版，第1-11頁。

陽鼎立之漢口者，貿易年額一億三千萬兩，夙超天津，近淩廣東，今也位於清國要港之二，將進而摩上海之壘，使觀察者豔稱東方之芝加哥」[66]。

港口碼頭。

武漢目前可考的最早用石材建設的碼頭，是清乾隆元年（1736）的漢口天寶巷碼頭。武漢傳統碼頭為自然土坡，紮錨所泊木船最大荷重約為九百噸。一八六三年，英國寶順洋行在英租界寶順街（今天津路）建立寶順碼頭，為武漢第一座近代碼頭。隨後，俄商順豐洋行自建武漢第一座工廠專用碼頭。一八七二年英國太古洋行鑑於長江武漢港水位落差大，首建浮躉碼頭，靠泊能力增加到五百到二千噸，成為迄今仍廣泛使用的碼頭形式。一八七三年，中國輪船招商局漢口分局在漢口英租界上首周家巷設置碼頭，為國人在武漢首座近代碼頭。[67] 由於運輸貨物量多、長江豐水枯水落差大，武漢三鎮的碼頭工人達到十萬之多。

到一九三八年武漢有各類碼頭一百四十四座，其中長江沿岸九十九座、漢江沿岸四十五座。

在豐水期、枯水期均可使用的五十五座浮式碼頭中，本國有十九座、外國有三十六座。[68] 武漢淪陷後，碼頭大多被日軍徵

---

66　〔日〕水野幸吉著，劉鴻樞、唐殿熏、袁青選等譯《漢口——中央支那事情》，上海昌明公司，1908 年版，第 1 頁。
67　武漢地方志編纂委員會主編《武漢市志‧交通郵電志》，武漢大學出版社，1998 年版，第 26-27 頁。
68　武漢地方志編纂委員會主編《武漢市志‧交通郵電志》，武漢大學出版社，1998 年版，第 17-19 頁。

用，僅少數碼頭由日本日清汽船株式會社、武漢交通股份有限公司所用。一九四五年抗戰勝利時，武漢碼頭僅餘六十五座。一九四九年五月，國民黨軍隊在撤退時炸毀了二十七座重要的碼頭和一批躉船，致使武漢的長江航運業幾乎停頓。

鐵路運輸。

武漢鐵路建設始於清光緒二十三年（1897），京漢鐵路的漢口玉帶門至黃陂瀼口段動工。一八九九年，清朝廷在漢口設置盧漢鐵路南段工程總辦，是武漢最早的鐵路機構。一九〇三年時為亞洲最大客運站的京漢鐵路漢口大智門火車站建成，一九〇六年京漢鐵路全線開通，引起國際廣泛關注。根據合同，一九〇六至一九〇九年，京漢鐵路由借貸方比利時為主進行管理，還完貸款後移交中國。英國人菲爾德維克在乘車後寫道：

「漢口至北京有鐵路聯繫，全長七百五十英里，普通列車六

·清末漢口大智門火車站一景

十小時可以到，快車只需三十個小時」，「旅客通過西伯利亞鐵路，十六天可以到倫敦。最近幾年，京漢鐵路已成為外（國）人在漢利益巨大增長的主要因素」，「粵漢鐵路完成以後，一定還會帶來遠遠超出漢口本身利益的巨大成果」[69]。

京漢鐵路通車第二年，漢口的直接對外貿易進出口總值就突破 3000 萬關兩，達到 31683214 關兩；間接對外貿易進出口總值也突破 1 億關兩，達到 115071383 關兩；總額達到 1.467 億關兩，僅次於上海。一九一一年，張壽漢在《最近漢口工商業一斑》中稱：「觀近年漢口貿易額增加之數，較前幾年大一倍，偉然占全國通商口岸之第二位，皆此鐵路之力。」

由於京漢鐵路在漢口城堡外等原因，城堡不久被拆除，漢口中心城區面積也由 11.2 平方公里增加到 28 平方公里。因北洋政府將北京改名為北平，一九二八年京漢鐵路更名為平漢鐵路，實行全線統一管理，局址設於漢口勝利街。

一九一八年，粵漢鐵路的武昌—株洲段通車，一九三六年四月粵漢鐵路全線通車。同年成立粵漢鐵路管理局，局址設於武昌徐家棚。

自此，中國有了貫通南北的五千里鐵路線，武漢成為清末民國初中國鐵路的最重要的樞紐。但是，頻繁戰亂使鐵路沒有發揮應有效益。一九四九年，武漢鐵路年運輸客運量 77.3 萬人次，年貨運量僅 13.1 萬噸。

---

69　參見汪瑞寧著《武漢鐵路百年》，武漢出版社，2010 年版。

公路運輸。

武漢的湖北省內城埠間汽車客貨運輸始於一九二四年，但發展緩慢。一九三五年開通武漢至湖南長沙、岳陽班車。武漢至河南經扶的班車開通不久即停運。到一九四五年抗戰勝利，武漢至省內縣市的公路運輸才逐漸恢復，省公路局在漢營運車輛 187輛；武漢 422 家商行，車輛 744 輛。

民用航空。

一九二九年十月二十一日漢口—上海航線開通，到一九三四年漢口航線已有十五條，通達北平、香港、太原、西安、南京、重慶等大中城市。抗戰初期，上海、南京先後淪陷，武漢一度成為我國航空運輸中心。

郵政電信。

武漢郵政在全國開辦較早。一八六二年（清同治元年），漢口商人建立民信局，收遞長江上下游城埠的商家信函，並建有上海、福州等地民信局分號。一八七二年（清同治十一年）以後，英、法、德、俄、日等國相繼在漢口租界內設立了七家郵政局。法國的漢口支局為一級局，直屬巴黎郵政總局管轄。一八七八年江漢關設漢口郵政分局，一八九七年成立大清郵政漢口郵政總局。清末民國初，漢口郵界轄鄂、豫、湘三省，並兼管西安副郵界，以後又有數次調整。一九三七年為武漢近代郵政量最大之年，收受各類郵件 5784 萬件、包裹 50 萬件，開發匯票 1559 餘

萬元，分別比一九一二年增長 3.5 倍、1 倍和 53 倍[70]。一九四九年九月，在漢口江漢路四明銀行掛牌成立華中郵政總分局，轄華中二市五省；一九五一年二月成立武漢郵局，直屬國家郵電部。此後，武漢局又為全國六大郵運調度局之一[71]。

武漢電話始於一九○○年（清光緒二十六年），由外商創辦。一九○二年（清光緒二十八年）武昌官府籌資興辦了我國最早的民族商辦電話。一九一七年武漢電話大樓落成，裝置三千三百門複式共電式交換機。

到一九三七年鼎盛時，武漢交通業的船員、碼頭工人，火車司機、車站工人和郵遞員，超過十萬人。其中，不包括漢口數以萬計的碼頭零工和一萬多名人力車夫。

**建築業。**

市政建設業包括道路、園林、發電、自來水等城市建設，以及城市建築工程。清末民國初，武漢商辦水電工廠的規模一直在全國居於前列。

---

70 武漢地方志編纂委員會主編《武漢市志‧交通郵電志》，武漢大學出版社，1998 年版，第 521-570 頁。

71 武漢地方志編纂委員會主編《武漢市志‧交通郵電志》，武漢大學出版社，1998 年版，第 2-5 頁。

表 1-19 清末主要民族資本水電廠一覽

| 建廠年份 | 廠名 | 所在地 | 創辦人 | 資本金 |
|---|---|---|---|---|
| 1902 | 漢鎮既濟水電公司 | 漢口 | 宋煒臣等 | 300 萬元 |
| 1902 | 內地自來水公司 | 上海 | 曹驤等 | 181 萬元 |
| 1906 | 武昌水電廠 | 武昌 | 周秉忠 | 278 萬元 |
| 1908 | 商辦閘北水電廠 | 上海 | 陳佩衍 | 63 萬元 |
| 1908 | 廣州電力有限公司 | 廣州 | 黃秉常 | 150 萬元 |

注：據《中國近代工業史資料》《中國產業發展史綱》220 頁。其中，已知
2 家工廠人數，既濟公司工人 396 人，閘北廠 287 人。既濟水電公司創辦時間應
為 1906 年。

漢口開埠後，西方近代的建築形式、建築材料、建築技術陸
續傳入武漢，並形成近代建築業的三個建設高潮。

一是一八六二至一九一一年，漢口五國租界建設。此期設計
師主要是歐洲工程師或在外商建築洋行工作的華人工程師，建築
技師和高級裝飾工人來自先期開埠的廣東、上海、寧波等地，建
築主要集中在漢口五國租界的二點二平方公里內。涉及英、法、
俄、德、日等國領事館、工部局、洋行、銀行、波羅館、電影院
等建築和道路、園林等公共設施。法、英、德、俄工程師設計的
漢口大智門火車站、漢口水塔、德國總領事館、巴公房子等成為
漢口地標式建築；此外，還建有平和打包廠、漢口電燈公司等一
批工廠、碼頭、倉庫。借鑑英國工業革命興起的公寓和聯排住宅
的建設經驗，一九〇一年（清光緒二十七年）「漢口里份」建築
群開始出現。

二是一九一二至一九二七年，漢口城重建。一九一一年，漢

口遭前來鎮壓辛亥革命的清軍焚城。借鑑一六六六年九月倫敦大火、一八七一年十月芝加哥大火後的建城規劃，以及漢口五國租界建設經驗，漢口富商紳士與湖北軍政府商議以民族商界為主，籌集資金重建漢口「本地街」。經過全城上下十餘年艱辛努力，漢口「本地街」已形成當時僅次於上海的現代都市格局：東至與英租界分界的江漢路，西至六渡橋，北至京漢鐵路，南至長江北岸，方圓二十多平方公里。後城馬路（現中山大道）和主要幹道臨街均建成二至六層歐式或現代建築風格樓房。水泥或瀝青鋪就的城市主幹道甚至早於法、德等租界道路改造。這一時期，漢口五國租界則出現以江漢關、滙豐銀行、橫濱正金銀行、花旗銀行、俄國領事館、美國領事館等為標誌的歐式經典建築，較多使用大理石、花崗岩等切割石材或者清水紅磚，造型雄偉。這些建築，廣泛使用新材料、新技術，在我國建築史上有著重要地位。據地方志學者董玉梅考證，至一九二〇年「漢口里份」已有三百一十六處、兩千多棟建築。武漢的營造廠（建築公司）由此在全國著名。

三是一九二八至一九三七年，是武漢城市公共設施和里份建設高峰。以建造武漢大學、南湖機場等為代表，聘請的外國設計師大量使用中國建築元素，華人設計師精品頻出，銀行大樓林立，「漢口里份」成為城市重要機理。這一時期，武漢的營造廠承建了湖南、河南、河北、貴州、四川等省的大量重要工程。著名的漢口營造廠有漢協盛、魏清記、康生記、明錩裕、漢合順等。

近代，在漢的外國設計、建設公司約有五家。英商景明洋行

由漢口漢協盛營造廠邀請至漢，並無償奉送六層設計大樓，洋行擁有英國人海明斯、何伯樂，德國人韓貝禮、石格士等歐洲著名建築學院畢業的設計師。他們設計或監理了武漢主要的歐式公共建築，率先將鋼筋混凝土技術引進武漢，並承擔漢口英、俄租界的建築設計審查之責。漢協盛也成為這些建築的主要承建商。比利時義品洋行設計了武漢的許多優秀里份。我國第一代華人現代建築設計師莊俊，在武漢設計了金城銀行等經典歐式建築。出身於漢口景明洋行的華人設計師盧鏞標，開設了武漢第一家華人建築設計所，設計了中國實業銀行、四明銀行、中一信託大樓和湖南郵政大廈等早期現代建築。一九四八年《漢口市建築師開業登記清冊》中，華人建築技術員二十九人，大半出身於景明洋行。[72]

據史料記載，清末武漢營造廠高峰時達五百多家。鼎盛時全市建築工人超過十萬人。

(三) 官辦、民族工廠集中於武昌、漢陽，外資工廠集中於漢口

武漢近代工業的實力在漢陽、武昌，這一工業格局延續至今。漢陽是我國第一個重工業區。漢陽龜山南麓和北麓集中了官辦的漢陽鐵廠、漢陽槍炮廠及其所屬的十幾個工廠，清朝廷在這片區域投資了兩千多萬元，約占同期清朝政府工業投資的一半。

---

72　參見漢口租界志編委會編《漢口租界志》，武漢出版社，2003 年版，157-158 頁、第 188 頁。

漢陽鐵廠是當時中國最大的工業企業和亞洲最大的鋼鐵廠，被西方視為中國覺醒的象徵。在長達二十多年的時間裡，漢陽鐵廠的產品占全國鋼鐵產量的百分之九十以上，直至一九一九年鞍山製鐵所投產。

武昌是清末我國僅次於上海的第二大紡織工業區。武昌城文昌門、平湖門、望山門周邊，集中了官辦的湖北布、紗、絲、麻四局，鼎盛時有上萬工人。同時，武昌建有在全國享有盛譽的鑄幣、印刷等一批官辦工廠。

漢口是近代我國對外貿易主要港口之一和人口最多的城市之一。漢口的工業企業以農產品深加工、鐵路運輸、長江航運和市政建設為主。二十世紀三〇年代前，外商外資基本控制了漢口的對外貿易生產、長江航運、金融行業和建築設計業。近代，漢口集中了三十六家外資企業，二十家外國銀行分行、總行，以及兩百多家從事對外貿易的洋行。外商工廠大多集中於漢口五國租界、京漢鐵路漢口段沿線，以及江岸堤角、諶家磯，礄口易家墩、韓家墩等地。

清末民國初，外商在武漢建成的四十二家工廠中，僅法商亨達利煉銻廠、德商新河礦廠等位於武昌，日商日信榨油廠、打包廠、黃泰繭廠等建在漢陽。[73] 其中，亨達利廠規模較大，據稱投資額達 109.1 萬兩。

---

73　漢口租界志編委會編《漢口租界志》，武漢出版社，2003 年版，157-158 頁、第 188 頁。

（四）後來居上，武漢成為中國近代最大的重工業基地

　　香港、澳門、上海、寧波、廈門、南京、順德、蘇州、天津等地近代工業起步，早於武漢。歷史學家嚴昌洪認為，與上海比較起來，武漢的洋務運動起步晚三十年，但是後來居上。[74]

　　一八六三年（清同治二年）以後的十餘年間，俄商在武漢開設了全球最大的機制磚茶廠群。一八八九年（清光緒十五年）湖廣總督張之洞，經奏請朝廷批准，在漢陽、武昌陸續建立了鋼鐵、機械、紡織等一批具有亞洲領先水準的大中型企業，主持修建了影響深遠的京漢鐵路，主持啟動了粵漢鐵路工程。幾乎在同時，民族資本在武漢也先後創辦了機械、水電、輕工等一批國內一流的大中型企業。武漢工業產品品質優異，批量出口至歐美國家和日本，包括鐵路鋼軌、鋼釘，精制紡織品，礦產品和農業深加工產品等等，同時，武漢建立了比較完善的工業管理機制和企業制度。

　　清末民國初，武漢後來居上，成為中國近代最大的重工業基地，成為僅次於上海，與天津、廣東（順德）、青島、南京、蘇州、無錫等並駕齊驅的近代工業城市。據寧可主編的《中國經濟發展史》記載，一八七二至一八九四年清末洋務派開辦的主要工業企業二十五家，其中張之洞在武漢地區開辦企業數、投資額居首位，約占總數三分之一；是全國最大的重工業基地。

　　至一九五六年，武漢已成為全國第四大工業城市，僅次於

---

74　嚴昌洪、嚴鎝著《武昌首義史話》，長江出版社，2011年版，第7頁。

滬、京、津。

（五）武漢是我國重要的工人運動中心之一

工人階級和資產階級稱謂均源自歐洲。武漢近代第一批工人源自外商在漢創辦的工廠。

漢口是我國最早的機器製茶、製蛋中心和最大的出口基地，也是我國最大的皮革、桐油、豬鬃、腸衣、生漆、芝麻、五倍子等農產品加工出口中心。由外商引進的沿海先行開埠城市的行業工人和在蒸汽機器流水線上勞作的失業工匠、失地農民，成為武漢的第一批工人。《武漢工人運動史》認為，俄商「順豐磚茶廠，雇傭工人九百餘人，是武漢最早的產業工人」。

武漢工人的數量，清朝政府、地方官府或外國學者曾有數次統計：

一八九四年（清光緒二十年），武漢產業工人約 1.3 萬人，是全國產業工人總數的 17％，約占清朝帝國六分之一，僅次於上海，居全國第二；

一九〇四年（清光緒三十年），武漢產業工人約 3 萬人；

一九一一年（清宣統三年），武漢產業工人約 4.5 萬人。統計中未包括交通運輸業，其中水上航運碼頭搬運工人約 1 萬人。[75] 武漢工人的大幅度增加以及出現技術工人當地語系化，源於湖廣總督張之洞在漢的「興實業」。其中，交通業工人第一次

75　日本外務省《清國事情》第 1 輯，1907 年版。

納入官方統計，京漢鐵路漢口機器廠工人達到六百三十人。

　　辛亥武昌首義爆發後，由於清軍焚燒漢口、炮轟武昌、漢陽，致使武漢三鎮工廠損失極為慘重，至一九一五年仍未恢復。湖北工人數（主要在武漢）降至全國第七位。

表 1-20 一九一五年全國二十四省工人情況 單位：萬人

| 序號 | 省別 | 職工數 |
|---|---|---|
| 1 | 江蘇 | 14.26 |
| 2 | 浙江 | 7.37 |
| 3 | 江西 | 6.08 |
| 4 | 廣東 | 5.41 |
| 5 | 直隸 | 4.31 |
| 6 | 四川 | 3.82 |
| 7 | 湖北 | 3.68 |
| 8 | 安徽 | 2.46 |
| 9 | 山東 | 2.47 |
| 10 | 福建 | 2.30 |
| 11 | 湖南 | 2.26 |
| 12 | 河南 | 1.49 |
| 13 | 山西 | 1.40 |
| 14 | 奉天 | 1.29 |
| 15 | 吉林 | 1.09 |
| 16 | 京兆 | 0.64 |
| 17 | 陝西 | 0.50 |
| 18 | 黑龍江 | 0.37 |
| 19 | 甘肅 | 0.23 |
| 20 | 熱河 | 0.15 |

| 21 | 察哈爾 | 0.10 |
|----|--------|------|
| 22 | 廣西 | 0.09 |
| 23 | 貴州 | 0.06 |
| 24 | 新疆 | 0.04 |

注：1. 據一九二三年二月申報館出版《最近之五十年——五十年來中國之工業》，資料出自國民政府農商部。

2. 較少工業的部分地區未納入，如雲南、西藏等。

一九一九年（民國八年），武漢產業工人近二十萬人，成為武漢三鎮的主要人口之一，也是我國產業工人重要的組成部分。[76]

武漢工人人數在一九二六至一九三七年達到較高水準。一九二六年十一月全市建立工會一百五十八個，會員約二十萬人；年底，全市工會組織發展至二百七十四個，會員達三十萬人。

一九三二年發行的《第二次中國勞工年鑑》中記載，依據一九三〇年六月統計月報，漢口市共有工會二十八處，會員二〇三三三一人，已超過二十萬人。[77] 如加上碼頭、打包、製蛋、煙草等行業十萬餘零工，人數會更多。

一九三七年七月抗日戰爭爆發後，從上海、河南等地遷至武漢一批中小型工廠。

---

76 邢必信、吳鐸、林頌河、張鐵錚主編《第二次中國勞動年鑑》第 2 編，社會調查所，1932 年版，第 46 頁。

77 轉自黎霞《負荷人生：民國時期武漢碼頭工人研究》，華中師大博士學位論文，未刊，第 28 頁。

武漢工人總數達到二三十萬人，其中紡織工人兩萬餘人，製蛋業萬餘工人。京漢鐵路及剛開通的粵漢鐵路武漢段的鐵路工人也達到六千餘人。[78] 日軍佔領前夕，武漢十餘萬產業工人隨廠西遷。抗日戰爭勝利後，武漢企業、工人總數逐漸有所恢復，但是遠未達到一九三七年前的水準。武漢又是我國工人運動的重鎮之一。

十九世紀末二十世紀初，許多考察過中國的西方學者、官員、傳教士，無不對中國工人的悲慘境遇表示震驚。武漢許多工人一天工作一二十個小時，依然衣不裹身、食不飽腹；許多童工在皮鞭下勞作，在機器旁死亡；許多工人居無定所，勞累一天只能棲息街頭；工人稍有不滿，輕則開除，重則酷刑至死。每逢冬季，武漢三鎮經常有失業工人凍死街邊。京漢鐵路機器廠、江岸蒸木廠、武昌造幣廠等廠的工人每年工作日三百三十三天左右，漢陽鐵廠等廠工人更是終年無休。《英美煙草公司在華企業資料彙編》第一輯記錄了美國業主對漢口煙廠工人的兇殘，「必須像我們在美國南方對待黑人一樣對待他們」。

武漢的工人工資也極低，約比上海同工種低百分之五十左右。據統計，一九二〇年中國三個主要紡織業城市工人日薪是：上海二角二至四角七，無錫一角至三角五，武漢一角二至二角

---

78 參見武漢地方志編纂委員會主編《武漢市志·工業志》上，武漢大學出版社，1999 年版，第 26-28 頁。

一。[79] 沒有基本人權的狀況，激起武漢工人的不斷反抗。

一九二〇年夏至一九二一年春，在「南陳（獨秀）北李（大釗）」的指導下，中國工人運動蓬勃興起。武漢與上海、香港、廣州、青島等近代工業發源地，工人運動尤為活躍。北京黨史學者吳家林認為：「武漢在二十世紀二〇年代是全國最大的城市，有兩百多萬人口，當時的北京僅有九十三萬人，所以陳獨秀要派人到武漢建黨。」[80]

中國共產黨早期組織在上海、北京、武漢、長沙、濟南、廣州以及赴日、旅歐留學生中相繼成立。一九二〇年，武漢共產主義小組在位於武昌撫院街的董必武、張國恩的寓所成立。在中共一大十三名代表中，湖北籍並曾在武漢就學、就業的有五人：武漢小組的董必武、陳潭秋，上海小組的李漢俊，北京小組的劉仁靜以及陳獨秀委派的代表包惠僧。武漢工人階級為中國共產黨的誕生做出了重要貢獻。

一九二二年七月二十三日，為聲援漢陽鐵廠工人罷工，武漢地區的漢口租界人力車夫工會、江岸京漢鐵路工人俱樂部南段總部、徐家棚粵漢工人俱樂部、揚子機器廠工人俱樂部等工團聯合發起，組建我國第一個由中共領導的地方工會組織──武漢工團聯合會。「打倒列強、除軍閥」，成為席捲武漢和全國的工人運

---

79　武漢總工會編《武漢工人運動史》（1863-1949），武漢出版社，2012年版，第7頁。

80　參見北京廣播電臺等編《中共早期海外密檔珍聞》「武漢支部化身律師所」一節，中央民族大學出版社，2011年版。

動口號。一九二三年二月京漢鐵路全線兩萬多工人罷工，要求「為自由而戰、為人權而戰」，使一千二百多公里的鐵路陷於癱瘓。共產黨員林祥謙、施洋等工人領袖和知識分子在武漢被軍閥殺害。京漢鐵路大罷工是中共領導的第一次工人運動高潮的頂點[81]，第一次展示了無產階級的力量。無數工人的鮮血喚醒了全國民眾。

一九二七年一月一日，國民政府由廣州遷都武漢。中共中央機關也由上海遷漢，第一次也是唯一一次與國民黨中央、國民政府中央在同一個城市公開辦公。中華全國總工會在武漢指導了全國的工人運動。一月三日，漢口市民舉行慶祝遷都武漢大會，漢口英租界數百英國海軍陸戰隊士兵開槍打傷三十多名集會工人。武漢工人在衝突中佔領漢口英租界，表現出鴉片戰爭以來前所未有的民族自信。二月十九日，英國政府被迫與武漢國民政府簽署協定。武漢國民政府宣布收回漢口、九江英國租界，開中國政府自主收回外國租界之始。

一九三八年春夏，武漢十餘萬工人在日軍攻陷城市的前夕，隨工廠、設備西遷。

數千工人和不少業主在西遷途中死於日機轟炸、過度勞頓。武漢工人和企業家用生命和鮮血，帶去了工業救國的理念和先進的技術。武漢西遷工廠，成為抗日大後方鋼鐵、軍工、機械、紡

---

81 林宏偉、高永中主編《中國共產黨歷史》，中央黨史出版社，2012 年版，第 19 頁。

織、食品、造紙等工業的主要工廠，成為「工業救國」的主力。

　　一九四九年初，武漢工人在南方地區較早開展「護城護廠」鬥爭，成功阻止國民黨軍隊撤退前組織的大多數爆炸、銷毀行動，使整座城市得到比較完好的保存。

　　新中國成立後，武漢工人積極恢復生產。一九五二年全市工業總產值 4.32 億元，較一九四九年增長 118.5%。

　　武漢工人運動與國際工人運動聯繫廣泛。一九二七年一月初，武漢國民政府決定收回漢口、九江英國租界時，英國急調海軍陸戰隊 1.3 萬人駐紮上海及周邊洋面，進行武力恐嚇。在國民政府和武漢工會組織的斡旋下，一月二十六日，英國工會聯合會、英國工黨、國會工黨致電反對英政府的武力政策，支持中國工人廢除不平等條約：「勞工運動所希望者，為對於中國之一種忍耐正直之和平談判，蠲除武力壓迫之舉動，為對於現下已失權威之各種條約之永遠廢止。」[82]

・一九二二年十二月十日，全國最大的產業工會──漢冶萍總工會在漢口成立。圖為參加成立大會的代表合影

82　鄭自來、徐莉君主編《武漢臨時聯席會議資料選編》，《中國國民黨中央執行委員、國民政府委員臨時聯席會議 19 次會議議事錄》，武漢出版社，2004 年版，第 298 頁。

一九二七年五月二十日在武漢召開了「太平洋勞動大會」，由澳大利亞工會發起，中華全國總工會支持，蘇聯、英國、法國、日本、朝鮮、爪哇等國代表出席，聲援武漢工人鬥爭。在抗日戰爭初期，上海、南京淪陷後，武漢成為實際上的戰時首都。武漢工會通電呼籲國際工人組織和各國工會支援中國抗戰，贏得國際輿論。蘇聯工會捐出鉅款，美國三藩市、英國利物浦、法國馬賽等港口城市拒絕裝運日貨，法國飛機廠工人罷工拒絕賣飛機給日本等等，武漢工會均致電感謝。

近代，武漢一直是我國主要的工業基地之一，大中型工廠集中，國際貿易發達，使得產業工人凝聚力強、視野廣闊，敢於和善於維護國家利益和自身的階級利益，是我國工人階級重要的中堅力量之一。

## （六）武漢是我國中西部工業技術轉移中心

近代，武漢是我國工業技術傳輸和發展的重要平臺。早期的近代工業技術，主要是農副產品深加工技術、建築技術，通過上海、寧波、福州、香港、廣州等沿海城市傳至武漢。武漢誕生近代重工業後，又通過技術工人和設備，輸送至全國各地特別是中西部省區。清末民國初，武漢成為一些民族企業、外國企業的總廠所在地，在其他省區設有分廠，由武漢輸出管理者和技術工人。

武漢對我國工業布局和發展影響最大的是抗日戰爭初期的工業西遷。抗戰初期，中國百分之八十的工礦企業集中於東部沿海和長江中下游地區。此時，國民政府登記的工礦企業有 2435

家，其中 1186 家在上海。為避免沿海企業落入日軍之手，國民政府決定沿海企業內遷。由於日軍突然挑起淞滬之戰等諸多原因，上海企業僅僅遷出 148 家、機器設備 1.46 萬噸、技術工人2500 多人。天津、南京等城市工業則幾乎全部落入日軍之手。

為避免我國工業基礎的全面淪陷，保存抗戰後方的經濟實力，按照國民政府和中央軍事委員會的部署，一九三八年三月國民政府控制區內最大的兩家工業企業漢陽鐵廠、漢陽槍炮廠開始撤遷至「陪都」重慶。六月，日本天皇下詔發動「攻克漢口」令後，總部已遷至武漢的民生輪船公司總經理盧作孚，出任國民政府軍事委員會水陸運輸管理委員會主任，日夜負責工廠物資內遷。武漢內遷的大中型企業達到 250 家、機器設備 10.8 萬噸，占全國內遷 452 家工廠總數的 55％，機器設備的絕大部分。[83]

一九三八年十月武漢淪陷前夕，武漢的裕華、震寰、申新、福新等 83 家紡織、染整企業遷往我國西部，其中遷至四川的紗錠 7.1 萬枚，遷至陝西的紗錠 5.1 萬枚。不幸的是，許多工人和9.1 萬枚紗錠等設備在西遷途中被日機追逐轟炸，遇難或被炸毀[84]，12 萬枚紗錠被日軍追奪。

---

83 參見唐惠虎、林陽春、韓兆海主編《武漢抗戰圖志》，湖北人民出版社，2005 年版，第 95 頁；參見武漢地方志編纂委員會主編《武漢市志‧工業志》上，武漢大學出版社，1999 年版，第 28 頁。

84 武漢地方志編纂委員會主編《武漢市志‧工業志》上，武漢大學出版社，1999 年版，第 611 頁。

表 1-21 1938 年初武漢工廠西遷分布地略表（家）

| 行業 | 四川 | 湖南 | 陝西 | 廣西 | 貴州及其他 | 合計 |
|------|------|------|------|------|-----------|------|
| 機械 | 46 | 53 | 3 | 3 | 5 | 110 |
| 輕工業 | 26 | 2 | 1 | 3 | 4 | 36 |
| 化工 | 9 | 8 | — | — | — | 17 |
| 紡織 | 13 | 52 | 17 | 1 | — | 83 |
| 水電 | 4 | — | — | — | — | 4 |
| 合計 | 98 | 115 | 21 | 7 | 9 | 250 |

注：據《武漢市志・工業志》上，武漢大學出版社，1999 年版，29 頁。

武漢的工業資本、管理者和十餘萬工人的西遷，極大地改變了我國近代工業的布局。抗戰勝利後，武漢部分工業企業留在當地，部分企業回遷，同時仍在當地建立了較大規模的分廠。

至今，武漢工業仍保持這一傳統，在鋼鐵、汽車、機械、光電子方面承擔了向其他地區輸送人才、技術的重任。

（七）官辦工業情結影響深遠

湖廣總督張之洞上任初期有濃厚的實業唯官辦的思想。他興辦工業殫精竭慮、親力親為，向朝廷奏請情真意切、敢為敢當。據不完全統計，其在任十八年，從朝廷爭取的工業投資，位居朝廷九位封疆大臣的工業撥款之首。由於張之洞是慈禧太后在殿試中欽點的一甲第三名探花，深得慈禧信任，因此朝廷工業撥款中又以慈禧太后、光緒皇帝親批的居多。

清末，經朝廷奏准的官辦工業企業，武漢約占全國總額的17％，約為六分之一。鋼鐵、造紙居全國首位，軍工、紡織次

於上海居第二位。[85] 官辦商辦比例，在相當長的時間裡是官強商弱。據統計，一八九四年中日甲午戰爭前夕，表面上官辦、商辦的企業數量比例約為 30％：70％，勞動用工比例約為 43.9％：56.1％，但是官辦企業較大，與商辦企業的資本比例為 96％：4％。[86]

自一八八九年張之洞創辦漢陽鐵廠至一九三六年的四十多年間，武漢有清朝政府或民國政府官辦的大中型企業四十五家，其中冶金、鑄造、礦業五家，兵工、機械業十二家，紡織業七家，水電業、建材業各四家，造紙業、服裝業各三家，製革業、印刷業各二家，制皂、電報、油料業各一家。此外，平漢鐵路局、粵漢鐵路局還在武漢修建了機車修理、枕木、電燈等工廠，至一九三〇年，八家鐵路工廠投資四百九十餘萬元，有二千多工人。[87] 武漢官辦工業情結影響較深，表現在多方面。

一是國家和民族自強情結。中國由鼎盛的大國淪為西方列強的半殖民地，特別是漢口五國租界治外法權和歐美人掌控的海關、工廠成為吸金窟，極大地刺激了中國朝野的民族自尊心。興業強國成為清末民國初國人的共識，官辦工業成為國人寄託所在。

---

85　參見武漢地方志編纂委員會主編《武漢市志・工業志》上，武漢大學出版社，1999 年版，第 3 頁。

86　王天偉著《中國產業發展史綱》，社會科學文獻出版社，2012 年版，第 222 頁。

87　參見汪瑞寧著《武漢鐵路百年》，武漢出版社，2010 年版。

二是官辦企業一般體現國家產業競爭力，規模較大、管理規範、產品質優。漢陽鐵廠時為亞洲最早最大的鋼鐵廠，鋼軌、鋼材、焦炭等產品遠銷歐洲、美國、日本。漢陽槍炮廠代表我國輕武器水準，漢陽造步槍是我國抗日的主導輕武器。湖北布、紗、絲、麻四局甚至規模稍小的釘絲廠、磚瓦廠產品暢銷國內，也有部分產品銷往歐洲、美國、日本。

三是官辦工廠注重引進先進技術、培養技術人才。張之洞堅持引進外國人才與朝廷培養人才相結合。他曾向英國訂購漢陽鐵廠設備，但是英商堅持自派管理人員和工程師，不同意培訓中方人員。多次談判無果後，張之洞果斷毀約，轉而訂購歐洲鋼鐵大國盧森堡的設備，因盧森堡同意無償培訓四十名中方技術人員。

此事在國際上鬧得沸沸揚揚，最終以向英商賠償一百英鎊了結。為了引進人才，張之洞還把即將停辦的福州馬尾船政局學堂所有學生全部聘至武漢，為機械業引進急需的人才。[88] 同時，官辦工廠組織技術工人學習也蔚然成風。

四是官辦企業聘用人員較規範，隨意解雇較少，普通職員和工人生活十分清貧但尚穩定。布、紗、絲、麻四局每日聘用的紡織女工，大多是周邊失地農民之女，每日工作十六小時以上，極為艱辛，因工錢基本有保障，仍是應聘者如雲。

五是清末民國初武漢民族工業飽受各路軍閥和外國金融財團的掠奪和擠兌，官辦企業相對受衝擊較少。但是，官辦工業機械

88 參見福州船政局馬尾造船廠陳列展說明。

化、自動化程度較高，就業工人數遠遜於民營工廠。其中，武漢家族式手工業作坊除投資額較少外，其個數、就業人數均占民營工業比重較大。據一九四九年五月統計，武漢手工業有一百二十多個自然行業、11574戶，從業人員38228人，分別占全市民營工業戶數、人數的94.11％、59.46％。其中，個體手工業者大多集聚在現江漢區轄區，戶數、人數約占全市三分之一。[89]

至今，武漢的鋼鐵、汽車、機械、交通和紡織等工業行業仍是國有企業為主導。總部設在武漢的東風汽車公司、武漢鋼鐵公司兩家世界500強企業，是國資控股的公司。光電子、生物、食品、建築等工業行業，則以民營企業占優。經過二十一世紀前十餘年的結構調整，全市工業投資總額、就業人口，國有企業與民營、外資企業幾乎各占一半。

民營經濟成為武漢經濟發展的短腿。長三角、珠三角藏富於民，表現上是藏富於民營企業。

## 四、武漢近代工業的若干規律

一八六三年（清同治二年）武漢近代工業誕生，至二〇一三年已有一百五十年歷史，其間數次起落。縱觀歷史，武漢近代工業有著顯著的規律：

---

[89] 武漢地方志編纂委員會主編《武漢市志・工業志》下，武漢大學出版社，1999年版，第997頁。

（一）工業結構：經濟持續發展的關鍵

　　在沒有鐵路和快速道路的明清兩朝幾百年間，武漢一直是周邊近十個省份的農產品和傳統手工業產品的轉運、加工、銷售中心。

　　一八六三年以後，外商在武漢陸續創辦四十二家近代工廠，武漢仍然保持傳統手工業的產業結構，是我國主要的茶葉、蛋品、食用油、桐油、牛羊皮等農業深加工生產和出口基地，加工和對外貿易能力居全國前列。

　　張之洞主政湖廣後，大興實業救國。他沒有步外國商人開辦農產品加工廠的後塵，率先在武漢發展重工業，率先建立重工業區。經過十七年的努力，使武漢形成了以鋼鐵、機械、紡織、建築為主，鐵路運輸、長江航運、食品加工、輕工產品為輔的工業格局。

　　一八九〇至一九九〇年的一百年間，儘管工業一波三折，武漢仍保留了這一經典的工業格局。漢口、武昌也因工業的發達而成為我國最早的一批城市，武漢從一九二七年設市後一直是我國近現代的主要城市之一。至今，機械業（含汽車工業）、鋼鐵業仍然佔據武漢萬億工業產值的 40% 左右，並相繼率先突破千億產值。

　　直至二十一世紀初，電子資訊、能源環保和生物煙草產業，才與機械業（含汽車工業）、鋼鐵業並肩，成為武漢的六大千億產業板塊；民用航空、管道運輸才與鐵路運輸、長江航運一道，成為武漢國家綜合交通樞紐的組成部分。

　　重輕結合的經濟結構，使武漢延續了清末以來形成的國家工

業資源配置中心之一的地位。

## (二) 投資規模：決定工業發展速度

工業中心往往是金融業中心。沒有巨額工業投資，就沒有武漢近代工業的鼎盛。但是，金融中心給城市帶來的弊端也顯而易見，因工業貸款相對容易，效益拉動的動力不及一些非金融中心工業城市。

近代，武漢與北京、上海、天津是我國的主要金融中心。一九〇〇年西方八國聯軍攻入北京，掠搶票號、錢莊，直接造成三千多萬銀兩的帳面損失，北京的近代金融業由此長期不振。學者王天偉因此認為，清末民國初北京已失去金融中心的地位。

清末民國初武漢的金融機構主要由三個部分組成，傳統民間錢莊、票號、錢鋪和官銀號；外國銀行、保險公司；中國官營、私營銀行。它們共同構成武漢近代工業投資的重要基礎。一是武漢是清末民國初我國主要商幫及其票號、錢莊的聚集地之一，本土金融實力較強，是我國最早一批民族資本投資工業的城市之一。到十九世紀七〇年代，漢口資本較大的錢莊已有四十餘家，「山西票號的財富更是數以幾十萬計」，「它的作用幾乎與英國的銀行同樣重要」[90]。以晉商票號為主的武漢民間資本，承擔了長江流域從上海至重慶三四千公里範圍內的許多工廠的融貸款業

---

90 武漢地方志編纂委員會主編《武漢地方志・工業志》上，武漢大學出版社，1999年版，第596-600頁。

務。大約在一八七三年，晉商的主要票號將業務中心由漢口轉至上海。一八九八年後，隨著民族工業的興起，不少錢莊將信貸物件轉向工礦企業。漢口「已有能力通過信貸控制地區之間和對外的大規模貿易，其穩定程度與上海或其他商業中心相比，有過之而不及」。

二是英、法、俄、美、德、日、比、意八個國家的二十家銀行在武漢設立分行、總行，是外商投資華中、西北地方製造業、交通業、建築業的主要貸款銀行；也是建設京漢鐵路、粵漢鐵路的金融儲貸主要經貸銀行。外國銀行漢口分行、總行的巨額貸款資本，相當一部分來自其中的十三家外國銀行在漢口自行發行的約一億元「漢鈔」。直至一九二七年，外國銀行漢口分行深度介入了武漢乃至我國中西部一些省的金融業。

三是我國近代官營、民營主要銀行均在武漢設立分行，是民國初年武漢民族工業製造、交通運輸、市政建築和商業等金融儲貸業務的主力銀行。一八九六年（清光緒二十二年）湖北在國內率先成立官銀號，此後官錢局、官銀號擴增到除雲南、蒙古、西藏以外的各省。張之洞主導的湖北官銀號資金主要投向了官辦工業。

一八九七年（清光緒二十三年），中國人自辦的第一家銀行——通商銀行成立；同年八月，清朝廷開辦戶部銀行，這兩家銀行後相繼更名大清銀行、中國銀行，總部設於北京；一九〇八年（清光緒三十四年），交通銀行成立。清朝廷的三大銀行均設漢口分行。稍後，影響大、實力強的是「北四行」「南三行」和香山幫、本地商幫的十餘家銀行。「北四行」的金城銀行、鹽業

銀行、中南銀行、大陸銀行；「南三行」的上海商業儲蓄銀行、浙江興業銀行、浙江實業銀行，也均設漢口分行。民國初年，國民政府設「二局四行」，中國農業銀行總行設在武漢，其他全部設在上海。這些銀行的存貸款相當部分投向工業和農產品加工業。民國初，我國已形成了以上海、天津、漢口、廣州為中心的區域性金融市場。

四是我國近代第四次民族資本向武漢大轉移，促成工業大發展。第四次民族資金向漢口的轉移，較前三次更集中於製造業、交通業、建築業的投資。

近代以來，投資規模在很大程度上影響武漢工業的發展速度和品質。但是，工業貸款容易，使得效益拉動的內生動力遠不及投資拉動的外生動力。這在很大程度上影響了武漢近代工業行業和工業企業的內生自我發展的動力。

## （三）經濟環境：有賴時局和政策長期穩定

錢乘旦等學者在研究近代工業誕生於英國時，稱近代工業產生的基本動力是，來自人們對財富的追求，來自國家對個人集聚私有財產的權利進行保護，來自國家為保護本國工商的根本利益不惜發動戰爭等等。[91] 這也是近代工業沒能最早在強大、富裕的中國誕生的重要原因。

---

91　錢乘旦、陳曉律著《英國文化模式溯源》第二章「工業民族精神的演進」，上海社會科學院出版社，2003 年版。

近代工業企業的醞釀規劃、資金投入、動工興建、人才引入、設備採購、試產投產需要較長時間，大型企業從動議到投產一般需要數年，甚至更長的時間；工業投資數額遠大於一般商業投資。時局穩定、資金回報安全，往往是工業投資者首要選擇因素。正因為如此，工業的興衰，與國際、國內時局密切相關。這一點，於清末民國初的紡織業十分明顯。

國興業興，國弱業衰。一九〇〇年清朝廷在義和團運動的鼓舞下，倉促向西方列強宣戰。八國聯軍佔領紫禁城後，清朝廷被迫與十一個國家簽訂《辛丑合約》，規定從海關關稅中賠償 4.5 億兩關銀。索賠比例為：俄國 28.9％、德國 20.02％、法國 15.75％、英國 11.25％、日本 7.73％、美國 7.32％、義大利 5.91％，比利時等國 1％ 左右。三十九年償清的本息總額達到九億多兩關銀的天文數字！《辛丑合約》 使大清帝國經濟徹底崩潰，完全淪為西方列強的半殖民地。隨後，十一國又變本加厲提出許多加息的無理要求，昏聵的清廷沒有借鑑歐洲國家無限期拖欠戰爭賠款的慣例，竟然一再追加。在國際輿論的譴責下，美、法、英、日被迫退還部分多收的款項，成立所謂的「庚子賠款教育基金」。

為了按期繳納賠款，朝廷加大了對全國各省的搜刮，其中湖北首當其衝：「鄂省對中央之解款，亦逐漸增加。賠款歲派一百二十萬兩，補鎊六十萬兩，練兵處調解五十三萬兩，遼東償費五十萬兩。」

在一九〇一年（清光緒二十七年），湖北省上劃朝廷的二百八十三萬兩白銀中，支付給列強的所謂戰爭賠款竟高達二百三十

・一九三一年浙江興業銀行漢口分行大樓

萬兩。其中，清廷向主要稅收省加收的「補鎊費」，是西方列強無理提出的追加浮溢款。在十萬兩關銀即可建成中型工廠的清末，每年二千萬多兩賠款，幾乎相當於清末朝廷幾十年來對全國工業總投資的一半。武漢的官辦企業投資幾乎無以為繼。國弱，民族積累的資本只會成為列強國家的囊中之物。

　國家及地方制定的政策是工業發展的重要因素，甚至是決定性因素。清末武漢紡織業大幅下滑，與湖廣總督張之洞過度支持官辦紡織業的政策有關。張之洞為提振民族紡織業、對抗西方列強的紡織品傾銷，規定十到十五年的專利期內不得建立類似工廠。結果，一方面，承租湖北布、紗、絲、麻四局的楚興公司「年有盈餘，超過資本二三倍之厚，股票價額比照票面約增五倍」，成為「中國工廠最有價值之一廠也」；另一方面，此後的十餘年間，武漢紡織業都未建立一座大中型民營紡織廠，而南通、無錫、天津、青島等城埠紡織業趁勢崛起。

民國初武漢紡織業快速恢復，也與民國政府支持相關。一九一一年辛亥武昌首義，清軍火燒漢口三天，造成漢口工商企業損失大半。以黎元洪為首的湖北軍政府為儘快恢復經濟，宣布除鹽、煙、酒、糖、土膏各稅捐外，所有稅捐局卡一律永遠撤銷；各屬雜捐，除地方所用者外，概行蠲免；除海關外，所有關稅一律撤銷。一九一二年中華民國臨時政府在南京成立，孫中山臨時大總統責成由清朝進士、實業家張謇任總長的實業部致電湖北：「務使首義之區，變成模範之市」，明確支持武漢經濟復興，使一大批外逃避戰亂的實業家逐漸回到武漢。一九一四年，出生武昌、支持黎元洪首義的漢口商務總會總理李紫雲，邀約程棟臣、程沸瀾、毛樹堂、劉季五等人，集資籌建「商辦漢口第一紡織股份有限公司」。因漢口地價過高，後選址武昌武勝門江邊。李紫雲以可帶家眷為條件，從上海的紗廠引進數百名技術工人。一九一九年投產後的兩年間，即盈利一百八十萬元。

　　與此同時，一九一九年，漢口富商徐榮廷、劉子敬和劉季五、劉逸行兄弟等人集款一百幾十萬兩，在武昌建裕華、震寰兩大紗廠，一九二二年投產。一九二二年，上海榮氏家族在漢口建申新第四紗廠。此後，武漢五家大型紗廠的投資額由 300 萬兩增至 1400 萬兩，紗錠由 9 萬枚增至 24 萬枚，布機由 700 餘臺增至 1400 餘臺，面紗產量由 2.4 萬噸增至 8.4 萬餘噸，紡紗工人由 5000 餘人增至 1.5 萬餘人。

表 1-22 紗、裕華、申新、震寰四大紗廠情況

| 廠名 | 投產時間 | 開辦資金 | 地址 | 經理 | 職工數（人） |
|------|---------|---------|------|------|------------|
| 武昌一紗廠 | 1919 年 | 420 萬銀元 | 武昌 | 李凌（李紫雲） | 8 000 |
| 裕華紡織廠 | 1922 年 | 156 萬兩 | 武昌 | 張松樵 | 4 000 |
| 申新四廠 | 1922 年 | 28.5 萬銀元 | 漢口 | 榮月泉 | 1 200 |
| 震寰紡織廠 | 1922 年 | 100 萬兩 | 武昌 | 劉季五 | 1 000 |

注：1. 引自《武漢市志 · 工業志》上卷，610 頁。武漢地方志主編。2. 其中，裕華廠商業投資 91 萬兩銀；震寰廠商業投資 55 萬兩銀，華俄道勝銀行買辦投資 64.2 萬元。按當時通用演算法，約 7 錢銀子折合 1 元。

　　第一次世界大戰使歐美列強無暇顧及萬里之外的中國，這成為中國工業發展的重要契機。歷史學家龔駿在其一九三三年版《中國新工業發展史大綱》中寫道：「自歐戰爆發以來，外貿來源隔絕……故我國工業受其實惠至為顯著……紡織、製粉等工業之機械化，上海、漢口、天津、無錫等都市之生產集中化已為極明顯現象。」

　　其中，由裕華、震寰兩大紗廠合併而成的裕大華紗廠較為突出。

表 1-23 裕大華紗布機在國內華商紗廠的比重

| 項目 | | 1922 年 | 1930 年 | 1936 年 |
|---|---|---|---|---|
| 紗機<br>（錠） | 全國華商紗廠 | 1 506 634 | 2 345 074 | 2 746 392 |
| | 裕大華紗廠 | 35 448 | 65 808 | 85 560 |
| | 占全國比重 | 2.35% | 2.81% | 3.12% |
| 布機<br>（臺） | 全國華商紗廠 | 6 767 | 15 718 | 25 503 |
| | 裕大華紗廠 | 320 | 896 | 1 324 |
| | 占全國比重 | 4.73% | 5.70% | 5.19% |

上海自清末即成為我國紡織及輕工業生產、銷售中心。一九三七年，受淞滬戰爭影響，上海紡織及輕工業產量大幅下跌，銷路受阻。長江封航又加劇了這一狀況。此時，武漢成為全國紡織及輕工業產品主要的生產中心，尤以紡織業為盛。武漢紗廠每天獲利均在六萬元以上。

國家強大，無外侮內亂；當局清明，奉實業為上。這是武漢近代工業發展成功的重要歷史經驗。

### （四）運作能力：需要一批具有遠見卓識的企業家

一八六三至一八八八年，武漢的第一批近代企業家主要來自俄、英、德、法等較早發生工業革命的歐洲國家；一八八九至一九〇七年湖廣總督張之洞主導創辦了二十一家官辦、官督商辦工廠，支援發展了一批民族企業；二十世紀二三十年代，武漢民族工業快速發展，在一九三七年初達到高峰。這三個時期都產生了一批具遠見卓識的企業家，成為推動武漢近代工業發展的重要力

量。

（1）漢口開埠與歐洲近代工業傳入時期

武漢第一批近代工業企業家主要來自於歐洲。他們是武漢近代工業的拓荒者，也使武漢近代工業從萌芽開始就深深捲入全球經濟貿易體系。

一八四七年，瑞典、挪威商人最早進入武漢進行國際貿易，但是俄國商人最早投資開工廠，巴諾夫、古賓、李凡諾夫等是其中的企業家代表。一八六三年，俄商巴耶夫創建漢口順豐洋行，並投資建成武昌府羊樓洞磚茶廠。一八六六年，俄商漢口新泰洋行建新泰磚茶廠，一八六九年左右巴諾夫出任磚茶廠大班，他既是俄皇尼古拉一世的親戚，也是善於經營的企業家和財閥，在他主持廠務期間獲利極豐。一八七三年，他與俄商莫爾強諾夫、彼恰特諾夫、拉薩丁等籌建了漢口阜昌磚茶廠，並使阜昌一度成為中國規模最大的製茶廠，在福州、九江、上海、天津、科倫坡和莫斯科設有支店。財力雄厚的巴諾夫又涉足建築業，在俄租界投資建設了漢口五國租界中面積最大的公寓「巴公房子」。一九〇二年左右，盛譽在身的巴諾夫出任俄國駐漢口領事。

漢口新泰洋行投資人之一古賓・阿列克謝・謝苗諾維奇，來自歐洲與亞洲分界處小城昆古爾，據稱是貨車司機出身。在中俄邊境的恰克圖經營茶葉獲得第一桶金後，古賓到漢口合夥開辦漢口新泰洋行並建立磚茶廠，向俄國輸出大量機製茶磚和茶葉，以至昆古爾後來成為「俄國茶都」。為表彰古賓對俄國經濟的貢獻，沙皇授予他議員職務和崇高的聖弗拉基米爾大公勳章。一八八三年古賓逝世後，其外孫盧卡申克・庫茲涅佐夫主持公司，使

其成為俄國最大、盈利額最高的茶葉公司，長期佔據俄國三分之一的市場份額。至今，大英博物館珍藏有漢口新泰磚茶廠的「雙錨牌高級磚茶」。

英國、法國、美國、德國、日本、比利時等國企業家涉及工業領域比較寬泛，也是武漢近代工業的拓荒者。

英國一度壟斷煙草業、航運業、紡織業以及為工業服務的金融業。連利洋行福雷瑟等在業內較為有名。英商柯三、克魯奇在市民中影響較大，一八九一年他們購下漢口法租界的一棟臨街建築創辦和利冰廠，一九一八年又籌建了和利汽水廠，都是武漢同業第一家 [92]。英商怡和洋行杜百里，任職大班二十餘年，先從事國際貿易後躋身建築業。建造了俄租界洛加碑路（今珞珈山路）的二十七棟三層西班牙風格公寓樓、西商跑馬場旁（今解放公園路）占地九點九萬平方米的高級別墅區「怡和村」等高級房產項目，時稱杜百里是「漢口王」。

法國在漢最大企業立興漢行前後任經理塔嘎、梯·葛田在業界較為知名。但是，普通市民對一九〇一年率先引進人力車、一九一二年率先引進計程車的法商梅旎更為熟悉。德商漢口美最時洋行設有進出口部、保險部、輪船部和電廠，經營多家工廠，前期企業家記載不詳。德商安利洋行董事長 H.E. 安諾德因毀譽參半出名，一九二三年他任職前後，興辦了桐油廠、蛋製品廠等五個廠棧，一九三五年公司建成壯觀的五層安利大廈（今武漢市人

92 《捷報》1891 年 7 月 3 日。

大常委會北樓），丹麥等國駐漢領事館設在樓內。聲譽達到頂峰時洋行破產，安諾德被迫離職。

（2）張之洞主導近代工業發展時期

湖廣總督張之洞主持「興實業」期間，重用盛宣懷等一批經營製造業、交通業、建築業的人才，民族工業也湧現出周仲宣、劉歆生、宋煒臣等傑出實業家。一八九六年，張之洞奏請朝廷派遣盛宣懷任盧漢路督辦鐵路大臣，同年奏請盛接辦漢陽鐵廠；一九○八年又支持盛宣懷策劃並主持我國第一家鋼鐵煤礦聯合企業─漢冶萍煤鐵廠礦有限公司。張之洞為確保鋼鐵、軍工、紡織業產品品質，許多工廠均高薪聘用歐洲專業管理人才，其中著名的是漢陽鐵廠總工程師、盧森堡鋼鐵專家歐仁·呂貝爾，為此他曾獲得清朝廷嘉獎。此後，張之洞又積極提倡官督商辦工業，扶持了一批民族實業家。早期，武漢的民族實業家多出身於洋行買辦和商業巨賈。外國洋行聘用的買辦多從沿海較早開埠的廣東、上海、浙江、福建帶來，一度達到八百人左右。此後，本地商幫買辦憑藉地域優勢興起。買辦階層一般信譽好、易於籌款，又基本精通國際貿易行情，因此許多買辦在獲得巨利後，脫離洋行，轉而投資興辦工業、建築業和交通業，成為清末民國初武漢民族工業大發展的重要推動力。投資商的籍貫，除本地商賈外，「其有力之商人，大概為廣東、寧波人」。近代，武漢比較著名的企業家有上百人，其中在國內知名的有：

「地皮大王」劉歆生，時與上海哈同、天津高星橋稱為「中國三大地皮大王」。劉歆生出生於武漢近郊東西湖，原名劉人祥，法商立興漢行、東方匯理銀行買辦出身。他利用地籍管理的

漏洞，以划船計價的方式獲得漢口城外幾十平方公里的湖塘荒灘的土地。一九○一年以後，他相繼投資創辦了歆記鐵廠、皮革廠、機器油廠、麵粉廠等十餘家工廠；投資興建了張之洞宣導的漢口電話局；提供土地，參與新建了數十萬平方米建築面積的漢口模範區。由於將現江漢路、揚子街等地塊私下無償出讓給英方，使漢口英租界擴大三分之一面積，英國女皇將漢口華界與英租界分界的馬路命名為「歆生路」（今江漢路）。劉歆生後因擴張過快和各方敲詐，欠下巨債，驚動了朝廷。宣統三年（1910）二月，朝廷諭軍機大臣等電寄湖廣總督瑞澂：「據電奏：漢口商人劉人祥積欠華洋各款五百餘萬，必須力與維持，請用湖北官商名義合借洋例銀五百萬兩，訂立合同，分二十年籌還。所有劉人祥地皮及建築物作為全省公產，陸續變還借款。」[93] 一代地王最終人疲財盡。值得一提的是，日軍佔領武漢七年期間，劉歆生直至逝世不與日軍和汪精衛政權合作。

「糧油大王」阮雯衷，一八九三年創辦漢口元豐號糧食行，一九○五年在德租界建元豐豆粕製造廠，擁有二百七十臺機械。此後，相繼開辦開封、許昌、駐馬店等地的蛋品廠、芝麻風選廠，在鄂、皖、魯、豫四省省會分設總廠。在張之洞支持下，阮雯衷成立元順運輸公司，在京漢鐵路上自備六十餘節火車皮並建有專有鐵路停車線。其投資達二百幾十萬兩白銀，雇用兩千多工

93　《宣統政紀》32 卷 7 頁。

人。[94]「水電大王」宋煒臣，號稱「漢口的中國頭號商人」。一八九七年，宋煒臣以協助上海的寧波幫領袖葉澄衷興建漢口燮昌火柴廠起家，創造當年投產當年盈利十八萬元的奇蹟。一九〇六年其邀約漢商萬伯等發起建成漢鎮既濟水電有限責任公司，其發電裝機容量占全國華商發電廠的三分之一，為漢口五國租界電廠總發電額的十餘倍。一九〇九年水廠建成，日供自來水可供十萬多人飲用，並引入漢口五國租界。時人稱道「吾國近時創辦電燈之處頗亦不乏，惟自來水殊不多。觀上海雖亦有此，迥不漢口若也」。漢鎮既濟公司成為晚清中國民營水電業的旗幟。此外，宋煒臣還會同顧潤章等建立我國最大的機器廠之一揚子機器廠等企業。

「機械大王」周仲宣，繼承父業，一九〇五年在漢陽創辦周恆順機器廠，連續製造出中國工業的多個首臺（套）：軋油聯合設備、抽水機、捲揚機、八十匹馬力蒸汽機等等。周恆順機器廠後成為我國八大機械廠之一，是抗戰後方的主要機械廠之一，至今衍生為多家大型國有機械工廠。

（3）民國時期

二十世紀三〇年代及四〇年代中期，是武漢近代民族工業發展鼎盛時期，其中機械、紡織、建築、交通業比較突出。

「建築大王」漢協盛營造廠業主沈祝三，一九〇八年起家，

---

94 洪余慶、任根德撰《漢口寧波幫鉅賈阮雯衷》，載《天下寧波幫》，中國文史出版社，2005年版。

是近代武漢最大的民族建築商之一，擁有阜成磚瓦廠、軋石廠、煉灰廠等。二十世紀三四十年代，漢協盛最多同時有四十多個工地，在全市建有五十六棟歐式建築和一批高檔里份。其建築多由其邀請來漢的英商景明洋行設計，建築宏大精美，近二十處是國家、省、市級文物建築，其中全國重點文物保護單位有四處。一九二九年開工建設的武漢大學建築群，由於全球金融危機和漏算開山建路等費用，虧本數十萬元，竟將其名下的三元里、三多里等資產抵貸，其誠信轟動一時。民國初，漢口的著名建築商大多是寧波人，包括一八九八年成立的武漢第一家近代華商建築商、建造英美煙草公司等工業建築的明錩裕營造廠周昆裕；建造了我國第一座英式鐘樓海關江漢關和漢口花旗銀行的魏清記營造廠魏清濤；建造南洋大樓、中國銀行大樓、交通銀行大樓和民眾樂園等的漢和順營造廠項惠卿，以及康生記的康炘生、鍾恆記的鍾延生等。我國第一位國外學成歸來的建築商，漢口六和營造廠的李祖獻也是寧波人。[95] 隨著武漢金融、商業、工業投資的地域拓展，武漢建築商在湖南、河南、江西、重慶等地也多有建樹。

紡織業在這一時期得到很大發展。「漢口租界內華商之父」鄧紀常，廣東香山人，利用擔任英國滙豐銀行漢口分行買辦積累的資金和經驗，投入鉅資承辦張之洞創辦的湖北織布、紡織、制麻、繰絲四局。「漢口首屈一指資本家」劉子敬，利用其父劉輔

---

95　參見寧波市政協文史委員會編《漢口寧波幫》，中國文史出版社，2009 年版，第 70-139 頁。

堂遺產和自己做德華銀行買辦的經驗，先後開辦或參股四家製蛋廠和震寰紗廠，並一度建有輔堂里、輔義里等多個里份。「棉花大王」黃少山，建有隆茂打包廠、松茂長棉花行等。同時，他涉足房地產業，擁有德林公寓、咸安坊等英、俄租界內一批高級公寓。其中，德林公寓為全國重點文物保護單位。「裕大華掌門人」蘇汰餘，繼徐榮廷後，一九二七年起任裕大華董事長長達二十餘年，他會同石鳳翔等人，使裕大華由武昌一個工廠擴展為在石家莊、西安、重慶、成都的五個紡織廠，並建成其他行業十餘家工廠，一躍成為二十世紀四〇年代我國規模最大的紡織企業，幾乎壟斷抗戰後方一半以上的紡織品市場份額。至今，裕大華仍為武漢最大紡織企業。

農產品深加工仍然是武漢重要的工業投資領域。「桐油大王」義瑞行的李銳，擁有收購、煉製、出口的能力，建有澄油廠等。一九二八至一九三七年的十年間，其提煉的桐油出口美國二十餘萬噸，占同期中國輸出美國桐油的百分之四十至百分之五十。[96]「中國紅茶之父」馮紹裘，畢生從事茶葉研究、推廣和生產，是著名的中國紅茶專家，是滇紅的創始人，也是祁紅、宜紅茶品的改良者，為我國培養出一大批茶葉專家。一九四九至一九五三年，馮紹裘曾任中南區茶葉公司副總經理、總技師兼漢口茶廠廠長。

---

96 漢口租界志編委會編《漢口租界志》，武漢出版社，2003 年版，第 143-144 頁。

武漢民族資本者，在清末民國初促進工業發展政策的引導下，致力於實業，聲名卓著。其中，紡織業有鄧墨林、李紫雲、劉季五、孫耀華、徐榮廷、陸德澤、李國偉、周星堂、魯履安、石鳳翔、黃文植等，化工業有陳經佘等，機械業有周仲宣、顧潤章、李維格等，輕工業有賀衡夫、韓水清、楊坤山等，建築業有劉子敬、鐘延生、李祖賢等，交通業有虞洽卿、盧作孚、史晉生、殷惠昶等。這些實業家或投資、控股多個工廠，或精心興辦一個企業，使武漢的工業和經濟得以快速發展。在工業發展過程中，武漢也出現了一批長期專任的職業企業家，如華商穗豐打包廠廠長王少甫等。王少甫主持該廠不久，產量就遠超實力雄厚的美商打包廠、官商的漢口打包廠。

武漢近代工業後來居上，在全國有較大影響，得益於許多實業家的抱負和智慧。一是許多武漢實業傢俱有遠見卓識，洞悉行業規律，精於策劃和布局，在內陸十餘個省市投資建廠。二是經營規範、重視品質、運營大氣，武漢許多工業產品遠銷海外。三是一批職業企業家熟悉國際工業貿易規則，精通英語或法、俄、德、日等國語言，能與外商直接合作，國際貿易和盈利能力較強。四是許多企業傢俱有工業興國的抱負，許多行業和產品瞄準的是國際和全國最高水準，敢於創新，特別是機械、建築業。在城市被日軍佔領前夕，武漢實業家選擇了同赴國難、工業救國，幾乎將全部中大型工廠都遷至抗戰後方，占全國西遷工業企業半數以上，成為工業抗戰的中堅力量。

武漢近代工業是中國近代工業發展不可或缺的組成部分，是武漢工業發展的原點所在。武漢近代工業的產生，是推翻中國封

建帝制的辛亥革命武昌首義的內生動力之一，是武漢成為發起組建中國共產黨的六大城市之一的主要因素。

現當代，武漢工業的可持續發展仍然需要借鑑這些重要的歷史經驗。

第二章——

近代武漢商業及傳統手工業

武漢是一座商業名城，境內武昌、漢陽、漢口三鎮商業盛況自唐以來，在各種歷史典籍中屢見不鮮，所謂「人煙數十里，賈戶數千家」。「亦足甲於天下」「天下四聚」「四大名鎮之首」等譽美之文章比比皆是，可見，武漢很早就以商業聞名於世。一八六一年漢口開埠，歐風東漸，東西方商業文明相撞，漢口瞬間「駕京、津、廣州」，「將進而摩上海之壘」，一躍為全國第二大貿易城市，被譽為「東方的芝加哥」，「大武漢」聲名遠播。

## 第一節 ▶ 帝國的商業中心之一

武漢地處中國東西水上商業路線和南北陸上商業路線的交叉點上，是全國東西南北貿易的樞紐，地位極為重要。遠在唐宋時期，漢陽、武昌的商業就已十分繁榮，而武漢重要的商業價值則是在明中葉以後，逐步為人們所認識。清初劉獻廷《廣陽雜記》中說漢口為我國西面最大商埠，雲南、四川、湖南、廣西、陝西、河南、江西之貨，都在此置辦。清嘉慶、道光年間，全國除新疆、西藏、蒙古、寧夏、青海等少數幾個省份外，長城以內的十八個行省，都與漢口有直接或間接的經濟聯繫，各省生產的商品夜以繼日運抵漢口，再由漢口向四面擴散。「上至礄口，下至接官廳計十五里，五方之人雜居，灶突重逤，嘈雜喧呶之聲，夜分未清。其外濱江，舳艫相引，數十里帆檣林立，舟中為市，蓋十府一州商賈所需於外部之物無不取給於漢鎮，而外部所需於湖北者，如山陝需武昌之茶，蘇湖仰荊襄之米，桐油墨煙下資江

THE MOUTH OF R. HANSHUI (THE JUNCTION OF R. YANGTSE AND R. HANSHUI) AT SIDE OF HANKOW, CHINA, NO. 2. ・二のそ・口の水漢ふ阪で輸入に漢川、口漢 (發風漢武)

THE MOUTH OF R. HANSHUI (THE JUNCTION OF R. YANGTSE AND R. HANSHUI) AT SIDE OF HANYANG, CHINA, NO. 1. ・一のそ・口の水漢ふ阪で輸入に陽、陽漢 (發風市武)

・武漢歷來是商家必爭之地,素有「貨到漢口活」之說。圖為民國年間漢水入江口桅帆相連

浙,杉木煙葉遠行北直,亦皆於此取給焉」[1]。市面上各種農、林、畜、副、漁產品,手工業品,礦產品及其他各類雜貨,如鹽、糧食、竹木、藥等貨堆積如山,日夜交易不停,它埠難以企及。以至於十八至十九世紀市場上形成所謂的「六大行」「八大行」。清葉調元在其《漢口竹枝詞》中寫道:「四坊為界市廛稠,生意都為獲利忙。只為工商幫口異,強分上下八行頭。」[2]著實道明地處內地中心,兼得江漢之利的武漢,其商業發達的盛況。

正如一位外國人說的「這個城市不僅在外表上看來是個適宜居住的地方,而且有充足的證據表明……正像一般人所猜測的那

1　章學誠纂《湖北通志檢存稿·食貨考》,湖北教育出版社,2002 年版,第 37 頁。
2　葉調元著,徐明庭、馬昌松校注《漢口竹枝詞校注》,湖北人民出版社,1985 年版,第 5 頁。

第二章・近代武漢商業及傳統手工業

159

樣，是中華帝國的大商業中心……來自中國各地的各式各樣的商品，在這裡大都可以看到」。[3]

## 一、武漢早期傳統商品市場的形成與發展

中國在漫長的封建社會進程中，統治者實行重農輕商，重本抑末的農工商政策，商業作為末業為人們所不為。然「占水道之便，擅舟楫之利」的武漢，從其形成之始就被賦予重要的商業功能，城市居民「俱以貿易為業」，操持商務成為城市居民的主要生存方式。清乾隆《漢陽府志》載：「漢鎮士民，不事田業，惟貿易是事，商船四集，貨物紛華，風景頗稱繁庶。」[4]「漢口一鎮，五方雜處，商賈輻輳，俱以貿易為業，不事耕種。」[5]這雖然說的漢口，但從中我們也可看出商業在武漢的重要地位。

### （一）武昌、漢陽商品市場的形成

武漢有悠久的商業歷史。武漢地區最早出現集市年代雖已不可考，但從學者研究成果及前人的記述中，我們可勾勒出其大致風貌。

唐宋時期，由於長江航運的發展和江南經濟的開發，中國封

---

3　轉引自《漢口：一個中國城市的商業和社會（1796-1889）》，中國人民大學出版社，2005 年 6 月，第 28 頁。

4　陶士偰修，劉湘煃纂乾隆《漢陽府志》卷十六，江蘇古籍出版社，2001 年版，第 128 頁。

5　陶士偰修，劉湘煃纂乾隆《漢陽府志》卷十六，江蘇古籍出版社，2001 年版，第 165 頁。

建社會經濟與文化的空前繁盛，商業流通與商品貿易異常發達。從現有的史料來看，武漢商業集市大致也形成於此時。

　　三國孫權在武昌建夏口城，是為武昌建城之始。這座城市距今已走過一千七百餘個寒暑，在這一千七百餘年的滄桑年輪中，武昌由一個軍事城堡日益壯大，逐漸發展為商業市鎮，元代它已取代江陵、潭州而成為湖廣行省的大區域行政中心，當時的武昌既是遼闊的湖廣地區的行政中心，又是元代威順王封國之所在。其行政、軍事、經濟功能都是空前的，而且這種地區的中心地位一直延續到明清。武昌最早在三國時就有市肆，今江夏靈泉山一帶土地肥沃，物產豐富，且東、南、北面皆瀕臨梁子湖，港汊縱橫，水運交通便利，「居聚致貨，民往往利之。」逐漸形成「靈泉古市」，「形勝甲於一邑」。「靈泉古市」是武漢迄今發現的最早的集市。

　　唐時，武昌為長江上下游的交通樞紐和貿易市場，商業漸成規模。武昌市集趨於發達則是在南宋後，乾道六年（1170 年）陸游閒遊武昌，繁華的武昌，勾起詩人無限感慨，他寫道：「至鄂州，泊稅務亭。賈船客舫，不可勝計，銜尾不絕數里。自京口以西，皆不及……市邑雄富，列肆繁錯，城外南市亦數里，雖錢塘、建康不能過，隱然一大都會也。」「漢陽門江濱上，民居市肆數里不絕，其間復有巷陌，往來幢幢如織，蓋四方商賈所集，

而蜀人為多。」[6] 錢塘、建康是世人所公認的中國古代最為繁庶之區，可是，在詩人的筆下，此時武昌之盛狀遠蓋錢塘、建康，為兩郡所不及。不僅如此，南宋中興詩人范成大《吳船錄》中也寫道：「泊鸚鵡洲前南市堤下，沿江數萬家，廛甚盛，列市如櫛，酒坊樓閣尤壯麗，外郡未見其比，蓋川、廣、荊、湘、淮、浙貿遷之會，貨物之至者無不售，且不問多少，一日可盡也。」[7] 南市，以在鸚鵡洲之南而得名，在今武昌漢陽門至文昌門沿江一帶。由此可見，武昌商業之繁華。

明中葉以後，江漢平原糧食生產有很大提高，糧食作為商品投入市場。兩湖的糧食不僅輸入本地區域的城鎮，而且大量輸入長江下游，以至於有「湖廣熟，天下足」的諺語。明萬曆年間，武昌成為湖廣地區頗負盛名的漕糧交兌口岸，當時湖廣漕糧每年的額度達四十六點五萬石，武昌金沙洲堤外停滿了大大小小的漕船，日夜川流不息，金沙洲不堪重負，裝滿米穀的漕船隻得改停武昌江邊的陳公套，陳公套遂成為漕船、鹽船的另一個停泊口岸。到清雍正年間，金沙洲與白沙洲淤塞，進入武昌商船覓往武昌武勝門外「水藏洲曲，可以避風，水淺洲回，可以下錨」的塘角停泊。[8] 使得塘角「商船賈舶，咸集於彼，築室列肆，百貨齊

---

6　紀昀等撰《四庫全書》史二一八之陸遊《入蜀記》，上海古籍出版社，1988 年版，第 906 頁。

7　武漢地方志辦公室、武漢圖書館編《民國夏口縣誌校注》卷十二，武漢出版社，第 235 頁。

8　武漢市地方志編纂委員會主編《武漢市志・商業志》，武漢出版社，1989 年版，第 7 頁。

萃」[9]，可惜的是道光二十九年（1849年）冬天的一場大火，將聚塘角的「千艘萬楫」，焚毀一空，損失達五百餘萬兩。林林總總，多角度地描述了武昌城市集的成型與興替。

在武昌商業生機勃勃之時，武昌南岸及該地的商事活動卻逐漸消亡，商業活動開始向漢陽轉移。

漢陽距今有一千八百餘年的歷史，自東漢末戴監軍在龜山之北築卻月城始，至隋大業二年（606年）正式命名為漢陽，漢陽歷經戰爭的洗禮，烽火的灼燒，至唐宋時已成為安居樂業的小市鎮，境內商業活動頻繁，商品交易隨處可聞。「殘燈明市井，曉色辨樓臺」[10]，「漢陽渡口蘭為舟，漢陽城下多酒樓」[11]，形象地勾勒唐代漢陽商業市景。「平日十萬戶，鴛瓦百賈區，夜半車擊轂，差鱗銜舳艫」[12]，則記述了宋時漢陽南紀樓一帶「百賈區」「舳艫」穿梭、車馬不絕，江邊茶、米、魚等農產品的交易正歡盛況，不僅如此，朝廷在漢陽設立榷茶務，壟斷荊湖南、北的茶葉貿易和運輸。而與此相隔不遠的今漢陽鸚鵡洲洲尾的劉公洲上更是熱鬧非凡，「公家之輸，私家之養，多賴於此」貿易，久而

9　武漢市地方志編纂委員會主編《武漢市志·商業志》，武漢出版社，1989年版，第7頁。

10　彭定求等編《全唐詩》卷七百一之王貞白《晚泊漢陽渡》，中州古籍出版社，1996年版，第4367頁。

11　彭定求等編《全唐詩》卷六百五十五之羅隱《憶夏口》，中州古籍出版社，1996年版，第4089頁。

12　紀昀等撰《四庫全書》集七十六之胡寅《登南紀樓》，上海古籍出版社，1988年版，第275頁。

久之，劉公洲便形成了「客舟蟻集」「朝夕為市」的水上市集，沒想到的是這一市集，卻因長江水勢的變化，存在不久即沉沒，商人們另覓他處。到元代，漢陽南岸嘴一帶是漢陽有名的商貿集散地，上游巴蜀、湖南運來的農產品，下游皖豫運來的食鹽和瓷器以及荊襄的棉麻等等，均由貨船運此，就地交易，至今漢陽地區仍存有棉花街，官府特設河泊所，管理這一帶的商品貿易。明代漢陽集市更多，明顧炎武《天下郡國利病書》載：「禹功磯旁之鐵門關，商舶鱗集，闤闠外屏」[13]，鐵門關附近也是一處商船雲集的處所。清初在原劉公洲的外側又淤起一洲，即現鸚鵡洲。鸚鵡洲的隆起，使這一地區消亡的商貿交易逐漸紅火，甚至超過劉公洲，成為武漢著名的竹木市場。湖北、湖南的木材商人在此交易木材，湖南商人看中此地，安營紮寨，佔據主動，成為鸚鵡洲上實力最強的幫派，經營木材生意，月積日累，從最初的三十家，發展到後來的五百多家，最終在鸚鵡洲形成竹木業有名的五部十八幫。

除此之外，漢陽府所轄的漢川縣的劉家墱，因處襄、漢、澴、郢、白五水合流處，因其獨特的地理位置，形成劉家墱集市，在明宣德、正統年間（1426-1449 年），僅商戶就以萬計，碼頭上「連艫累艦，百貨雲集」，街市上「重屋飛棟，五金山積」，每天成交額有數千緡之多。為了招攬客商，商家採取「駐

---

13　武漢地方志辦公室、武漢圖書館編《民國夏口縣誌校注》卷十二，武漢出版社，2010 年版，第 235 頁。

節有館，送使有舟」的經營之道。明廷於宣德六年（1431年）在此設置巡檢司、課稅局，正德十三年（1518年）又添設捕盜通判，後又改派漢川縣縣丞駐此，管理該處的經營。林林總總，不勝枚舉，給我們展示了一個自唐至清繁華、喧囂的漢陽。

　　漢陽、武昌兩地商業的繁盛，使得兩地的城市功能進一步提升，商業角色逐漸淡化，政治地位得到加強，兩地相繼成為地方各級政府駐地。漢陽為漢陽府轄四縣、一散州、一廳的駐地。武昌為武昌府轄一州九縣的駐地。故而，在政治地位日漸突顯之時，兩地的商品交換平臺開始向剛剛成鎮的漢口偏移，漢口商業遂得以迅猛發展，成為長江中上游一顆耀眼的商業明珠。

## （二）漢口的崛起與「清帝國最大的貨物集散地」

　　明代是中國社會經濟高速發展的時期。這一時期內，農產品數量直線上升，為農產品的商品化提供了可能。明代農業進步最突出的表現，是商品性農業在明代中後期獲得大規模發展，以生產糧食為主、家庭紡織為輔的自給自足性質的單一經營格局被逐漸突破，農民越來越深地捲入市場網路之中，為明中後期商業資本的發展奠定了基礎，促進了商人階級崛起，以及社會階級結構的改變。首先，明代城鎮經濟迅速崛起。以首都南北二京為代表的傳統大都市繁榮依舊，其次，以漢口為代表的新城鎮崛起，刺激了明代商品經濟和市場貿易的發展。

　　明成化年間（1465-1488年），漢水改道，漢口與漢陽斷開，其傍漢水一帶商船停泊於此，日夜裝卸貨物，漢口由一「荒洲」迅速成長為商業市鎮，與武昌的金沙洲市場「並饒貨，甲於全

楚」。「漢口自明以來，久為巨鎮，坊巷街衢，紛歧莫繪。」[14]「漢口鎮……為天下四大鎮之一，方輿書中盛稱之。今則自上海外，無與倫比，他三鎮不可同年語矣。」

漢口的商業，早期主要依靠鹽、糧、木材、茶葉。清初戶部規定，漢口「為商船聚集分銷引鹽之所」。淮鹽東來經此分銷兩湖達四億斤，明代漕政，湖廣向京都交納漕糧，衡、永、荊、岳、長沙諸郡應交的糧食，都在漢口交兌，再行轉運去京口。因之，長江中來鹽去糧的船隻絡繹不絕。「巨木如山寫蜀材」，為皇室大興土木需要採辦的官材和商民木材，從江河上游編筏放流，泊於漢陽鸚鵡洲，堆存交易，這些主要商品的轉運、交易帶動了其他各種產品的貿易，漢口漸次形成了糧、鹽、棉、茶、油、紙、藥材及洋廣雜貨「八大行」，而且為了方便貨物集散，各行大都集中於一方，尤其是在漢水沿岸設行棧、碼頭，形成專業市場。油市場多集中於打扣巷，每年來往油船一百五十艘。棉花市場與油市場相鄰，收棉季節，每日運棉船常聚數百艘於此；米市場在沈家嘴一帶；雜糧市場在楊家河一帶；每至市場旺季往來船隻達兩百至三百艘。薪炭市場在集家嘴一帶，與米市場相對，經常停泊薪炭船一百餘艘。據統計，到十八世紀中葉，武漢市場上流通交易的商品共有十八大類，二百三十餘品種，所謂「四海九州之物不踵而走，特形異物，來自遠方者，旁溢路

---

14 范鍇著《漢口叢談》卷二，湖北教育出版社，2002年版，第74頁。

積」。[15] 本省的各種魚類，湖南及湖南、湖北交界的茶葉和雜糧，漢水流域的花布與時鮮水果，江浙的絲綢、海產品，山西、陝西的牛羊皮毛，安徽的茶、油與文房四寶，四川的桐油、紅材，福建

・1931年漢口總商會大樓

的瓷器、果品，雲南、貴州的木耳、生漆等，皆於武漢彙聚，然後經武漢向四周擴散。漢口是漕糧和淮鹽的轉運中心，四川、兩湖的漕糧在此中轉到江蘇、上海等地，然後通過運河和海運運往天津、北京，兩淮鹽業集中運到漢口後，再分銷到兩湖、西南、西北等省。商業的發達，使漢口迅速發展，超過其他歷史悠長的城市，成為湖北乃至華中地區的商品集散中心。清初有人稱之為「天下四聚」之一。「北則京師，南則佛山，東則蘇州，西則漢口，東海之濱，蘇州而外，更有蕪湖、江寧、杭州以分其勢，西則唯漢口耳」。[16] 漢口已是「楚中第一繁盛處」，「清帝國最大的貨物集散地」，「九州諸大各鎮皆讓焉」，「漢口存在的理由就是貿易」。漢口商業的繁盛帶動漢口城市的發展，漢口迅速超越先

15 學誠《湖北通志檢存稿・湖北通志未存稿》，湖北教育出版社，2002年版，第35頁。

16 獻庭著《廣陽雜記》卷四，中華書局，1957年版，第183頁。

期建城的武昌、漢陽，成為名副其實的商業名鎮。

## 二、武漢近代貿易的勃興與轉型

歷史的發展是不以人的意志為轉移的，正當武漢沿著既定封建軌道，慢慢朝資本主義商品潮流邁進時，中國歷史卻誤入歧途，陷進半殖民地、半封建的深淵，在西方列強的堅船利炮之下，中國封建經濟秩序逐步解體，傳統商業開始分化瓦解，從商品的結構、行銷理念、行銷方式，到商業組織結構、市場結構等諸方面發生變革。與此同時，武漢經濟社會革故鼎新，在所謂的「華洋互市」中，武漢商業出現了前所未有的發展與提高，在外洋的擠壓下，迎來近代商業畸形繁榮。

### （一）武漢近代商品貿易的勃興

#### 1. 傳統優勢商品交易量擴大

武漢因商而興，全國各地手工業產品、農副土特產品在此集中，轉輸流通。如廣東的鐵器、成藥、手工藝品，蘇浙的絲綢，松江的大布，揚紗蜀錦，川閩欄杆，北京靴鞋，湖筆徽墨，以及湖廣川湘之米，雲貴的山貨、桐油，陝甘的山貨皮毛，皖贛的茶葉等都彙集於此，向四方流通。開埠後，傳統優勢商品在外力的排擠下，以其旺盛的生命力捲入到國際市場的迴圈中，受國際市場的支配，交易量進一步擴大。

#### （1）茶葉

茶葉是漢口傳統大宗貿易，交易量始終位居武漢商品榜首。漢口未開埠前，武漢已是國內主要的茶葉市場，所有湖北、湖

南、河南、陝西、廣西、貴州等省及江西、安徽出產之部分，都集中於漢口，由漢口向四周散發，交易量非常可觀，但以銷往國內各大商埠為主。一八六一年漢口闢為通商口岸，茶葉銷售大部分為外商壟斷，俄商的順豐、新泰、阜昌、百昌、源太、天裕、祥太、義昌、巨昌，英商的天祥、公信、寶順、怡和、廈大，德商的嘉樂、美最時、協和、杜德、柯華威等洋行，均到武漢及其周邊地區採購茶葉，運輸回國，從此，由漢口出口的茶葉超過上海、廣州、福州、九江而居首位，一般占全國出口總量的百分之六十左右。「漢口自闢為通商口岸後，帝國主義者紛紛來漢經營茶葉。一八六三年帝俄商的新泰、順豐、阜昌等洋行，先後在漢口開業和設立磚茶廠。據說這幾家洋行的營業總額，每年都在紋銀三千萬兩以上。繼俄商來漢經營茶葉出口的，有英商怡和、天祥、太平、寶源……」[17] 除此之外，俄商在武漢設有順豐、新泰、阜昌磚茶廠，除代各行加工外，主要是自己收購，製成磚茶出口，平均日產四百零八擔。

一八九〇年以前漢口茶葉出口在七十萬到八十萬擔之間，最高年份達一百二十萬擔，盛極一時。「一八九二年運往俄國的茶葉二千七百萬磅，一九〇〇年運去四千三百萬磅。大量茶葉都經由漢水運往西伯利亞和蒙古……磚茶和片茶的貿易日益重要，現在每年約二十萬擔運往俄國本部，平均約二萬五千擔運銷於西伯

17 曾兆祥主編《湖北近代貿易史料選擇輯》第 1 輯，1984 年版，第 28 頁。

利亞和蒙古。」[18] 俄國茶商是武漢茶葉的主要收購商，俄國是武漢茶葉的主要出口國。

表 2-1 漢口磚茶輸俄數與華茶輸俄總數對照表（擔）

| 年份 | 華茶輸俄數 | 漢口磚茶輸俄數 | 漢口磚茶占總數 |
|------|------------|----------------|----------------|
| 1869 | 111.888 | 73.758 | 65.9% |
| 1874 | 198.445 | 83.402 | 42% |
| 1876 | 427.547 | 96 333.57 | 21.6% |
| 1877 | 347.134 | 90 365.73 | 26% |
| 1878 | 336.467 | 111 641.44 | 34.9% |
| 1891 | 690.196 | 255.703 | 37% |
| 1892 | 571.477 | 244.100 | 42% |
| 1900 | 468.549 | 390.200 | 80.9% |

注：錄自皮明庥、馮天瑜等編《武漢近代經濟史料》，第 59 頁。

### （2）胡麻

胡麻，即芝麻。「漢口輸出大宗貿易除茶外，就是胡麻，一九一二年胡麻交易則淩駕其上，成為漢口最大貿易。宣統元年（1909）漢口芝麻輸出價額竟進至一千零四十六萬兩，約占全國芝麻輸出額的百分之九十，所以外人謂漢口前為茶貿易港，今當更名為芝麻貿易港矣」。民國初年由於價優，農民種植芝麻更

---

18 原文出自《通商華洋貿易總冊十年報告》，1892-1901 年份上篇目第302 頁，漢口。轉引自曾兆祥主編《湖北近代貿易史料選擇輯》第 1 輯，1984 年版，第 14 頁。

廣，加之芝麻產地印度減產歉收，而德國、義大利等國新建了許多榨油工廠，以新法提煉淨麻油而代橄欖油，芝麻的需求量增多，因而外商從漢口購進芝麻更多。芝麻分黑、白、黃三種，皆為制油之原料。油量以黃麻為最多，白麻次之，黑麻最少，產地湖北為老河口、黃安及荊州一帶。河南陳州為著名黃芝麻生產地，湖北、河南所產芝麻均集中於漢口，或由漢口轉輸入於國外。一八九八年芝麻與五年前貨值相比較，增加了百分之百。

表 2-2 胡麻輸出情況

| 年份 | 胡麻輸出額（石） | 價格（兩） |
|---|---|---|
| 光緒三十三年 | 663 267 | 3 816 335 |
| 光緒三十四年 | 1 641 778 | 833 817 |
| 宣統元年 | 1 917 160 | 10 467 692 |
| 宣統二年 | 2 068 361 | 10 961 920 |

### （3）棉花

漢口棉花市場交易額僅次於上海，是中國第二大棉花市場，又是華中地區最大棉花交易市場。從元朝以來，棉花就成為漢水流域重要的經濟作物和商品。漢水兩岸遍植棉花，尤其是位於漢水南岸的天沔地區（包括天門縣與沔陽洲）的經濟與棉花的關係最為密切，棉花貿易是湖北商人居支配地位的極少數貿易項目之一。漢口除了吸納大量的湖北棉花外，湖南、河南等中國主要產棉區的棉花大部分都集中於漢口，集中到漢口的棉花除小部分供武昌紡織局用外，大部分均調往省外和出口。「漢口棉花一八九

五年出口貨值 520767 海關兩，占全年出口貨總值的 1.4%，一九
〇五年出口貨值 3910404 海關兩，占全年出口貨總值的
6.1%。」[19] 又據一九〇四年統計，「武昌紡織局約 108000 擔，
逆長江而上進入四川的有 39600 擔，進入湖南、貴州、雲南的約
有 216000 擔，調上海和出口日本的 390000 擔」[20]。由漢口出口
的棉花，國內以上海為主，天津、青島次之，九江、蕪湖又次
之。國外則以日本為大宗。由此可見，漢口為華中地區最大的棉
花市場。

（4）牛皮

牛皮在武漢出口貿易中雖不數一數二，但也不失為大宗。舉
凡河南、四川、湖南、湖北、陝西、甘肅、江西、貴州、山西等
省所產牛羊皮，均彙集於漢口，由漢口銷往國外牛羊皮貿易數目
是很可觀的。漢口牛羊皮貿易盛於清末至民國初，衰落於民國十
五年以後。旺期每年產十萬擔至十六七萬擔，平均每擔價格從四
十至七十兩不等，大部分出口歐美，只有少部分供應國內市場。
漢口集散之牛皮以產自河南為多，貨色以四川為最佳。經營此業
者華商約四五十家，大都集中於漢口廣益橋，洋商則有美最時洋
行、瑞記洋行、寶順及元亨等幾十家洋行。「牛皮貿易在繼續發
展，據我所知，因為中國牛皮是用砒霜鞣制，不可用手去拿，故

---

19　轉引自曾兆祥主編《湖北近代經濟貿易史料選輯》第 1 輯，湖北省志
　　貿易志編輯部，1984 年版，第 51 頁。
20　轉引自曾兆祥主編《湖北近代經濟貿易史料選輯》第 1 輯，湖北省志
　　貿易志編輯部，1984 年版，第 41 頁。

最初在倫敦市場上是不受歡迎的。既然現在已不用砒霜作防腐劑，在歐洲似乎比較行銷了。據說義大利銷納由漢口出口的很大一部分牛皮，幾乎包括一切較輕的品種。雖然從事這種貿易的人數日益增加，競爭愈加激烈，但這項貿易仍然有利可圖。」[21]

表 2-3 1867-1880 年由漢口出口牛皮量

| 年份 | 數量（擔） | 價值（兩） | 年份 | 數量（擔） | 價值（兩） |
|------|-----------|-----------|------|-----------|-----------|
| 1867 | 146 | 1.392 | 1881 | 38.518 | 473.525 |
| 1868 | 7 | 78 | 1882 | 34.946 | 386.148 |
| 1869 | 41 | 437 | 1883 | 64.017 | 678.553 |
| 1870 | 6 | 63 | 1884 | 88.023 | 960.749 |
| 1871 | 329 | 4.272 | 1885 | 90.412 | 941.113 |
| 1872 | 3.971 | 63.275 | 1886 | 86.721 | 996.247 |
| 1873 | 4.698 | 37.586 | 1887 | 80.914 | 828.206 |
| 1874 | 5.953 | 42.743 | 1888 | 87.824 | 922.343 |
| 1875 | 5.156 | 43.714 | 1889 | 60.975 | 701.890 |
| 1876 | 14.882 | 126.494 | 1890 | 60.271 | 714.951 |
| 1877 | 56.627 | 453.081 | 1891 | 67.521 | 653.231 |
| 1878 | 41.350 | 352.559 | 1892 | 62.911 | 495.065 |
| 1879 | 25.514 | 241.272 | 1893 | 95.597 | 752.747 |
| 1880 | 20.623 | 252.962 | 1894 | 119.002 | 1 089.919 |

注：《原文出自《Trade Reports》，轉錄自《湖北近代經濟貿易史料選輯》第
2 輯，第 304 頁。

---

21　原文出自《Torode Reorts》1883 年版，《漢口》第 78 頁。轉引自曾兆
　　祥主編《湖北近代經濟貿易史料選輯》第 2 輯，湖北省志貿易志編輯
　　部，1984 年版，第 304 頁。

表 2-4 漢口牛皮西洋商號（1918 年）

| 商號 | 國籍 | 外員人數 |
|---|---|---|
| 安利英洋行 | 英國 | 11 |
| 瑞記 | 德國 | 12 |
| 德勝公司 | 德國 | 2 |
| 德太 | 美國 | 3 |
| 義華 | 意國 | 4 |
| 怡和 | 英國 | 19 |
| 福太 | 法國 | 1 |
| 永興 | 法國 | 1 |
| 萬興 | 比國 | 2 |
| 黃太 | 日本 | |
| 內藤商會 | 日本 | |
| 合資會社高田商會出張所 | 日本 | |

注：引自《湖北近代貿易史料選輯》第 2 輯，第 312 頁。

另外，生漆、桐油、藥材等傳統商品的交易量也有不同程度的增加，呈逐年遞增趨勢。

### 2. 新商品層出不窮

漢口開埠前，已有少量的歐洲工業品運到漢口，再由漢口向附近地區轉銷。清代中葉，國外的日用工業品，當時稱為「舶來品」，逐漸由海道經廣州進入武漢市場，但品種、數量極有限，對整個市場影響不大。武漢「港口一開（外國人）便立即趨之若

鶩」[22]，英、法、德、日等國商人相繼來漢開設洋行，他們通過買辦在武漢及鄰近省份推銷機制棉布、日用百貨、染料靛青、五金器具、交通器材等新型商品。與此同時，上海一些洋貨商號，為打開長江中上游地區巨大市場，絡繹不絕來漢設立分店，並直接從上海輸入日用工業品，在中外商人的共同打造下，華洋雜貨、搪瓷口杯、料器玻璃、香粉香皂、鐘錶眼鏡、唱機樂器、皮鞋皮貨、染料業、無線電行、化工原料行、機制油漆業、汽車行、車輛零件行、儀器行、電器電料業等外國商品充斥武漢商店的貨架，武漢儼然成為內地經銷進

a

口商品的最大商埠。這些洋貨「已成了一般商店的商品。在漢口街上和武昌、漢陽城內，開設了十家這樣的商店，以供應本地人的需求」。[23] 為「迎合中國人嗜好的不勝枚舉的某些小東西」[24]，「除洋布大宗之外，一切日用，皆能體華人之心，仿華人之制，如藥材、顏料、瓶盅、針紐、肥皂、燈燭、鐘錶、玩器，悉心講求，販運來華⋯⋯」[25] 這樣人們也就「不自不覺地用

22 姚賢鎬著《中國近代對外貿易史資料》，中華書局，1962 年版，第685 頁。
23 姚賢鎬著《中國近代對外貿易史資料》第二冊，中華書局，1962 年版，1 105 頁。
24 姚賢鎬著《中國近代對外貿易史資料》第二冊，中華書局，1962 年版，第 1 105 頁。
25 柯來泰：《救商十議》，見《皇朝經世文》三編，第 31 卷，第 3 頁。

起外國貨」。[26]

（1）洋紗洋布

清光緒年間，武漢已有販賣洋紗的攤子戶，但為數有限。其貨源來自廣州，產品有「紅人槍」「紅洋房」等印度棉紗。隨著外國資本主義經濟侵略的深入，英、法、德、日等國先後來漢開設洋行，輸入漢口最多的商品漸變為洋紗、洋布。加之武漢市民也看中「洋紗包裝緊密，不易受潮，損失很小」，「用印度洋紗織成的粗布堅固耐用，一如中國的土布」，且價廉物美，紛紛購買，致使洋紗一度成為緊俏貨物，市面供不應求。棉紗為「本鎮近年最旺生意，各國所制又以日本十六子〔支〕頭為第一，數月以來，隨到隨銷，幾至無貨應市。蓋由粗細合度便於四鄉婦女之梳織故也」。[27] 又「〔漢口〕據雲用棉紗織布，較中國棉紗大為便宜，故銷行甚開，印度紗之銷路更廣者，以其價廉於英國也」。[28] 因此，武漢大量進口印度紗，一八八八九年進口1519200 磅，一八九〇年增長為 16920967 磅，一八九一年進口量達到 17475200 磅，輸入漢口的洋紗，除供本地紡織戶之需外，河南、陝西等地的客商也來漢口進貨。

在漢經營棉紗的洋行有英國怡和、老沙遜、安利英、德商禮

26　姚賢鎬著《中國近代對外貿易史資料》第二冊，中華書局，1962 年版，第 1095 頁。

27　《湖北商務報》第十一冊，光緒二十五年七月。

28　轉引自殷增濤主編《武漢對外開放史》，武漢出版社，2005 年版，第138 頁。

和等，牌子有「五福」「牧羊」「五子」「送子」「聚寶盆」，以及原有的「紅人槍」「紅洋房」等，洋行為了打開銷路，雇用華人當買辦，由買辦負責將棉紗銷售給經營棉紗的攤店，並採取賒銷方法，即先取紗，後付款，賒期一般為十五天。由於進口的棉紗比國內手紡的土紗色白條細，深受各織戶歡迎，所以販買棉紗的攤戶就陸續改為棉紗、匹頭兩者兼營或專營棉紗的商號，如當時的義和祥匹頭、洋紗號和胡瑞記洋紗號。一位英國人稱：「這種情況令人滿意，我希望這種洋紗成為一種最重要的進口貨物。」[29]

十九世紀末，在日本政府的鼓勵下，日商三菱、伊藤、三井、日信等洋行也大量運進日產棉紗，與歐美洋行爭奪市場。日本棉紗品種較全，如十六支「美人舟」「丹鳳」、二十支「財神」、二十支和三十二支「雙鹿」等。在銷售上日商洋行不雇用買辦，只雇用華人為經手售貨人，由經手人負責銷售，也採取賒銷的辦法，賒銷期為四十天，大大便宜於歐美洋行，因而銷售日漸擴大，「從一八九五年的 150 擔到一八九八年的 260.332 擔，在相當範圍裡取代了印度棉紗」。[30] 到辛亥革命前，漢口的紗號已有二十多家，計有葆和祥、胡瑞記、義和祥、大德裕、同升恆、晉裕、寶康、太和、同順祥、復興祥、履恆、畢仕豐、振興等號。

29 轉引自殷增濤主編《武漢對外開放史》，武漢出版社，2005 年版，第138 頁。
30 伊莎貝拉・伯德著，卓廉士、黃剛譯《1898：一個英國女人眼中的中國》，湖北人民出版社，2007 年版，第 59 頁。

（2）洋油

自煤油燈取代香油燈後，洋油就進入中國。洋油進入武漢，約在光緒二十七年（1901），是由美國人帶頭的。據《光緒二十七年漢口華洋貿易情形論略》中稱：德商瑞記行代聶爾行運來蘇門答臘散艙煤油三百七十萬加侖，卸入德租界下五里丹水池之煉油池內，在該地裝箱發售漢口及其附近地區。德商咪吔行亦代洛亞行建池儲油，其第一船油不日可到。還有「美孚行小輪一艘，每次由寧波至上海載煉油來漢而運雜貨直赴寧波」[31]，這些運到漢口的洋油，除各行自銷外，主要委託其他洋行經銷。早期在武漢經營洋油的還有美國的美孚石油公司。

美孚石油公司是美國最大的石油公司之一，總部設在紐約，中國總公司在上海，下設天津、青島及漢口三分公司。漢口分公司於一九〇三年開業，名為美孚公司漢口分公司。營業部設在漢口沿江大道一〇二號花旗大樓內，油棧設在漢口岱山區江岸路十一號。下設西安、鄭州、九江、沙市、南昌、宜昌、常德、衡陽、老河口、黃石港、重慶各油廠。

漢口美孚在漢主要銷售煤油，品牌有「美孚」「虎牌」「鷹牌」三種商標。另出售少量汽油、機油、滑機油、柴油、蠟燭、白蠟、凡士林以及煤油用具涼氣燈、草帽燈、罩子燈等，後又增加「虎牌」和「鷹牌」煤油。美孚在漢口行銷是委託漢口順記廣貨店（葉澄衷所辦）獨家經營，美孚按實銷金額的百分之二到三

---

31　曾兆祥主編《湖北近代貿易史料選輯》第 3 輯，1985 年版，第 77 頁。

給予傭金，但因燈具原因，銷路一直不暢。為擴大銷路，美孚甩掉順記，委託德商咪吔洋行代銷，並運來大批煉油照明燈具，一併銷售，解決用燈問題。咪吔洋行也採取一些新措施，如派人到處張貼廣告，向行人贈送商標彩畫，進行廣告宣傳，增加經銷商，劃定一定區域指定一家經銷商獨家經營；給利於經銷店，不隨意漲價，根據經銷店的業績，分別給予百分之二的

· 漢口日商日隆洋行東西洋廣雜貨店

手續費。經此改革，美孚逐漸打開了漢口銷路，市場日漸開拓，獲利亦豐厚。一九二〇年後英國亞細亞公司、美國德士古公司先後在漢口設立分部，加入洋油市場的競爭。

（3）洋糖

洋糖也是隨著洋貨的來華而輸入漢口（洋糖有頭車、二車、三車之分，但價格相差無幾，每袋約一百五十磅，價格在三十五元左右。另有砂糖、塊糖、冰糖等品種）。開埠初期，武漢糖業市場全由太古、怡和兩洋行控制。太古每年輸入漢口達二十萬擔，怡和輸入八萬擔之多。日俄戰爭以後，日本政府鼓勵日糖出

口，日本三井、三菱洋行、日本棉花股份公司漢口支店（日信洋行）、豐田棉花股份公司漢口支店（東興洋行）在漢口設立精製糖股份公司，製造精製糖，採取虧本出售，日本糖很快佔領武漢市場，充溢武漢的大街小巷，本土糖商損失慘重。

日資洋行並不滿足於武漢糖業市場，為獲取更大的利潤，他們將觸角伸到湖北的宜昌、沙市、藕池、黃石、鄂州、蘄春、武穴、漢陽（蔡甸鎮）等較大商埠。在以上各地區選定一二家商號，由洋行將糖運到商號，再由商號批發給一些小商戶。為了籠絡這些大商號，日商採取先賣貨後付款的方式，貨有期貨和現貨二種，大的商家多半買期貨以及拋盤成交，可以拋售三月或半年，到期出貨。中戶則完全現貨現款。另外，日本洋行為了與英商太古、怡和競爭，採取賒銷，日本洋行先將貨賒給商戶，即先拿貨後付款的方式，賒銷期限短則一月，長則五十天，沿途費用皆由日本洋行付出，商戶只需到碼頭取貨即可，有的甚至直接送到商店門口，在此推銷下，日本糖占百分之七十的市場，英商只占百分之三十。英商太古、怡和逐漸敗下陣來。

表 2-5 漢口砂糖輸入總額

| 年份 | 擔 | 兩 |
| --- | --- | --- |
| 明治三十四年（1901） | 197 406 | 1 045 047 |
| 明治三十五年（1902） | 325 706 | 1 582 008 |
| 明治三十六年（1903） | 227 285 | 1 129 641 |
| 明治三十七年（1904） | 373 548 | 1 140 824 |
| 明治三十八年（1905） | 334 011 | 1 873 136 |

（4）蛋品

漢口是中國蛋品加工的濫觴之地。清光緒十三年（1887 年）德商禮和洋行和美最時洋行在漢開設兩個蛋品加工廠，開啟了武漢蛋品業的先河。

蛋粉業的原料為雞蛋，湖北乃魚米之鄉，有「千湖之省」的美譽，家禽養殖業發達，農戶家家都飼養了雞、鴨，蛋資源相當豐富。德商來漢後，見湖北蛋源豐富，因而在漢口開設禮和、美最時、元亨等蛋品加工廠，生產各種蛋製品。繼德商之後，英、澳、比、法國商人及我國本地商人也加入此行業，先後在漢開辦了和記、和盛、瑞興、公興等蛋品企業，因而漢口成為當時中國蛋製品的最大加工基地，各種蛋製品由武漢銷往世界各地，英國、德國、荷蘭、比利時、法國、美國是其主要的購買者。蛋品自光緒二十八年（1902 年）輸出國門後，此後數量及價值不斷增加，至民國九年（1920 年），占全國輸出額第六位，年達二點一餘萬海關兩。漢口為主要的蛋品生產基地，其輸出額之巨可想而知。但因資料缺失，武漢地區早期的出口量已無從知曉，現列出一九三一年漢口、上海、青島、天津全國四大蛋品生產基地的出口量，我們從中可大致瞭解漢口蛋製品銷售的盛況以及在武漢的規模。

表 2-6 一九三一年上海、青島、天津、漢口四城市輸出蛋類的數量比較

| 種類 | 上海 | 青島 | 天津 | 漢口 |
|---|---|---|---|---|
| 鮮蛋 | 78 020 | 159 468 | 131 889 | 83 069 |
| 皮蛋、鹽蛋 | 11 530 | | 16 | 2 |

| 種類 | 上海 | 青島 | 天津 | 漢口 |
|---|---|---|---|---|
| 乾蛋白 | 11 410 | 1 510 | 18 115 | 14 906 |
| 乾蛋黃 | 8 082 | 1 661 | 31 692 | 13 606 |
| 乾品 | 6 690 | | 73 | 3447 |
| 凍蛋白 | 33 737 | 8 075 | 20 153 | 15 358 |
| 濕凍蛋黃 | 74 829 | 4 414 | 35 555 | 56 406 |
| 濕凍蛋品 | 270 925 | 121 910 | 166 102 | 70 607 |
| 合計 | 495 223 | 297 038 | 403 595 | 257 401 |

從上表我們可以看出，漢口的蛋製品初期其交易量在全國居第一位，後由於其他地區的發展，武漢的蛋品交易逐漸下滑，已不及其他三個城市，但其交易量也不低，交易品種與其他城市相當，是長江中上游蛋製品交易中心。

（5）鐘錶、五金、顏料

十七世紀，義大利傳教士利馬竇把自鳴鐘帶到中國，掀開了中國人使用機械時鐘的歷史。武漢的鐘錶零售業始於十九世紀末，是漢口開埠二十到三十年後才出現的。據一八九九年《湖北商務報》第七十五期上載：漢口鐘錶店有亨達利、播喊、利喊、宜喊、正記怡喊，美最時、廣盛裕、東肥洋行等，亨達利、播喊、兩怡喊、喊利在河街。美最利、宜喊、廣盛裕在正街。

武漢經營鐘錶的大多集中於漢口英、法租界區內，他們除經營鐘錶外，還兼營眼鏡、唱機、唱片，甚至樂器、文具等一些新奇商品及鐘錶、唱機、眼鏡的修理。資本少則五十萬元，多則一千兩百萬元以上，武漢人最鍾愛的鐘錶行屬亨達利鐘錶眼鏡行。

亨達利鐘錶店主要經營歐美等國鐘錶，與上海亨達利、三五鐘廠、香港華明行、寶亨行有長期供貨關係。以門市零售為主，兼為客戶定制安裝各種門樓大鐘、維修鐘錶，以技術精細盛譽於市。

五金業是在漢口開埠前後新興的行業。最初，英商以廢舊船板改為條塊（俗稱「剪口鐵」）和廢舊鋼絲繩運漢傾銷，後又

‧二十世紀三〇年代，漢口今中山大道上的亨達利鐘錶行（圖左）

運入五到七尺長的小型方鐵和各種五金工具機械。夏口廳職官朱平山開設的裕和仁鐵號，是為武漢現代五金業鐵號之始。一九〇九年後，上海商號來漢開設分店，經營品種有鋼鐵型材、機械配件。十九世紀八〇年代贏得「上海五金大王」之稱的葉澄衷，先後在全國各地開設三十八個順記五金號分號，漢口順記是其中之一。在漢口中山大道天津路一一〇六號瑞昌五金號，是武漢另一家比較大的五金號。隨著武漢五金業迅猛發展，有眾多寧波商人加入此業，如順記承、裕記等五金號，均為浙幫人所開設，寧波人因此有「五金魁首」的稱號。

電料業是伴隨電燈的產生而出現的。一九〇五年，英商創立漢口電燈公司，一九〇六年，德商和日商也設廠發電，一九〇六

年，寧波商人宋煒臣籌辦漢鎮既濟水電股份有限公司，一九○八年建成送電，這些電燈公司的陸續開辦，帶動了為其服務的電料行的興起。一九一九年漢口電器業有三十四戶，一九三九年，發展到一百一十戶，抗戰勝利後，達兩百餘家。韓秀記是武漢最早的電料行，以安裝修理為主，販賣為輔。義成電料行、東華電料行都是以安裝服務與翻新銷售相結合的綜合性商店，經營範圍為電工、電訊、電料等大類商品，武漢的電料行實行多途進貨，電訊商品除從上海進貨外，以標購國民黨軍隊通訊器材為主要來源，一九四九年後，從香港訂貨；電料商品進貨地先是上海，後為港穗，且在當地加工冠以其他廠牌出售。

外商的靛青和顏料銷來武漢大約是在清光緒三十年（1904年），由上海轉銷而來，大約在第一次世界大戰期間，德和公、謙和、萬順豐在漢口直接設立分號，銷售靛青。武漢的顏料銷售由德商瑞記和禮記洋行委託汪謙和、怡記、汪廣和、謙益等在洋廣大雜貨店經銷，後又有美商南星、恆信和英商蔔內門等洋行委託發祥、祁萬順、協太和三家代銷，當時武漢人將德商愛禮司、謙信、瑞商汽巴稱為「三老牌」。南星、蔔內門、恆信則稱為「三新牌」。

在銷售顏料的眾多公司中，以美商南星公司銷售量最多。他們委託漢口商人馬圻源充當買辦，為其擴大在武漢的銷售。

（二）武漢近代商業的轉型

當武漢商業組織與管理向西方靠攏之時，武漢境內商業結構與商品流通也發生著轉變，即由內陸貿易向外向型貿易轉移。

1. 西方商業元素的誕生

一八四○年，西方資本主義殖民者用炮艦轟開了中國的大門，一八四二年英國海軍艦長柯林遜驅動兵艦自吳淞口上航至漢口，這次初探性的「駕臨」，決定了武漢這個堂奧之地無可爭議地成為內陸通商口岸之一，同時，也成為外國資本主義掠奪內陸經濟的戰略要地。一八六一年三月，漢口開埠，外國人蜂擁而至，他們在不平等條約庇護下，辟領館，建洋行，設工廠，武漢舊有的社會秩序被打亂，儒家傳統思想與商業行為受到挑戰，武漢商業面臨危機。就是在這種危機中，武漢商業精英們積極進取，主動吸吮西方商業文明的養分，揚棄傳統商業之糟粕，自覺加入近代西方商業模式的行列，並創建蘊含近代西方商業色彩的管理機構，推動武漢商業近代化進程，促使武漢向國際化都市邁進。

（1）創辦江漢關

武漢是中國歷史上較早設立海關的城市，它是武漢城市近代商業的顯著標誌之一。江漢關的設立可謂一波三折。早在一六六五年，清政府在武昌省城漢陽門外白鱔廟下濱江設有武昌廠關，稱為「常關」，亦稱「秒關」（水陸交通要道或商品集散地設立的國內商貨徵收通過稅的稅務機關），徵收船料船鈔，即現在的噸稅，不收貨稅。一八五七年湖廣總督官文又在武漢分別設游湖關（在今諶家磯）、宗關（在漢口襄河口內上茶庵）、朝關（漢陽縣沌口）、紅關（江夏縣壇角下紅社壇）、白關（江夏縣石嘴）、漢關（漢口下茶庵）六處稅關，以稽查船隻，徵收船料稅銀。並另設土 關（漢口後湖土壋）、蔡甸巡卡（漢陽縣蔡甸鎮

金牛港）、灄口分卡（黃陂縣灄口老虎嘴）、礄口分卡（漢口玉帶門外）四處夏秋稅卡，稽查偷漏，水退即撤。這種稅收制度在一八六一年四月即被英國單方面公佈的《揚子江貿易章程》和《長江通商章程十二款》所取代。根據這兩個章程，「外商商貨運到長江中上游，只需在鎮江辦備手續，即可在鎮江以上各口隨意裝卸合法商貨，返鎮江前可勿庸履行任何海關手續」。據此武漢稅收流失嚴重。時任湖廣總督官文對此非常不滿，他痛感於「自洋人到漢口通商，兩湖釐稅均無」的狀況，在一八六一年三到九月間連續上奏朝廷，強烈要求在漢口設立稅關，防止偷漏稅。他在給朝廷的奏摺中寫道：「自今春二月以來，所到洋貨皆於漢口各行中以貨易貨，並不交進口貨物清單，亦不報出口貨物數目，以致毫無稽查。其應完子口稅雖有上海來文，而該領事一概齗齗置之不理，且有內地商船借插英旗影射偷漏，甚至將違禁貨物如鋼鐵、米粉等類物裝載下船。內地商人分赴湖南、湖北購買茶葉等貨物，動稱洋商雇夥，抗不完納釐金，惟有於漢口設關。明定章程，設立行棧，收票發票，稽查盤驗，由商販自行販運到漢鎮售賣，照海關章程，將內地各貨出口正稅及子口稅一併於漢口完納，其進口洋貨運至漢口，僅照章點驗，方許售銷，以符一稅不二稅之約，並禁止華洋行夥往山鄉鎮市自行採辦，如此出入口貨物既有可稽查而稅課亦有攸歸矣。」[32] 官文的這一奏

---

32 呂調元、劉承恩修，張仲炘、楊承禧纂民國《湖北通志・經政志八・榷稅》卷五十，鳳凰出版社等，第331頁。

・一九二六年江漢關全景圖

章，並未引起朝廷的重視，接著，官文再次針對《長江通商章程十二款》上奏，抨擊該「章程」「蓋其中專為上海計，而未為通商三口計者，有專為洋商獲益計，而不為內地稅餉計者，照章辦理，則長江無可立之關，無可征之稅，並無可查之貨」。[33] 事實上自洋商出入長江後，長江之利盡為洋商所占，內地貨物日漸昂貴，華商生計頓減，釐稅日漸短絀。鑑於此，清政府遂批准在漢口設立稅關。一八六二年一月一日，武漢海關——江漢關設立。但令人遺憾的是根據規定章程，江漢關只能進行稽查，徵子口稅及盤驗貨物，進出口貨物正稅仍在上海徵收，官文對此仍極力反對，他認為江漢關開關後所收子口半稅，不及釐金的一二成，仍影響兩湖地區的收入。而海關稅務司司長赫德則認為長江流域廣闊，內亂尚未平靖，進出口貨物若不在上海徵稅，稽查困難，易

---

33　中華人民共和國武漢海關編《武漢海關志》，1994 年版，第 14 頁。

於偷漏，這樣雙方僵持不下，直至一八六三年一月一日最終同意江漢關徵收關稅，並委派英國人狄妥瑪為江漢關第一任稅務司長，由漢黃德道兼任江漢關稅務監督。江漢關最初設在漢口河街（英國租界花樓外濱江）青龍巷，江漢關監督則設於漢口居仁門巡檢司署附近官衙。現存江漢關大樓建於一九二四年。江漢關設立後，對來往於漢口貨物船隻做了明確的規定：「凡大洋船內江輪船隻准在大江龜山頭之北，甘露寺之南停泊，離西岸一里路之限內起卸貨物。凡划船等項船隻，只准在漢鎮內河南岸嘴停泊起下貨物。」[34] 江漢關除管理漢口的對外貿易外，在湖北境內還統轄宜昌、沙市兩關，長江中上游的重慶海關、長沙海關、岳陽海關、九江海關、南昌海關一度也納入它的管轄範圍。主要職能是對進出口的貨物加以檢驗、估價、徵稅、查私，同時管理出入境的外資和本國居民的非貿易性郵寄物品。江漢關的設立，標誌武漢地區近代海關制度的確立及稅務變革，而其所制定的近代海關制度，規範著中外商人的行為，促進了武漢及其周邊地區對外貿易，為外商深入中國腹地進行貿易提供了制度保證。江漢關的設立雖然在一定程度上限制了外商膨脹的貪欲，但是由於江漢關的大權為外人所把持，因此，江漢關的徵稅重點放在中國商人的身上，稽查重點也落在中國的商船上。

一九四九年新中國成立後，江漢關改名為武漢關。這幢歐洲文藝復興時期的優秀歷史建築，經歷了九十年洗禮，依然顯示出

---

34　中華人民共和國武漢海關編《武漢海關志》，1994 年版，第 14 頁。

無窮的魅力，成為當時武漢的標誌性建築，它是武漢走向半殖民地、半封建社會的產物；也是武漢從閉關走向開放的載體。

（2）成立漢口商務總局

漢口開埠，對武漢商業衝擊最大的莫過於人們傳統的商業思維以及墨守成規的商業行會、幫會組

· 漢口英租界工部局大樓，曾是江漢關稅務司辦公地

織，這種衝突貫穿於武漢近代對外貿易的全過程。漢口商業經唐、宋、明及清前期發展，各種商業門類、商品品種比較齊全，商業行幫、行會組織多如牛毛，「漢口市場之繁盛，不特為本省商人所趨集，其各省商賈無不有本店或支店設立於其間」。[35] 他們或以地域為系，成立了湖北幫、湖南幫、四川幫、廣東幫、山東幫、陝西幫、四川幫、寧紹幫等，或以行業相聯，興辦有票號幫、錢幫、江西錢幫、茶葉公所幫、茶棧幫、茶葉店幫、油行幫、黃絲木油幫、棉紗幫、匹頭幫等，並組織了與之相應的會館、公所，這些行會、幫會、會館、公所具有明顯的宗法性、地

第二章・近代武漢商業及傳統手工業

---

35　武漢地方志辦公室、武漢圖書館主編《民國夏口縣誌校注》，武漢出版社，2010年版，第248頁。

緣性，在傳統商業中充當商業管理者的角色，發揮著積極效用，因此，當異質商業文化來臨之際，封建行會、幫會與生俱來的排他性和為自身利益而抗爭的特性，使之不由自主產生抗拒與鬥爭，在不斷的摩擦與爭鬥中，武漢商人逐步覺察到西方商業文化的優越，在政府「商戰」思想的助推下，仿效西法，營建近代商業組織，漢口商務總局的設立提上議事日程。後在各方努力下，以「開發商智、聯絡商情為要義」的漢口商務總局終在光緒二十四年（1898年）成立。商務局由候補道王秉恩、程儀洛總理其事，並遴選「殷實誠信」「通曉實事」之商董為總董。但這一官商結合，管理全鎮商務事宜的舉措沒有得到武漢商人的積極回應，直到光緒三十三年（1907年），農商部奏定《商會章程》，言明「有湖北之漢口為應設商務總會之處」，最後由商務總局出面，遵章邀集商董，組織成立「漢口商務總會」。漢口商務總會在原商務總局基礎上，由商董制改為總協理制，選舉熟悉商情、德高望重的商人為總協理。全鎮所有商務事宜均歸商會辦理。民國四年（1915年）商務總會又更名為「漢口總商會」，原有的工業分會，亦歸併於總商會，總協理改為會長、副會長。漢口商務總局雖然是在官府的推動下組成的，具有官辦性質，但它公舉熟悉商情的商業名流為商董，以管理全鎮商務事宜。漢口商務總局是武漢地區第一個帶有近代化色彩的商業組織。它的出現具有重大的現實意義，它標誌著武漢商業從傳統走向開放，從封建宗法制走向現代商業商董管理形式，同時，也標誌著武漢的商業理念、形式及其運作模式，開始向近代化的對外貿易跨進。

表 2-7 漢口商務總會歷屆總協理、正副會長表

| 姓字 | 屆別及職務 | 籍貫 | 職銜 | 職業 |
|---|---|---|---|---|
| 盧鴻滄 | 一、三屆總理 | 浙江鄞縣 | 江蘇補用道 | 漢口交通銀行經理 |
| 劉歆生 | 一屆協理 | 湖北夏口 | 候選道 | 東方匯理銀行經理 |
| 齊相琴 | 二屆總理 | 湖北漢陽 | 花翎鹽運使銜 | 大清銀行經理 |
| 汪炳生 | 二屆協理 | 浙江鎮海 | 花翎運同銜選用同知 | 太記洋油行行東 |
| 蔡輔卿 | 二屆協理、四屆總理 | 湖北咸寧 | 花翎候選道 | 蔡同泰參燕號號東 |
| 孫滌甫 | 四屆協理 | 浙江山陰 | 花翎鹽運使銜 | 采章綢緞號號東 |
| 李紫雲 | 五屆總理 | 湖北江夏 | 二等嘉禾章 | 福康隆字型大小號東 |
| 盛竹書 | 五、六屆協理 | 浙江鎮海 | 四等嘉禾章 | 駐漢浙江興業銀行經理 |
| 吳幹廷 | 六屆總理 | 安徽黟縣 | 三等嘉禾章 | 春源油行經理 |
| 蘇善夫 | 六屆協理 | 湖北武昌 | 四等嘉禾章 | 福生蘇貨號號東 |
| 俞清澄 | 七屆會長 | 湖北漢陽 | 三等嘉禾章 | 泰豐油行行東 |
| 王琴甫 | 七屆副會長、八屆會長 | 安徽太平 | 三等嘉禾章 | 公成疋頭號號東 |
| 萬澤生 | 八屆副會長 | 湖北漢陽 | | 豐成錢莊經理 |

注：錄自武漢地方志辦公室、武漢圖書館校注民國《夏口縣志校注》，武漢出版社，2010 年版。

## （3）商業教育、商報的興起

中國傳統社會商業教育，一般是師徒制傳授技藝，採取言傳身教方式。清末，漢口開埠，洋商、洋貨湧入，對外貿易規模擴大，對外交流增多，傳統商業口口相傳已不能適應新形勢的需要，改革商制、提倡商戰，創立商校、啟迪商智成為當務之急。對此湖廣總督張之洞洞察尤深，面對「近來各國提倡實業教育，

汲汲不遑，獨中國農工商各業固步自封，永無進境，則以實業教育不講故也」[36]。他羨慕外國「有專門之學以待人之深造，有實業之學以裕資生」[37]。為此，他不遺餘力地開設商業課程，舉辦商業學校。光緒十七年（1891）六月，張之洞創辦方言商務學堂，招五十名學員，以開利源、杜漏卮，銷土貨為辦學宗旨，學生除學習各國語言外，還學習各種商業知識和商業技巧。同年八月，他又在湖北算學堂內，附列方言、商務兩門，供學生學習。光緒十九年，自強學堂設商務課程等等。在以上諸種舉措仍無法滿足武漢商業之需的情況下，光緒三十三年（1907），張之洞在武昌創立湖北商業中學堂，教授「商業所必需之知識藝能，使將來實能從事商業為宗旨，以各地方人民至外縣外省貿易者日多為成效」[38]。該學堂分預科、本科，預科有九門科目，分別是修身、中國文學、算術、地理、歷史、外國語、格致、圖畫、體操。本科有商業地理、商業歷史、外國語、商業理財大意、商事法規、商業簿記、商業實踐。此外，為更好地培養商業人才，一九〇九年又創辦商業教員講習所，以解決商業教員的匱乏。在張之洞的提倡下，民間人士也投入到辦商校的行列，光緒三十年（1904 年），漢口商界名人李正源等籌設商務中學堂（又稱「商

---

36 舒新城編《中國近代教育史資料》，人民教育出版社，1961 年版，第742 頁。

37 苑書義等主編《張文襄公全集》卷五十七，河北人民出版社，1998 年版，第 1 488 頁。

38 舒新城編《中國近代教育史資料》，人民教育出版社，1961 年版，第762 頁。

務學堂」），培養商業專門中等人才。其後，外商和基督教會也相繼辦有商業學校，為外資企業和教會延攬商業人才。宣統二年（1910），夏口廳商業中學堂成立，後稱「甲商」「市職」。除此之外，為提倡商戰，爭奪權利，張之洞授權漢口商務局擬定《關於漢口商務情形條議》，對政府與企業的關系、行業管理、市場管理等做了詳細的規定，以便保護武漢乃至湖北地區的商業運轉，為溝通商業資訊，宣傳商務政策，他創辦《湖北商務報》，為湖北商人了解國際國內、省內省外商情，提供了一個重要視窗。

上述商校及商報的創立與興辦，有力地促進了武漢地區商業經濟的發展，培養了民眾商業素養，提高了民眾商業意識，同時也為更多的民眾投身商業、獲取商業資訊，提供了良好的平臺，營造了濃厚的商業氛圍。

### 2. 新職業、新行業的湧現

武漢在洋貨進入之前，已經形成了許多交易量較大的傳統商品市場，如棉花、糧食、雜糧、皮貨等，後隨著外商及洋貨的大量入境，我國商業開始分化改組，一些傳統的商業行業如主要經營手工業產品的商鋪在洋貨的衝擊下日趨式微，另一些商業行業則通過改變經營方式與方向獲得再生，後者在經營洋貨的過程中逐步具備了某些現代商業的特徵，並從中分離出一些新的職業與行業。

### （1）買辦

「買辦」是近代產物，拿今天的話說就是經紀人，它是中國商業史上特定歷史時期特殊的產物，也是中國經紀人和經紀業發

展史上的特殊的階層，它是隨著洋商的進入而誕生的。「買辦」一詞是葡萄牙語（comprador「康白度」）的義譯，原意是採買人員，中文翻譯為「買辦」。清初，買辦專指為居住在廣東十三行的外商服務的中國公行的採購人或管事，後來逐步發展為特指在中國的外商企業所雇用的居間人或代理人。買辦是一個特殊的經紀人階層，具有洋行的雇員和獨立商人的雙重身份：作為洋行雇員身份的買辦，代洋行在內地買賣貨物或出面租賃房屋、購置地產等。作為獨立商人的買辦，擁有自身的經營項目與行銷領域。這些買辦階層既經營錢財的進出和保管，也參與業務經營和商品交易事宜，並常常代表洋行深入內地進行購銷業務；同中國商人商定價格，訂立交易合同，並憑藉本身的地位，在貨物的收付上取得雙方的信任，他們逐漸成為外商對華貿易的代言人。買辦階層就成為壟斷中外貿易的中間商，一些人逐漸失去公平的立場，趨附外國侵略勢力，欺壓中國商人，有時還可以在西方殖民者根據不平等條約向中國勒索的賠款中分享「賠償金」，成了西方殖民者在政治上和經濟上侵略和控制中國的工具。然而作為洋商在中國的代理人，它在受洋商欺侮的同時，也得其庇護，時常凌駕於中國法律之上，財富越聚越多，因而他們中有不少人富了起來，成為大買辦。漢口開關以後，洋商紛至遝來，在武漢開工廠，設洋行。據不完全統計，一八九二年漢口有各國商人 45 戶 374 人，一九〇五年增為 114 戶 2151 人，最多時 250 戶，其中日商 74 戶，英商 57 戶，德商 54 戶，美商有 22 戶，法商 20 戶，俄商 8 戶，丹商 5 戶，印商 3 戶，葡萄牙、菲律賓、瑞典各 1 戶，如英商怡和洋行、安利英洋行、沙遜洋行，德商禮和洋

行、美最時洋行、瑞記洋行、嘉柏洋行，法國永興洋行、立興洋行等。這些不勝枚舉的工廠、洋行，為在武漢打開局面，掠奪更多的資源，榨取更多的財富，它們吸取過去的盲目性，雇用有經驗、懂英文的武漢商人，作為其中間人，這樣武漢就出現了為洋商服務的「別成一業」的特殊階層——買辦。武漢出現買辦的時間雖晚於廣州、上海，但發展迅速，在很短的時間內武漢商界活躍著一支超過五百人的買辦隊伍，像陳仙洲、宋煒臣等有作為的買辦不在少數，還有如茶葉業的劉輔堂、劉子敬、唐壽勳、唐朗山，棉花業的胡敬雲、王森甫，蛋品業的鄭悟初、楊坤山、黃厚卿，桐油業的李銑父子、王柏年，糖業的陳顯、倪端方、費實甫、朱竹山，煙公司的劉立誠，匹頭業馬筱庵、胡敬之、喻春培、汪繼先，石油業劉獻生、塗坤山、丁慎安等，另外還有黃洗之、胡豈永、姜德英、范錦堂、閔紹騫、藩恕安、陳賡堂、王藹臣等各行業中翹楚。他們周旋於中外商人之間，在中外商人之間架起一座座交易的橋梁，推動武漢對外貿易的發展，在為自身增加財富的同時，也為武漢的商品經濟的發展添磚加瓦。

（2）報關行

伴隨著外商的進入，江漢關的設立，武漢出現一種與近代對外貿易密切相關的行業——報關行。報關行是對外貿易的直接產物，它是一種仲介機構，主要負責貨物出入完納關稅之事務，又或為之介紹船舶、倉棧，以便利客商。它在海關與商人之間架起一座貿易的橋樑，為商品的出入境開啟一扇通道。漢口開關以後，對外貿易量直線上升，舉凡出入口之商品，無論是洋貨的下船裝運，還是土貨的上船啟運，均須將出入口貨物先期送報海

關，請求檢查徵稅，等各項手續齊全後，始能夠運行。在當時，這種新興稅則，手續繁雜，令中外商人頭痛不已，這樣，一種專為中外商人解決報出關手續的新興行業報關行便隨貿易而生。至清末，漢口共有太古渝、廣永成、錦元亨、元利、恆大、老公太（美商）、太和興（奧商）、昌記、利記、有利、協記、公和等報關行二十餘家，他們常年活躍於武漢的對外貿易中，為武漢的對外貿易做出了很大的貢獻。

需要指出的是，在漢口的報關行中有一種叫「渝行」的報關行，它是漢口特有的，由英、德等國的輪船公司及輪船招商局開設的。渝行的資本、規模、營業網路，都較普通的報關行宏大。主要接辦往返四川的貨物，凡四川集中的貨物，多由重慶，先以民船下三峽，然後到宜昌、漢口，分配於各處。由上游及長江下游各商埠，運經四川的貨物，也先集中於漢口、宜昌，再以民船上三峽，抵重慶。凡是這些貨物的報送及其他一些事務，皆歸渝行經理。渝行於長江沿岸各行，都設有聯絡店或支店，以便於上下經理。也只有渝行在此數千里的長江上下游，聲氣相通，因而其勢力非通常報關所能及。漢口有七家渝行，分別是太古渝行，開辦二十餘年；招商渝行，亦有十年；怡和渝行，八年；公泰洋行渝行，二十年；大孤渝行，三年。新設美最時渝行、瑞記渝行，其中以招商渝行最龐大，盈利亦最多。

3. 對外貿易長足發展

武漢地處中國腹心，屬典型的內陸城市，張之洞認為：「自沿海各省視之，則為深處之堂奧，統南北各省視之則為適中之通衢。」這種「堂奧」「通衢」的地理位置，使其貿易格局具有天

生的局限性，那就是內陸貿易發達，對外貿易乏力。從武漢商業史的發展來看，清中葉以前武漢是湖北甚至是華中地區的商品集散中心。我們從其商品交易格局來看，武漢是一種由內向外發散型的市場交易體系。這種格局隨著城市大門的打開，快速地發生變化，向近代的外向型商品經濟轉移，即由傳統的內陸貿易走上一條內營、外銷並駕齊驅的雙向發展的貿易格局，這可從開埠後漢口的進出口值得到印證。

一八六一年的後八個月，漢口進口貿易值為 5662240 兩；一八六二年為 10130522 兩；一八六三年除出口外，增為 14591687 兩；一八六四年為 12068870 兩，一八六二年進口值實較一八六一年增長倍餘，若將進口金銀及銅幣減去，則一八六三年較 1862 年增值銀 494269 兩；一八六四年較一八六三年增值銀 537117 兩。又另據《漢關十年報告》（1882-1891 年）載：「近十年來漢口港的貿易，增加極為可觀，已出現最滿意的記錄。十年來漢口貿易淨值共計 35800 海關兩，每年平均約 3600 萬海關兩，1891 年達到 38 485 145 海關兩，較之平均年份，增加二〇〇萬海關兩。」「牛皮貿易是從一八八一年起逐漸發展起來的，主要運往英國、德國、美國，一八八四年增加很多，頭八五年出口量達 70000 擔，一八八八年升至 78000 擔」。大麻出口「也有增長，一八九一年輸出比一八八二年增加 34000 擔」。絲出口「近年貿易增加可觀，一八九一年出口絲值為 2500 海關兩，較一八八六年 35 萬海關兩，已是成倍增長」。漆的出口「十年來出口量約增加 50%，一八八二年出口量 6700 擔，而一八九一年增加到 9900 擔」。煤油「十年來進口量不斷增長，初年為 483994 加

侖，近來接近 5000000 加侖」。一八八九年，漢口港貿易額更是達新高，由上年的 70792128 海關兩，上升為 90879032 海關兩，是漢口設海關以來的最高紀錄。如此巨量的進出口貿易，證明武漢的商品貿易已從轉口貿易變為傳統與對外並舉的形式，武漢的商業功能進一步加強，商品品種及商品數量呈不斷增長態勢，武漢城市的商業地位得到進一步提升，成為僅次於上海的第二大貿易城市。

近代商業的蓬勃發展，不僅給武漢帶來了巨額財富與發展動力，而且造就了如劉歆生、劉輔堂父子、王柏年等一批資本雄厚的商界精英，這些精英們思想活躍，與外商聯繫緊密，或者為外商工作，對西方近代工業文明認識頗深，因而，他們中絕大多數成為近代武漢工業的開掘者與實踐者。所以，武漢商業的繁盛，為武漢近代工業在人力、物力、財力上奠定了基礎。

## 第二節 ▶ 中國內陸最大的農產品加工基地

武漢是華中地區最大農產品聚集地，也是華中地區最大的農副產品加工基地。堆積如山的農副土特產長年囤積於碼頭、倉庫，或經過粗略加工，旋即向本地及四周擴散，故而，武漢市面上存在大量的農產品加工經營戶與小作坊。

### 一、糧食加工業

糧食加工業是個古老而傳統的行業，它是中國農業文明的基礎和標誌，其技術經歷了由石磨盤、杵臼—手推磨、踏碓—畜力

磨—水碓、水磨等漸進的
過程，在此過程中糧食加
工業逐漸與農業分離，最
終於魏晉南北朝時形成行
業。元代王禎《農書》
雲：「昔聖人教民杵臼，
而粒食資焉。」武漢地區

·清末漢口畜力磨坊

是糧食集散中心，清乾隆初，晏斯盛在《請設商社疏》中說：
「楚北漢口一鎮，尤通省市價之所視為消長，而人心之所因為動
靜者也。戶口二十餘萬，五方雜處，百藝俱全，人類不一。日銷
米穀不下數千（石）。漢口地當孔道，雲、貴、川、陝、粵、
西、湖南處處相通；本省湖河帆檣相屬，糧食之行不舍晝
夜。」[39] 豐富的糧食資源，為武漢糧食加工業的產生與興盛提供
了物資基礎，因而，在武漢糧食貿易異常繁盛的同時，武漢的糧
食加工業的技術與規模也取得不可小覷的成就。武漢地區傳統的
糧食加工大多是在農民自家的碾坊、磨坊、榨坊內，農人先用土
壟去穀殼，再用石舂做底，或用腳踏石碓，或用手持木杵相對撞
沖而成，後畜力廣泛運用於農業生產，武漢的糧食工業也發展為
以畜力拖帶石滾碾穀為米，名曰碾坊，畜力的使用不僅提高加工
效益，節省人力，還使米在品質與數量上較前有所提高。武漢地
區碾坊規模大小不一，大則兩副石槽，小則一副。每副石槽日產

39　《皇朝經世文編》卷四十《戶政》。

米約三十石 **40**，它們大多集中於漢陽的沈家廟一帶。然而總的來說，在十七世紀以前，武漢地區的糧食加工業雖有一定的規模，其技術也居於當時世界領先水平，但效率不高，生產力低下。

湖北本為中國小麥的主要生產省份，鄰省河南、陝西、湖南小麥出產亦豐，因交通便利，大都集中於漢口轉運，故漢口不僅是大米的集散地，亦是內地小麥集散地，每年發至武漢的小麥多則四百萬石，少則也有二百萬石，小麥大量湧入武漢，必然帶動武漢麵粉業的發展。十九世紀以前，武漢的磨粉業是手工畜力磨坊，生產的麵粉俗稱「土粉」。畜力磨坊一般分兩種：一種是農民自給性生產的小磨坊，郊區農民和少數市民，或一家，或數家自備石磨一副，手搖小圓篩，靠自種或交換的小麥加工自食，非批量商品生產。二是商品性生產的畜力磨坊，這種磨坊有大有小，小則有一到二副石磨，一到二頭牲畜，一臺籮櫃，一般由家庭自營，每日每副石磨加工小麥約五十市斤，主要供自製食品、糕點之用，餘則門市出售。規模大的備有兩副石磨和兩頭以上的牲畜，並雇有工人和學徒十餘人，日產麵粉兩百餘斤。清光緒初年，武漢有這樣的土磨坊數百家，一九一二年，在漢口羅家墩一帶，在有兩千餘居民的地方，磨坊就有九家，可見漢口磨坊業的興旺。後隨著需求的增加，土磨坊逐漸發展，有些自給性的小磨坊發展成為商品性生產的大磨坊。

---

40 一百二十斤為一石。宋趙彥衛《雲麓漫鈔》卷六：「十六兩為斤，三十斤為鈞，四鈞為石。」

十八世紀中葉，武漢出現糧食複製品業，它是隨著碾米業和磨粉業的發展而產生和發展起來的。當時手工作坊將畜力磨坊生產的土粉製成油麵、蒿子麵、大刀麵，將碾坊生產的熟米（二米）製成烘糕、豆絲、米粉等。一九○二年，漢口有麵條鋪四十七戶，烘糕坊三十一戶。一九一八年麵條鋪發展到一百二十四戶，烘料坊一百三十二戶，米焙館三十二戶，生產都是手工操作。清咸豐八年（1859）漢口豆絲業在燕山橋（今燕山巷）建「雷祖殿」，成立豆絲業公所。咸豐十年，漢口、漢陽兩地烘粒業在漢正街三善巷建「玉清宮」，成立陽夏烘糕店同業公所。

## 二、手工製茶業

茶葉是中國傳統的農產品，是中國人日常慣用的飲品，中國很早就有關於茶葉的論述，唐時湖北更是誕生了我國第一位茶道專家陸羽及其第一部茶葉專著《茶經》，故湖北茶道歷史悠久。據《武昌縣志》載：茶有雨前、明前、雀舌諸名。土人以嫩為貴，故味清而不腴，出黃龍山嶺者名雲霧茶，極佳。江夏縣東南六十里有靈泉山，其頂舊產茶亦名雲霧茶。而縣志未載。這段話裡的武昌縣即今鄂州市，江夏縣即今武漢市江夏區。這說明在武漢及周邊地區有許多傳統的產茶區。當然從現今的資料與實物看，武漢周邊不僅只有鄂州、江夏盛產茶葉，距武漢稍遠的蒲圻的羊樓洞、咸寧、通山均是湖北省茶葉的豐產區，特別是蒲圻的羊樓洞，更是名聲在外，它不僅在中國近代茶葉史上佔有極其重要的地位，而且在世界茶葉貿易中也有相當的聲譽。羊樓洞的茶葉每年經漢口轉銷於全國及俄羅斯、英國、法國等國際市場，這

‧一八七四年湖北羊樓洞手工製茶作坊工人在烘焙茶葉

些商人坐鎮武漢，派員深入羊樓洞產茶區。故而，羊樓洞的茶市、茶品與茶技都與武漢有密切的聯繫，是隨著武漢市場的需求而起落的。

羊樓洞種茶的歷史相當悠久，到明代中葉，羊樓洞製茶業已相當發達，成為長江中下游地區的主要產茶區。羊樓洞的茶主要是邊銷茶，在蒙漢互市中享有一定的聲譽。不僅如此，羊樓洞茶工為了減少邊銷運輸中的運費及損耗，不斷改進茶技，茶工突破將茶葉用米漿粘合成餅狀的傳統工藝陳規，加工時，先將茶葉揀篩乾淨，再蒸汽加熱，然後用腳踩製成圓柱體形狀的「帽盒茶」，這種「帽盒茶」，便是青磚茶的前身，「帽盒茶」穩居邊銷茶之首。經過此種改進，羊樓洞的茶葉加工由家庭手工作坊，開始過渡到具有資本主義萌芽性質的手工工廠，清嘉慶十八年（1813 年），由廣州銷往國外的茶葉已達 2128 萬斤，道光十年（1830 年）以後，則高達 3000 餘萬斤，包括羊樓洞在內的南方所產茶葉，幾乎被收購一空，全為外銷茶。

一八四〇年，第一次鴉片戰爭後，英國在《南京條約》的庇護下，大肆搜括中國的物資，其中也包括羊樓洞的茶葉。上海開埠，羊樓洞的茶葉直接由漢口，經上海銷往英國，這樣一來，羊樓洞的茶葉運輸路線更便捷，銷量也更大。一八六一年漢口開

埠，英、俄茶商在羊樓洞設立磚茶廠，加速了茶葉這一農產品的商品化。在外商的刺激下，外省商人也相競到羊樓洞設立茶莊，到十九世紀七八十年代，羊樓洞的茶莊有近百家，那時運茶的獨輪手推車川流不息，肩挑販運，絡繹不絕。羊樓洞茶莊主要為廣東幫和山西幫，即粵商與晉商。粵商是專為洋行收購和加工茶葉的，晉商則是為專供邊銷而壓製磚茶。在羊樓洞的眾多茶莊中，以三玉川、巨盛川兩家最大，這兩家茶莊長期製作長方形磚茶，除自產自銷外，還與蒙族最大的茶商字型大小「大盛魁」建立了產銷關係，得到「大盛魁」商業資本的有力支持。「三玉川」茶莊壓製的青磚茶，最初都印有「三玉川」的牌號標識，「三玉川」三字在蒙古族牧民中享有很高的信譽，供不應求。因此，羊樓洞出產的磚茶均印有「川」字，「川」字牌的青磚茶，便被看作是國產「洞莊」的標識。在這些中國人開設的茶莊裡，壓磚茶機雖進步為半機械化，但整個製茶工藝程序大都仍保留完全的手工操作的落後狀態，加之，外商在羊樓洞、漢口紛紛開設磚茶廠，使用機械製造磚茶，中國的手工製茶逐漸失去市場，日漸低迷，後被印度、錫蘭茶占去大部分市場，優勢旁落，失去昔日的風采。

## 三、榨油業

十九世紀前武漢榨油業全為手工作業，俗稱土榨油坊。這些榨坊勞動強度大，工藝程序複雜，它是先在石磨上將油料碾碎，然後將碾碎了的油料移到鍋中蒸炒，炒後上兩層鐵箍再上榨油機（分木質平行榨和吊榨兩種），然後打入多根木楔，將油榨出。土榨坊在當時武漢的主城區不下十數家，大部分集中在武昌鯰魚

套，另有零星的榨坊散落於武漢周邊的蔡甸、新溝、馬口、陽邏、黃陂、流芳嶺、豹子澥、葛店地區，資本僅白銀萬兩，工人數十個。這些榨油坊承擔武漢及其周邊地區人們的生活所需。一位早期來漢的外國遊客對此曾有所記述，他寫道：「（漢口附近）沿著鄉村的大道有很多用棉籽榨油的油坊。我曾到過一家油坊考察其顯屬單純的工作方法，先用大石磨把棉籽碾細（這種石磨直徑大約五英呎，在一圓槽上轉動，磨槽的中心有一木樁，木樁上連著一旋轉磨石杠的杆，把杠杆的另一端繫在牛的身上，取得動力），再把碾細了的棉籽裝入粗麻袋內，放在一個大沸水鍋上蒸過之後，再倒入榨油機的圓形模子裡，榨出油來。」[41] 這種傳統的榨油方式存活於武漢周邊地區，我們從至今仍保存完好的黃陂楊家油坊的原始榨坊得到印證。楊家榨坊是武漢最古老的老字型大小油榨坊之一，距今已有四百多年的歷史，被譽為城市之根——盤龍城手工作坊的「活化石」，據說所產的小麻油曾為明皇宮貢品。楊樓子灣古榨油坊起源於明嘉靖年間，楊氏祖先最早是從江西到黃陂府河黃花澇一帶從事行船漕運營生的，後轉為榨油為業。傳統的榨油是用吊在屋樑上的木樁撞擊榨機，發出有節奏的巨響，木榨榨油是個技術活，從篩籽、車籽、炒籽、磨粉、蒸粉、踩餅、上榨、插楔、撞榨到接油有十多道工序，全部靠手工完成。從篩籽、車籽、炒籽、磨粉、蒸粉、踩餅、上榨、插

---

41　轉引自陳鈞、任放《世紀末的興衰：張之洞與晚清湖北經濟》，中國文史出版社，1991 年版，第 35 頁。

楔、撞榨到接油，老法榨油全靠手工，是個苦力活。如今雖然工具得到改進，木製換成鐵質，土灶換成鍋爐，機械動力取代了人力或畜力，但工藝仍是祖輩沿襲下來的老傳統。傳統的榨油工藝，出油率低、效率更低。五十公斤芝麻只能榨出二十公斤油，兩個人忙活一整天，只能榨油一百二十五公斤。（機械榨油，兩個人可生產 2500 公斤。）因此，老榨坊的香油成本高，售價自然水漲船高。

## 四、紡織業

湖北是產棉大省，據文獻記載：「鄂省向產土棉一種，以德安之隨州，黃州府屬之麻城，出產最多。若武、漢、荊、宜、施、安、襄、鄖八府屬，產棉多寡不等。」[42] 豐富的棉花資源，為農民紡紗織布提供了可能，在湖北廣大農村均存在著不同程度的家庭手工紡織業，且普及率高，所織產品除自給外，大部分投入流通，成為商品，換取農民其他生活必需品，漢鎮也不例外。漢鎮風俗，婦女以織布紡紗為業，時至晚清，漢陽、漢口一帶已集中了許多紡織作坊，雇用了大批織工。漢陽「郡城內外織坊猶近百家，工作恆一二千人」。「以此資生。婦女老幼，機聲軋軋，人日可得一匹，長一丈五六尺。鄉逐什一者，盈千累萬，買至漢

42　曾兆祥主編《湖北近代貿易史料選輯》第 1 輯，1984 年版，第 39 頁。

漢口彈堂花棉及市織及花棉彈堂漢口

· 清末漢口善堂婦女彈棉花、織布

口加染造，以應秦晉滇黔遠賈之貿。」[43] 而同治《漢陽縣誌》記載更為詳細：「其布則曰扣布，南鄉治此尤勤，婦女老幼，自春作外，晝則鳴機，夜則篝燈紡績，徹夕不休，比巷相聞，人日得布一匹，遠者秦晉滇黔，賈人爭市焉。」[44] 漢陽線布「厚而密，有花紋，作敝衣可禦風寒」。[45] 為了維持生計，鄉民們「貿布販棉，黎明趁墟」，[46] 與市場的聯繫日益密切。可見，手工紡織業是漢陽縣鄉村農家農作物之外的主要生產活動之一，是農家重要的經濟來源，其產品有扣布、線布，縣屬南鄉為扣布的主要產地。這是漢陽紡織業之情況。我們再來看看與其一水之隔的漢口，民國《夏口縣志》載：「街居婦女，惟事剪繡，鄉農及禮義之家，則勤於

---

43　轉引自章開沅等主編《湖北通史 · 明清卷》，華中師範大學出版社，1998 年版，第 397 頁。

44　黃式度修，王柏心纂同治《漢陽縣誌》卷九，江蘇古籍出版社，2001 年版，第 263 頁。

45　黃式度修，王柏心纂同治《漢陽縣誌》卷九，江蘇古籍出版社，2001 年版，第 263 頁。

46　濮文昶修，張行簡纂光緒《漢陽縣識》卷一，江蘇古籍出版社，1998 年版，第 377 頁。

紡織，無間寒暑。」[47]「漢鎮舊事繁華，僑居富賈，炫耀服飾，雖藏護亦著綢緞，侈靡極矣。」[48] 又，范鍇《漢口叢談》對漢口及周邊地區布匹貿易也做了記述：「老官渡集在城西八十里九真山下，其西五里有索河集。夏秋水漲，貿遷者甚輻輳。平時則收買白布，轉販漢口鎮市。小民夜成匹，朝則抱布以售焉。」[49] 這種夜織朝售的情況，與手工紡織業發達的長江三角洲地區相似。

武昌產京口布、石咀布。京口布俗稱「外山布」，石咀布俗稱「內山布」；與武漢相距不遠的黃陂、漢川，也是紡織之鄉，手工紡織品生產和交換的情況，與漢陽縣大同小異。同治《漢川縣誌》載：「當農事甫畢，男婦老幼，共相操作，或篝燈紡織，日夕不休；或機聲軋軋，比屋相聞。近而襄樊、楚南，遠而秦、晉、滇、黔，咸來爭市焉。」[50] 漢川縣手工紡織業生產十分普遍，號稱「十室而九」，產品有大布、小布，以漢水南岸為盛；黃陂婦女「惟朝夕勤織紡而已」。[51] 黃陂種植葛，土人以織葛聞名，「楚人種葛不種麻，男采女織爭紛拿。黃陂所織尤精嘉，光

47　武漢地方志辦公室，武漢圖書館編《民國夏口縣志校注》卷二，武漢出版社，2010 年版，第 32 頁。
48　漢地方志辦公室，武漢圖書館編《民國夏口縣志校注》卷二，武漢出版社，2010 年版，第 32 頁。
49　范鍇著《漢口叢談》卷一，湖北人民出版社，1999 年版，第 44 頁。
50　德廉、袁鳴珂修，林祥瑗纂同治《漢川縣志》卷六，江蘇古籍出版社，1998 年版，第 176 頁。
51　劉昌緒、徐瀛纂同治《黃陂縣志》卷一，江蘇古籍出版社，1998 年版，第 28 頁。

潔勻細眼不斜。皎如白苧輕如紗，進之內宮傳相誇。」[52] 以上數例說明，武漢及其周邊地區是著名的手工紡織區，所產布匹因地域不同，名稱而有所不同。漢陽產柏泉布（漢陽北鄉產）、馬鞍布（漢陽布南鄉馬鞍山附近地方產）、漢陽布（漢陽西門以外產）；武昌出葛仙布（武昌葛店地方產）、豐布（武昌本鄉九豐地方產）；黃陂紡澇布（黃陂黃花澇一帶地方產）、港布、橫山咀布（共黃陂地方產）；江夏織京口布（京口產，俗稱「外山布」）、石咀布（俗稱「內山布」）。黃陂澇布其質細密美麗，暖而耐久，不問男女，用以作衣裳；馬鞍布供裡衣、葬具用。武昌、江夏、漢陽、黃陂等地，各鄉所織土布其品種名稱雖各不相同，但大多是省內外市場頗負盛名的產品，銷路極好。「花布來自吳楚，浙江之梭布，咸寧之大布，沽人絡繹而來，與棉花皆為正貨」[53]，「綢帛資於江浙，花布來自豫、楚」[54]，「聞澇布，廣東、安徽商人多收買之，陽邏布多向安徽蕪湖、大通地方；葛仙、改機兩布，其銷路同陽邏布，尚時時多輸向河南、陝西、四川、漢中地方。」[55] 從其銷路看，嶽口布為第一，澇布次之，京口布又次之，葛仙布、豐布又次之。以上土布，於制織地方，就各戶零星買收，待其聚集，更一選擇其良否，附總名目，以二十

---

52 劉昌緒、徐瀛纂同治《黃陂縣誌》卷一，江蘇古籍出版社，1998 年版，第 30 頁。

53 屈大均撰《廣東新語・貨物》卷十五，康熙年間。

54 賀長齡著《皇朝經世文編》卷二十八《巡曆鄉村與興除事宜檄》。

55 轉引自曾兆祥主編《湖北近代經濟貿易史料選輯》第 1 輯，1984 年版，第 78 頁。

匹、三十四為一捆，陸續輸到漢口，販賣之布行。若需染色再賣者，就送入染坊進行染色後再售。

武漢的手工印染業歷史悠久，清末漢口已有花布街，手工印染作坊所產的印染布在這裡集散。一九二四年以前，武漢手工操作染色加工的作坊，按專業分為青坊、藍坊、雜色坊、紅綠坊、漂坊、對土布進行整理的踩坊。染坊以染青色和藍色居多，多數染坊既染土布又染綢緞，使用工具為「一缸二棒」的手工操作，以植物色素做染料。土布染色後的整理方法是將布放在平整的石板上，上面壓上元寶形大石，操作者站在元寶石上左右晃動，把布匹碾出光澤。印花坊的印花方法是把雕刻了圖案的油紙覆在布面上，然後手工刷印染料。這種方法稱為「蘇印」，生產以藍底白花和白底藍花為主的花色。

毛巾業源於土布，在清同治、光緒年間逐漸形成。為人們洗浴方便，織造時在布面上每隔一定距離加上綜線，後幾經改進，變更經緯紗單雙組織，分成片斷，織造成凸凹方塊，呈鋸齒狀，洗浴時起到吸水和摩擦的作用。按其形狀稱為「鋸布」，又稱為「鬥布」。毛巾的主要產地在漢陽。其操作是一人操作一臺木機，即令熟手，十小時也只能織出十二條毛巾。其特點是家庭手工業，產銷結合，同業集居，自然成律。

另外，武漢的手工服裝鞋帽業興旺發達，遍布三鎮。一九〇九年，武漢有裁縫店六百八十三戶（成衣戶），其中以武昌最多。有三百六十四戶，漢口三百零七戶，漢陽僅十二戶。武昌成衣店多設在糧道街、武昌府、銀元局一帶，漢口則在黃陂街、衣服街、花布街一帶，多為夫妻店。除此之外，武漢還有大量的

「提籃」存在。所謂「提籃」就是手提藍布包袱，內放尺、剪等物，走街串巷的裁縫師傅，他們無固定門市，上門服務。「剪子、烙鐵、灰、線、尺，十個指頭混飯吃。」[56] 這是他們生活的真實寫照。

## 五、釀造業

漢汾是武漢地區的名酒，它雖不能與貴州茅臺、瀘州大麴、山西杏花村汾酒、陝西西鳳相提並論，在老武漢卻頗有名氣，也曾為武漢贏得榮譽。

武漢的汾酒槽坊，稱汾酒幫。汾酒幫按籍貫劃分為「本幫」「北直幫」，武漢本地稱本幫，大多以釀造為主。年代較久的有大有慶、江義興、義順昌、德太源、白康、瑞康、天順等六十餘家。北直幫是山西、北直人經營的，又稱客幫，經營門市酒，轉手買賣，有四大有、三天成、魁興、聚興益、協成、萬成、益成等十四家。兩大幫遍設於武漢三鎮，以漢口較多。

舊武漢釀酒槽坊多集中於礄口，社會上有「喝好酒，到礄口」的說法，鼎盛時有七十餘家，當時汾酒槽坊每天早晨向銷售戶送酒，兩簍子一擔，約兩百市斤，工人肩挑途中，喊著和諧的號子，散發撲鼻的酒香，成了漢正街早晨的特色，因而漢正街有槽坊街之稱。

---

56　轉引自《武漢紡織工業》編委會編《武漢紡織工業》，武漢出版社，1991 年版，第 29 頁。

武漢的汾酒槽坊大都是前店後廠，資本甚微，每家不過數百元至數千元。原料是小麥和高粱，兼有澱粉的雜糧也可以。

釀酒對水的要求很高，平常的自來水不合標

·漢口近郊土法制硝

準，武漢所有槽坊大都自家鑽井，取用井水。這種井水，引自漢江。以漢江之水釀出汾酒，故名「漢汾」。

汾酒槽坊都有自己的基地廠房，為了糧食發酵，每家設有缸房，將陶缸埋置地下，規模較大的缸房擁有大缸幾百至千口。槽坊按灶設場地。因此，占地比較多，大的往往達三四千平方米。二十世紀二三十年代，武漢的槽坊約有九十多口灶，每日產酒總量可達九萬多斤。

武漢汾酒除供應本市零售外，還供應酒店、藥店、酒樓，向外地主要銷售瓶裝酒，地區是本省的江河兩岸的城鎮沙市、宜昌、襄樊。外省有江西、安徽、河南、湖南等地，也有銷售到廣州的。汾酒在漢成立了汾酒業同業公所。

一九一九年，裕記、老天興、天成、聚興益還參加過國際巴拿馬賽酒會，榮獲獎章，在國際釀酒史上留下了一頁。

## 六、絲織業

中國是世界蠶絲業之發祥地，有五千餘年的歷史，無論在風土上、勞力上、技術上俱佔有非常優越的地位，為其他國家所不

及。湖北是中國主要產絲區之一，出產以黃繭絲為主，絲質以沔陽、天門等縣最佳。湖北絲業至晚清才逐漸由鄉村向荊州、漢口等商埠集中。以縐紗業為例，武昌縣屬各鄉所產縐紗，為國內銷行頗廣，以銷往湘、贛、皖各省為多，因舊式婦女多用來裹頭，故俗稱「包頭」。該業分為縐紗布機坊及縐紗號兩種，在鄉間織造縐紗者，稱之為機坊，在漢口收買及批發縐紗者為縐紗號。這一時期集中在武昌縣屬東鄉之九峰、花山磨山，北鄉之招賢里，南鄉之五里界等處縐紗機坊，合計大小有近千家。鄉間民戶，有長年以織造縐紗為專業者，亦有作為農家副業者，前者每家各有木機一到三張，每張日可出貨一匹，每年可出貨二十萬到三十萬匹，貿易額較為可觀。縐紗號專門收買鄉間機房所產縐紗，轉賣於商戶。其收買法，或由縐紗號先將黃絲發給機戶，商定若干日後取貨，或由縐紗機坊將製成之貨，賣與縐紗號交換黃絲，以物物交換的方式進行。

此外，湖北是個物產豐富、農業經濟較為發達，農產品加工業除上列幾種外，還有諸如煙葉、苧麻、甘蔗、甜菜等農產品加工業，均有一定的規模，皆為農家收入不可或缺的部分。

## 第三節 ▶ 資本主義萌芽及武漢手工業的發展

長期以來史學界對中國資本主義萌芽於何時的爭論由來已久，可至今仍無定論，有人認為它出現於北宋，也有人上溯至唐，以至更早；特別是近幾年國內外有學者則認為「明中晚期中國資本主義萌芽」是一個「偽學術命題」。但目前學術界大多數

學者偏向中國資本主義萌芽於明中葉，到清中期有了較大發展。鑑於此，本文即在此前提下考察武漢手工業的發展。

## 一、資本主義的萌芽

明代是中國封建社會發展的高峰期，封建制度經過上千年的演變逐漸走向式微，雖然市場繁榮，社會經濟發達，但在一派繁華、奢侈的表象下，明代社會暗流湧動，潛藏著與當時封建主流社會異質的聲音。就全國而言，明代中後期出現了一批標新立異的啟蒙思想家，如李贄、黃宗羲、王陽明、顧炎武、王夫之等，他們宣導「童心」「率性」「心性」，這無疑與封建程朱禮學不相融容，甚至是背道而馳，他們對人性的呼喊，迎合了當時社會民眾的心意，他們的學說自其產生起就一直為世人所關注，引起極大反響。與此同期，湖北出現「公安三袁」，即袁宏道、袁宗道、袁中道，兄弟三人創造「性靈」學派，在湖北振聾發聵，他們提倡「抒胸臆」「發真情」，「借山水之奇觀，發耳目之昏聵，假河海之渺淪，驅腸胃之塵土。」[57] 極力掙脫封建理學束縛的「真」文學，在湖北這片文海中投下一粒石子，激起圈圈漣漪，從者如流，不僅創造了湖北文學史上的再次輝煌，而且為湖北開創了另一片思想天地。思想上的層層波瀾，毋庸置疑會波及至社會，乃至於影響到社會政治、經濟、文化及人們的生活，進而推

---

57　袁宏道著，錢伯城箋校《袁宏道集箋校》卷六《陶石簣》，上海古籍出版社，1981年版，第287頁。

・一九〇九年武漢勸業獎進會在武昌平湖門外舉辦。圖為場外的營業店

動社會經濟的變革，諸如當時在江南地區的絲織業中，出現了作坊主、雇傭工、包買商與資本主義經濟因素合拍的經濟元素，這裡的作坊已不是自給自足式的、以家庭為單元的手工作坊，而是規模更大的帶有雇傭關係的手工工廠，產品投入流通領域的新型的經濟形式，因此，被看成是前工業時代的中國資本主義的萌芽。

在中國江南地區發生此種變化之時，武漢地區也出現了具有資本主義生產關系的手工工廠、作坊及雇傭勞動力，至晚清，漢陽、漢口一帶已集中了許多紡織作坊，雇用了大批織工。漢陽「郡城內外織坊猶近百家，工作恆一二千人」。說明手工作坊已是普遍存在，且每個作坊內均雇用工人，有的甚至達近百人，已走上由小生產者變為早期資本家的道路，儘管與商業資本支配不同，資本積累緩慢，作坊主的經濟地位也不穩定，但卻是一條從手工業生產領域裡發展出來的資本的道路。列寧在《俄國資本主義的發展》一文中說：「如果工廠的雇傭工人達十個以上的話，業主這時已經成為小資本家，即成為『道地的業主』了。」[58] 另外，由於資金的原因，武漢有一些小作坊主接受商人的貸金，生

58　《列寧全集》第 3 卷，人民出版社，1977 年版，第 318 頁。

產出的產品售給商人，靠賺取部分差價來維持生產。這樣商人與作坊主之間便形成了資本關係，這些商人成了包買商，直接支配小作坊主生產，實質上商業資本控制生產，只不過在這一過程中商業資本轉化為工業資本，這兩者實際上受商業資本支配，所謂「貨制於家，不能自運，販賣之權，全操諸外商之手」[59]。這種商業資本對資本主義生產關係的產生起了巨大的作用。商人除了提供資金和收購產品外，有的商人還控制著相當數量手工工廠、作坊的生產過程，並對生產規格提出較高要求，他們控制的已不是一人或幾人工廠和作坊，應包括相當一部分能控制手工作坊生產的人物。商人支配商品的生產，必然會促使作坊向更高技術、更高工藝發展。商業資本使作坊的生產與廣闊的市場聯繫起來，這是一條商業資本進入生產領域從而轉化為生產資本的道路。這在羊樓洞的茶葉和武漢銅器業的生產、流通領域中體現得最充分。漢口銅器業的鄭炳興、阮洪太、姚春和、祥雲等財神幫中的大戶，他們控制了大部分銅器的生產與銷售。列寧說：「在商品生產佔優勢以及雇傭勞動不是偶然地，而是經常地使用的地方，那裡就具備了資本主義的全部性質。」[60] 由此可見，武漢資本主義在傳統手工業內已經普遍存在，而且發展迅速。

59　許滌新、吳承明著《中國資本主義發展史》，人民出版社，1985 年版，第 582 頁。

60　《列寧全集》第 1 卷，人民出版社，1956 年版，第 150 頁。

## 二、資本主義萌芽期武漢傳統手工業發展概況

武漢是一個五方雜處之地，四川人、湖南人、廣東人、山西
人、江西人都能在武漢找到他們的身影，這些來到武漢的「異鄉
客」，以他們的聰明才智生產出品種繁多、各具特色的手工業產
品，道光中葉浙江餘姚人葉調元的《漢口竹枝詞》中描繪道：
「街名一半店名呼，蘆席稀稀草紙粗。一事令人惆悵甚，美人街
上美人無。」「一般字型大小一般壇，價值稍低貨不堪。買酒從
今鬍子細，紹興大半是湖南。」「漢皋熱酒百餘坊，解渴人來靠
櫃旁。魚雜豬腸兼辣醬，別人聞臭彼聞香。」「花布街連廣益橋，
教門生意獨殷饒。糖糕切片經油脆，牛肉懸門撲鼻臊。」「湖堤
中段最繁沖，列市金工與木工。鋸屑霜飛撕板料，椎聲雷震打煙
筒。」「堤之上下，民居店面不齊。惟由體仁巷至福建庵一段悉
是木貨、銅煙袋等店，椎斧之聲日夜不息。」「下堤不與上堤同，
道路蹺蹊店面窮。敗絮殘花彈不了，飛灰容易嗆喉嚨。」[61] 至民
國初，各種手工業作坊已遍布武昌、漢陽、夏口三鎮。宣統元年
（1909 年），手工業生產發展到四十多個行業，包括銅器、鐵
器、剪刀、筆墨、製傘、雕刻、金銀首飾、紙紮、成衣、制帽、
靴鞋、繡花、藤器、木器、筷子、食品等行業，共四千八百餘
戶，工匠一萬餘人。著名產品如銅器、漢繡、牙刻、筆墨等遠銷
海外。宣統二年（1910 年），在南洋賽會上，武漢一批手工業名

---

61 葉調元著，徐明庭、馬昌松校注《漢口竹枝詞校注》卷一，湖北人民
出版社，1985 年版。

牌產品曾獲金銀牌獎，其中彩霞公司的繡畫、美粹學社的繡字獲一等赤金牌獎；利華公司的制皮、雅森永的漆器、向洪盛的仿古銅器獲二等鑲金銀牌獎。在一九一五年巴拿馬賽會上，又有姚春和的銅

・一九〇九年武漢勸業獎進會上展出的實習工藝廠特別室

器獲一等金牌獎；鄭炳興、姚太和、義太和的銅器、同義廠的豬鬃獲二等銀牌獎。武漢出現了諸如繩業巷、豆腐巷、板廠巷、玻璃廠、磚瓦巷、繡花街、筷子街、打銅街、打扣巷、造紙巷、花布街、白布街、青布街、紙馬巷、五彩坊、燈籠巷、皮業巷、麻線巷、棉花街、油坊巷、泥工巷、茶葉巷、琉璃巷、分金爐、剪子街、靛行巷、草紙巷、襪子街、蘆席街、緯子街、衣鋪街、籃子街、箍桶街、鐵坊巷等以手工業聞名且以此命名的小街小巷。這些充分說明了在資本主義萌芽時期，武漢傳統手工百業繁榮與興盛，同時，這些傳統的手工業又是武漢土風土俗的具體體現，給武漢這座城市增添了無窮的魅力。

（一）冶金業

　　武漢的五金業起步較早，據現出土的文物來看，大致在商代，武漢地區就有手藝精湛的五金匠人。三千五百年前，商代盤龍城遺址（漢口以北五公里）出土精美的青銅器具，漢陽紗帽山商代晚期的銅簇、銅鑿、銅魚鉤、大青銅尊等，武昌流芳嶺獅子

山西周初期青銅鼎，武昌石咀三國時代的銅弩機等。從這些兵器和生活用品中，即可看出古時今之武漢地區銅器生產已相當發達。元代大德十一年（1307 年），在武昌梅亭山（今武昌楚望臺一帶）有一王大德爐坊主，曾為道教名地武當山冶鑄鐫刻了一座銅殿，是為我國最早的元代銅殿。武漢銅器的大量生產和發展，並廣泛應用於人民的生產和生活，則是在明末清初，商業中心從武昌轉移至漢口，漢鎮銅器業日益興盛。清康熙三十年（1691 年），在漢口半邊街（今統一街一帶）曾建有京南公所，係漢口的銅鑼坊、銅鏡坊、紅銅坊、銅盆坊、喇叭坊祀神議事之所，為漢口銅器業商人和手工業者集中地。武漢銅器業分為大貨幫、煙袋幫、財神幫、響器幫。大貨幫主要生產各種日用雜物；煙袋幫專製旱煙袋和水煙袋；響器幫則專製鑼鈸、喇叭等民族樂器。漢口有一條街道叫打銅街，南起今漢口花樓街，北抵今漢口統一街，長一百五十米，寬不足六米的一條小巷。曾聚集了幾十家銅匠小手工業者，有製造銅茶壺的，有鑄造銅臉盆、銅墨盒、銅煙袋、銅烘籠、銅帳鉤、銅鎖及供神用的銅蠟臺、銅香爐等，最盛時期，打銅工人竟占全街人口百分之七八十之多，可見，漢口打銅業之興盛。宣統元年（1909 年）湖北省警務公所調查統計，武漢三鎮有銅器業八百三十戶，基本上沿著漢口長堤街、太和橋、棉花街一帶設店建坊，形成銅器業市場。

武漢的打銅業除了生產日用銅器外，另有文化銅器生產，那就是享譽世界的響鑼。響鑼是我國傳統打擊樂器，歷史悠久，相傳是古代青銅編鐘演變而來，後隨著時代發展，它廣泛用於民間的喜慶活動和歌舞戲劇。近代武漢響鑼始於道光末年，由山西長

治縣製鑼工匠們所把持，直至同治九年（1870 年），武漢製鑼業才由本地人掌握。十九世紀，武漢已成為全國銅響器的製造中心之一，從業者二百餘人，大都來自黃陂、孝感。當時漢口的主要製鑼作坊有德昌生、黃義興、王宏昌、永大昌、天成昌等幾戶。一九○九年，黃陂人高青庵在漢口長堤街二六二號（今 1045 號）創辦了高洪太鑼廠，製作各種班鑼、馬鑼等銅響器，品種達二十餘種，年產量二十多噸，雇工最多時達四十人，新中國成立後製作的「虎音鑼」享譽世界。

在清嘉慶、道光年間，武漢的商業進入空前鼎盛時期，大量手藝精湛的製鐵手工業者在此操業謀生，漢口一地已有「鐵行十三家，鐵匠五千餘名……派買鐵行之鐵，督各家晝夜趕製農器十萬事，約工價五萬兩」[62]。他們在同一街巷生產，前店後坊。到十九世紀中葉，漢口已有剪子街、鐵坊巷等街名，是漢口鐵品生產和交易場所。

武漢最著名的冶鐵號是周天順爐冶坊。清朝初年，周仲卜從江西饒州府樂平縣瓦屑壩移居湖北武昌崇福山下大堤口，世代以經營爐坊為業，生產香爐、神鐘、湯罐、鼎鍋等日用器件。清同治五年（1866 年）周慶春將爐坊從武昌遷至漢陽雙街，更名為周恆順爐冶坊，除生產傳統的香爐、神鐘、湯罐、鼎鍋等日用器件外，還開始兼營翻砂，製造溝蓋、欄杆。光緒二十一年（1895

---

62　包世臣撰，李星點校《包世臣全集・齊民四術・籌楚邊對》，黃山書
　　社，1997 年版，第 456 頁。

年），周恆順爐冶坊仿製軋花機成功，開創了武漢三鎮民營機器製造業的先河。但此時的周恆順廠內僅有一部車床和一部小鑽床，動力全靠手動，其生產規模和能力都有限。光緒二十四年（1898 年）周慶春去世時，正值維新運動，清政府制定了獎勵民族工商業的法令。一九〇〇年，時年十七歲的周仲宣（1881-1967 年，周慶春二子）從上海購進一臺蒸汽發動機和幾臺機床，周恆順機器廠漸成雛形。一九〇五年，周仲宣將「周恆順爐冶坊」改名為「周恆順機器廠」，成為民族工業的肇端。

武漢著名鐵製品還有曹正興菜刀，曹正興菜刀是武漢手工業傳統名牌，迄今已有一百四十餘年歷史，創始人曹月海繼承和發展了傳統菜刀鍛打工藝，以其獨特的前薄後厚、刀板平整、前切後砍、刀口鋒利。康熙四十二年（1703 年），安徽太平人汪大昌舉家遷至湖北老河口，專營剪刀生產，隨後武漢、沙市、天門等地相繼建起了刀剪鋪，武漢牛同興剪刀鋪就是其中之一。牛同興以生產鋼火好、口面平滑和經久耐用的剪子著稱，所生產供皮匠 鞋的空心錐條亦聞名於世。新中國成立初，該店仍在武昌解放路

· 漢口老天成酒廠的老天成龍鳳商標為馳名商標，曾獲一九一五年巴拿馬萬國賽會出品得獎

營業。

老漢口的金銀首飾行業有浙、贛、鄂三幫。清末至民國初，浙幫以經營金飾為主，壟斷了漢口的金飾經營。江西幫是小本經營的銀匠鋪，本幫以爐坊為主。在金銀製品中以浙幫的老鳳祥與江西幫的鄒協和實力最大，名聲最響。

## （二）造船業

湖北水系眾多，航運發達，自古就是我國重要的造船基地，船舶修造遍布江漢各地，以江陵、江夏、襄陽為三大造船基地。江夏造船自成體系，造船基地點多面廣，大多分布在郡治及其附近州縣濱江要地。以今黃州、鄂州、武昌、新洲、雲夢、漢陽等地造船規模最盛。秦皇、漢武先後幾次南巡所用龐大船隊，江夏是主要的供造基地。

武漢造船業的發展就與武漢的地理位置有相當大的關聯。武漢是一個軍事重鎮，因此，所造之船必定以軍用船為主。三國時期，武昌（今鄂州）建造的「長安」大船「載卒三千」，足見鄂州的造船水準和能力是居於領先地位的。南朝梁、陳之際江夏一帶大量戰船投入水戰，黃州、鄂州、新洲等處是主要的戰船修造屯駐場所，兩晉南北朝時江夏造船規模空前。宋代後，中國的封建經濟日臻完善，南貨北調，北貨南運已是常態，對航運的需求增大，加之長江中游漕糧運輸中心向武漢轉移，北宋在此特設「湖北漕司」，統轄荊湖南、荊湖北路漕糧的集並和中轉，元代湖廣的漕米也由武昌交兌。因此，湖北地區的船舶建造更趨鼎盛，至元十四年（1277 年），全國有「鄂州、揚州、潭州、杭

州、江陵、武昌、福建、江西」八大諸色人匠局院，湖北就占三處。至元二十年（1283 年）為運送揚州、平灤兩處的漕糧，曾令江南、江西、湖廣三省造船 2000 艘，於濟州河運糧。到了元代，湖北湖廣行省水驛 73 處，驛船就有 580 艘，合計為 163 站，船 2082 艘，這些船經常需要更換，由「站戶」「自備自補」。元至正二十一年（1361 年），陳友諒被朱元璋打敗而退守武昌，為與朱元璋決戰，遂大造樓船戰艦，加緊訓練水師，不到兩年的時間，便趕製樓船數百艘。湖廣的「武昌船廠」是明代的五大船廠（武昌、清江、九江、蘇州、安慶）之一，[63] 專為湖廣製造漕船，維持額定漕船 1012 艘。[64] 造船業在經過幾代的更替之後，自身發生很大的變化，官辦造船工廠逐步向民用轉變，明代中央和地方監院局所屬的官辦造船工場世襲工匠制度逐步瓦解，80％ 的工匠得以解脫，獲得獨立經營的條件，許多從造船工匠脫離官辦工廠，加入民辦商用船的建設行列之中。

洪武四年（1371 年）三月，明政府「命湖廣武昌等府發民夫 3 萬人，舟 8000 艘，運糧 14 萬擔，由襄陽轉輸漢中」[65]，一三八四年，為轉運四川、雲南等省運京馬匹，令武昌、荊州、嶽州、歸州各造馬船 50 艘。宣德八年（1433 年）添造運漕船隻

---

63　《立覽堂叢書》3 集第 11 冊；《皇明職方川海地圖表》卷下《漕河列表》。

64　《立覽堂叢書》3 集第 11 冊；《皇明職方川海地圖表》卷下《漕河列表》。

65　李國祥主編《明實錄類纂·湖北史料卷》，武漢出版社，1991 年版，第 862 頁。

3000 艘，其中 2000 艘由湖廣、江西、浙江製造。天順四年
（1460 年）二月，命浙江、四川、湖廣、江西等地造運糧船一千
兩百艘，在軍用、民用船的建造技術成熟後，隨著明代海禁的開
放，湖北境內的船廠，包括武昌、漢陽等地的造船工廠開始大量
製造更大噸位的海船，永樂元年（1403 年）八月，命京衛及浙
江、湖廣、江西等造海運船兩百艘；十月，命湖廣、浙江、江西
造海運船一百八十八艘，永樂六年（1408 年）十一月，命江西、
浙江、湖廣及直隸蘇、松府造海運船五十八艘，隆慶六年（1572
年）三月，總督漕運都禦史王宗沐建議：「（海路）漕運二十餘
萬，通計用舡四百三十六艘，淮上木貴，不能卒辦，宜酌派湖
廣、儀真各船廠置造。」[66] 建議得到批准，結果四百三十六艘中
的兩百艘分派湖廣船廠製造。萬曆元年（1573 年）七月，山東
按察使兼右參政潘允瑞條陳漕運事宜，建議「各省糧船改照湖
廣、江西式造，深大堅固，二船可抵三船，每十年可省銀二十三
萬五千有奇。」[67] 洪武年間還命湖廣、江西二省並安慶、甯國、
太平三府，增造馬船八百一十七艘。永樂十三年（1415 年），因
罷海運改行河運，「命平江伯陳瑄於湖廣、江西造平底淺船三千
艘」。歲運三百餘萬石。作為湖北主要的造船工廠，武昌廠承造
的數量當不在少數。另外，武昌廠每年僅固定承造的漕船就有百

66 李國祥主編《明實錄類纂·湖北史料卷》，武漢出版社，1991 年版，
第 898 頁。
67 李國祥主編《明實錄類纂·湖北史料卷》，武漢出版社，1991 年版，
第 898 頁。

艘以上，維修船隻也有四五百艘之多。

清中葉，湖北漕船的製造移至武昌、漢陽，造船任務繁重。清代漢陽鸚鵡洲、武昌白沙洲、黃岡大埠馬驛灘是三大木場，同時也是著名的造船基地。不僅本地的商賈就地買木造船，而且外省也慕名而來，其中以江蘇、江西鄱陽湖地區、河南唐白河腹地的航商最多。僅在一七八五至一七八八年四年間，由湖廣額外承擔的任務即達八百餘艘，而武昌、漢陽二廠承擔近四百餘艘，造船技術相當高超。湖廣、江西在營造運軍漕船時，出現搭載私物的需要，擴大淺水船的規模，將船身加長兩丈左右，船頭、船身各加寬兩尺，使其載重量達三千噸以上。製造這樣規模的淺水木船，技術難度可想而知。一般規模的船是很難勝任的。後清政府劃定漕船樣式，湖廣、江西造船工廠，依式而制。到乾隆末年，湖廣的漕船均在兩千噸以上。

除漕船外，這一時期航行在江蘇儀征至漢口間的鹽船，大多由鹽商出資打造，有些鹽船達四千五百引。[68] 還有沙船、紅船等。

## （三）漢繡

漢繡是武漢傳統的手工藝品。漢繡分為金線人物、花草禽鳥

---

68 宋以後鹽、茶運銷時以「引」為計量單位，每引規定的斤數不同時期和地區各不相同。《續資治通鑑・元世祖至元二十六年》：「南北鹽均以四百斤為引，今權豪家多取至七百斤。」《清史稿・世宗紀》：「茶三十四萬二千三百五十一引。」

兩類，具有色彩濃豔、華麗多彩、金碧輝煌、裝飾味濃的藝術效果。針法與「四大名繡」迥異。曾為達官貴人、名伶喜愛。漢繡最初見於武昌，早在清嘉慶年間，刺繡、戲衣等民間藝人就聚集在江夏，並已初具行業規模，後次第傳入漢口，迨至咸豐年間，漢口便設有織繡局，集中各地繡工制官服、裝飾掛品。一八六〇年前，武昌最有影響的繡貨鋪坊就有蘇洪發、萬興發、徐大華幾戶，批零兼營各類繡品，除自繡外，還承接定貨，發外加工，遂形成武昌塘角（今新河街帶）婦女刺繡加工基地。一八六二年左右，有武昌青山鎮人鄭氏兄弟，在武昌學得繡藝，先後在漢口長堤街開設鄭源茂繡貨鋪，隨後陸續在大夾街、萬壽宮一帶，開鋪設局的還有胡源利、黃開茂、塗添盛、鄭天茂、鄭大昌等數家。此時漢口繡花雖有所發展，而鋪外加工仍在塘角，為此與武昌繡業為爭奪外加工點而興訟事，後因漢口繡業敗訴，即轉向武昌白沙洲（包括八鋪街、炭廠角、毛家巷）一帶，開闢第二個漢繡加工基地。嗣後，漢口繡業日漸興旺，武昌繡業隨之衰落，到一八六六年，武昌僅存青龍巷徐興發一家勉力支持。

　　光緒年間，漢口萬壽宮江西會館（今武漢市第七中學）鄰近，設有王永豐、楊複順、雙茂和、周乾泰、王義新、王榮新、張義順、劉萬興、陳天然、田恆昌、李祥茂、李祥泰等繡貨鋪。鋪面、作坊林立，形成漢口繡花一條街，繡花街因此得名。武昌白沙洲倚城臨江，向有「男會駕船，女會繡花」之說，大絨活、二絨活都集中於此加工刺繡；另一部分粗活、草繡則多由塘角承擔。其時，武昌、漢口兩地繡貨鋪坊有繡工五百餘人，還有店外做包活的男技工一百餘人，連同白沙洲、塘角兩處的家庭繡女近

兩千人,「武漢貧家婦女,多有恃此以生活」。成為漢繡發展的極盛時期。各地購買或定制繡貨者,均匯於漢口。童玲橋、張進前、楊新階等人都是名重一時的花稿畫師,宣統二年(1910年)漢口美粹學社、彩霞公司的繡字、皆榮膺南洋賽會一等金牌獎。

漢繡以鋪、壓、織、鎖扣、盤、套主要針法的變化運用而著稱,果斷、邊緣齊整,多從週邊啟繡層層向內走針,進而鋪滿繡面,這是漢繡的基本針法。另外,還根據不同的質地、花紋,靈活交替使用墊針繡、鋪針繡、散針繡、遊針繡、關針繡、潤針繡、堆金繡和雙面繡等多種傳統針法。色彩以紅、黃、綠、白、黑五色中的上五色(即最鮮豔的色調)為主,採取塊面式的分層破色,對比強烈,層次分明,且多用摻針,使繡面渾厚凸起,立體感強,與蘇、湘繡擋染法有異。在構圖上,湘繡注重寫實,蘇繡裝飾寫實並重,漢繡則專美於裝飾,圖案性強。如「龍鳳呈祥」「雙龍戲珠」「和合鬧年」「年年有餘」都是漢繡的常見圖案。

(四)竹木業

漢口是全國木材貿易規模最大的口岸,以此為原材料的竹木手工業也發達。明清時期,木器業遍布全省,黃陂、孝感、漢陽、武昌等縣木工紛紛來到漢口和武昌城中落戶,武漢擁有上百家專業木器店,為六大行業之一。「湖堤中段最繁沖,列市金工

與木工。鋸屑霜飛撕板料，椎聲雷震打煙筒。」[69] 漢口袁公堤中段「悉是木貨、銅煙袋等店，椎斧之聲日夜不息。」[70] 武昌臨江大道筷子街源於明末，當時一批江西吉水縣制筷工人在此定居後，利用城北（現北城角）江堤邊大湖淌（曾在三機床廠內）泡竹做筷子，後人們叫它筷子湖，江堤因曬筷子叫筷子堤。筷子湖畔逐漸成了生產、銷售筷子的一條狹長小街——筷子街。筷子街鼎盛於清同治時期，有筷子作坊一百多家，生產的筷子色澤鮮豔，堅實耐用，馳譽全國，以王天順店號的最為上乘，筷子街製作筷子一直延續到二十世紀五〇年代，地名也一直保持了三百六十多年。民間竹器藝人章水泉竹製品堪為藝術精品，與其徒弟製作的竹制屏風，陳列在北京人民大會堂湖北廳裡，章氏用不同粗細的竹子拼接成「卍」字形、龜紋圖案，以竹枝編制的古錢、蘭草、蓮花、蝴蝶，巧奪天工，令人讚歎。民國四年（1915年）章水泉製作的兩把小花竹椅，在巴拿馬太平洋展覽會（亦稱「萬國博覽會」）獲一等獎。漢口棉花街的黃雲記棕床是武漢臥具一絕。

清代乾隆、嘉慶年間，湘鄂地區已成為我國紙傘重要產區之一，清代末民國初年，漢口紙傘與湘之湘潭、長沙，粵之廣州、南海，蘇之鎮江，浙之杭州等地的紙傘齊名於國內外，而創始於

69　葉調元著，徐明庭、馬昌松校注《漢口竹枝詞校注》，湖北人民出版社，1985年版，第35頁。
70　葉調元著，徐明庭、馬昌松校注《漢口竹枝詞校注》，湖北人民出版社，1985年版，第35頁。

清同治年間的蘇恆泰傘店，其紙傘以優質耐用著稱，亦是武漢傳統名產之一。

### （五）其他手工業

毛筆是我國寶貴的文化遺產之一，是傳統的書畫工具。道光年間武漢已有多家毛筆店，如鄧光照、週三盛、太極圖、焦林魁等，武漢最有名的毛筆加工店是鄒紫光閣毛筆，有一百七十年的歷史。鄒紫光閣創始人鄒法榮家鄉乃江西臨川，素以製筆著稱。道光二十年（1840 年）鄒法榮開始製作毛筆，一八五〇年，鄒氏從蘇州販運羊毛來漢，遭到筆店老闆聯合壓價，遂在漢口花布街（今花樓街上段）太平會館附近租一小屋自設筆店，取名為「鄒紫光閣筆店」。鄒氏毛筆做工精細，選料考究，一向以「尖、齊、圓、健」「四德」俱全而聞名。鄒法榮去世，由其子侄接手經營，不僅自己鑽研技術，並遍訪鄂、贛名師，如擅長製造「羊毫」的朱東生，「條幅對筆」的吳南但，「雞毫水筆」的鄒炳昌等人，都先後被禮聘為店裡的掌作師傅。加之不斷改善經營管理，毛筆品質出類拔萃，享譽漢口。光緒五年（1879 年），鄒孔懷之子鄒文林在週三盛筆店學徒滿師後，遍訪湖南、天津、北京等地，吸取外地製筆工藝的特點，後在漢正街高升巷開設製筆作

· 民國年間漢口鄒紫光閣筆名價目表

坊，逐步形成了一套獨特的製筆工藝，為鄒紫光閣毛筆揭開了新的一頁，其工藝在繼承傳統的基礎上，創新了一套工藝流程，並有洗、浸、攏、並、梳、連等八十三道程式和許多獨特的操作技巧。

　　胡開文墨店是武漢墨界翹楚。它緣於安徽，其創始人胡天注，安徽績溪縣人，乾隆四十六年（1781 年）在安徽屯溪租了一間名為「開採章」的墨店，後又在休寧、屯溪兩地開店，小批量自產自銷墨塊。同治六年（1867 年）胡氏嫡傳第五代傳人胡祥善來漢，在花樓街（今汪玉霞食品廠右側）開設「老胡開文真記墨店」將徽墨技藝引進武漢，從此胡開文便受到武漢人的青睞。胡開文為前店後廠，禮聘技藝高手掌作，雇有墨工十餘人。始以「胡開文」傳統配方和工藝生產墨塊，製墨工序多達十四道，每人日產高檔墨由一斤增至三斤，低檔從二斤增至五斤，由於生意興隆，上海胡開文廣戶氏墨店也來漢，在花樓街百子巷口設一分店，與「真記」一道形成了漢口製墨業中擁有巨大優勢的「徽幫」。當時胡開文香墨被名人學者視為珍寶，享有良好的聲譽，宣統元年（1909 年）在武漢勸業獎進會上，漢口胡開文香墨獲三等獎。我國製墨業北墨用松煙，南墨用桐油。胡開文香墨選用安徽上等桐油煙、廣膠做原料，同時配以麝香，高檔香墨則改用黃山松煙，並添配珍珠粉、冰片、公丁香等珍貴藥材，捶之熟煉，自然晾乾。製作工藝不同於漢幫。它是單模單塊捶制，以杉木做墊板陰乾，一小時翻動一次，而漢幫是數模數塊並捶，以篾篩做墊板風乾，兩小時以上翻動一次。故胡墨不失真傳。有質地細潔、色澤黑潤、香味濃郁、書畫鹹宜、四角平穩等特點。外

觀頗為考究，花色繁多。圖案古奇，龍、鳳、人物、飛禽走獸，花、鳥、蟲、魚，莫不栩栩如生，並以金箔描金，配上色彩，十分精緻，堪稱工藝品。

另外，為保持徽墨「堅如玉、紋如犀、黑如漆」的特點，胡開文遍游蘇、杭、寧等地名勝古跡，天然景色盡收眼底，模擬寫真，以用來設計精美的墨塊圖案。

### 三、轉型期武漢手工業的走向

進入十九世紀四〇年代，中國迎來「數千年未有之奇變」，西方資本主義生產方式的入侵與傳播，傳統經濟在外力影響下仍有其繼續生存的餘地和驅動力，傳統手工業自內而外發生了巨大變化。十七世紀以前，中國的傳統手工業技術領先於西方，在世界獨佔鰲頭。進入十八世紀，西方飛速發展，近代輕工、紡織、食品工業逐步成熟，不僅影響了眾多城市居民的消費習慣、風氣，也波及了部分農村。這些「洋貨」和現代工業品，一方面具有傳統手工業所不具備的特點從而替代了傳統手工業品，如洋布做的新式服裝取代了土布衣，機制細麵粉代替了土磨粗粉，新式交通工具取代了人力、畜力車，新式文化用品如鉛筆、鋼筆取代了毛筆。另一方面，現代工業又生產出傳統手工業無法生產的眾多新式用品，如電燈、電器、火柴、捲煙、新式建築材料和房屋等等，所有這些，都使傳統手工業產品市場需求的很大部分受到削減，中國傳統手工業受到不同程度的衝擊，其中衝擊最大的是糧食加工業和棉紡工業，武漢也不例外。武漢糧食加工業出現了手工工具的趨新，「石磨＋蒸汽機」技術模式出現，並開始了向

大機器生產的過渡轉化；其次在生產形態上也出現了近代性變遷，包買主制下的依附經營與業主制下自主經營的手工工廠成為中國近代手工業的主要經營形式，分工協作在手工工場甚至部分包買主制下的依附經營者中成為主要的勞動形式，管理形式也開始了微變，武漢手工業界開始大膽嘗試機器生產，走上一條自我拯救、自我發展的道路。以武漢的糧食加工業、棉紡織業為例，可以觀察到武漢傳統手工業在變革時代的嬗變。

十八世紀蒸汽機的發明，出現蒸汽磨坊，翻開了糧食加工業新篇章，長期處於糧食加工領先地位的中國，在很短的時間內，就被歐洲甩開，當歐洲使用機械制米磨粉近一個世紀以後，武漢才引進這種機器，並嘗試著使用機制米，「使用蒸汽力的磨坊是大機器工業時代的具有特徵的伴隨者」[71]，「蒸汽磨產生的是工業資本家為首的社會」，這種代表先進生產力水準的蒸汽磨一經在武漢採用，便快速在武漢落地生根，為糧食商人帶來無限商機，至二十世紀前二十年，武漢地區糧食加工業出現大量的動力機制米工廠。一九〇七年，商人劉建炎在漢陽南岸嘴創辦兆豐公司，購置國外蒸汽機二臺，碾米機八臺，大礱子三個，以蒸汽做動力，十二小時碾米九百石，加工出來的米色白、品質優，可能因價格問題，銷路不暢，不久即倒閉了，這是武漢最早的機器制米廠。兆豐公司雖然存在時間較短，但它是武漢機制米業的開始，它開創了武漢糧食加工業的新時代，為武漢糧食加工業帶來

---

71 列寧著《俄國資本主義的發展》，人民出版社，1956年版，第401頁。

了新的技術上的革命。一九〇九年，由兆豐機器米廠改名而來的寶善米廠，打開了機制米銷路，產量大增。此後，武漢的機制米業漸漸興隆，一些老式制米作坊效仿寶善米廠，購買新設備，採用新技術，機制米業在武漢得到長足發展，十九世紀末二十世紀初，漢口的糧食行、運銷商已達二百三十二戶，糧油加工作坊數百家，經漢口輸往英國、德國、法國、丹麥及日本、美國的雜糧、油料約三百萬擔，除寶善外，另有五豐米廠、元豐號糧食行、永濟米廠、德馨米廠、順興恆米廠、公太米廠、曹祥泰米廠等。有的日產大米一千石，有的月產五千至七千石，其中尤以元豐號糧食行、元豐豆粕製造廠為最大。它們均是上海「糧食大王」阮雯衷在漢口創辦的糧油加工業。阮雯衷以上海為信託，利用在上海積累的資本，購買西方的機制麵粉機器，開始在武漢生產機制麵粉，他的麵粉加工業龐大，僅元豐豆粕製造廠就擁有二百七十臺機器，工人一百四十人，日產豆餅三千塊（約 15 萬斤），豆油一萬二千斤，另外他還在漢口創辦了元豐蛋品加工廠分號、元豐芝麻風選廠分號，招收大批手工失業者，總投資達兩百多萬兩，職工達兩千餘人，其產品佔領漢口大部分農副產品市場。

十九世紀初期，麵粉機器也進入武漢的糧食加工業，促進武漢麵粉加工業的躍進。一九〇四年，上海商人朱士安等二十餘人首先籌資在漢口羅家墩創建和豐機器麵粉公司，購置英國設備，以蒸汽做動力，日產麵粉五百包（每包 50 磅）。接著，一九〇五年，上海人朱疇在漢又創辦了恆豐麵粉廠，規模較和豐大，日產麵粉七百包。同年漢口錢莊老闆黃蘭生開設漢豐麵粉廠，日產

麵粉一千二百包，這是當時武漢最大的麵粉廠。一九〇六年，寧波商人景慶雲在現黃興路又創辦了金龍麵粉廠，日產僅三百包。在武漢機制麵粉除中資外，一些外商見此業利益豐厚，有利可圖，也加入這一業。一九〇六年，德商在漢口開設禮和麵粉廠，一九〇七年，日商設立東亞製粉株式會社，一九一〇年，日商又設立和平製粉株式會社，這些麵粉廠以日本東亞製粉株式會社規模最大，資本最雄厚，設備最好。東亞製粉株式會社有資金 48.7 萬銀元，占當時整個民族麵粉廠總資本的 47.93％，並建有四層樓車間一座，安裝日式三十吋雙邊鋼磨十七部，另有大磨子一部，日產麵粉二千三百包，後增至四千包，生產能力占華人工廠總和的 50％，而且由於資本雄厚，該社大量購買囤積小麥，終年開工不停，為了爭奪銷售市場，日方一邊降低成本，降價銷售，一邊使用化學藥劑漂白麵粉，使麵粉潔白光亮，還以五斤裝布袋麵粉無償贈送，以此招攬顧客。在外商的打壓下，武漢的麵粉市場操控在洋商之手，華資的一些麵粉廠處於半停頓狀態，有的甚至資不抵債。在第一次世界大戰期間，中國由麵粉進口國轉為出口國，武漢的大部分麵粉向國外出口，其中向美國出口輸出的數量最多，如一九一七年為 100782 擔，值銀 44 萬兩，一九一九年達 323800 擔，值銀 145.8 萬兩，一九一七年輸入日本 1061 擔，值銀 5491 兩，一九一九年達 898704 擔，值銀 402 萬兩，其他輸往英國、法國以及香港、菲律賓、南洋一帶，從而促進了武漢麵粉業的發展，這之後武漢麵粉廠更多，金龍雲記麵粉廠、瑞豐麵粉廠、楚裕一勝新麵粉廠、福新麵粉廠、寶豐麵粉廠等大大小小的麵粉廠數不勝數，坐落於城市的大街小巷。

　　武漢在傳統榨坊方興未艾之時，就有外地商人琢磨用機器榨油，首先是廣東潮州人關美盛，於光緒二十二年（1896 年）創辦的美盛餅油廠，廠址在漢陽的楊家河，使用人力螺旋榨油機，雇用工人一百人，生產豆餅、豆油，不僅在武漢銷售，還銷往其家鄉廣東潮州、汕頭一帶。接著，一九○二年寧波商人蔡永基在漢陽又開辦了永昌元油廠，規模更大，有螺旋榨油機 180 部，職工 230 人，日產豆餅 1600 枚。這年武漢還開辦了裕豐榨油廠，日處理大豆 640 擔。一九○四年浙商劉萬順在礄口開設了歆記油廠，日產豆餅達 330 枚。一九○五年寧波商人阮雯衷在漢口勝利街開辦元豐豆粕製造廠，日產豆餅 3600 枚，在武漢榨油廠中首屈一指。

　　一九○七年湖南商人淩盛禧創辦了允豐榨油廠，資本 2 萬銀元；清軍協統郭元在漢陽楊家河建天盛油廠，日產豆餅 2000 枚。辛亥革命前武漢機器榨油廠有 9 家，且呈不斷遞增的趨勢。此外，日本商人在漢陽設立日信第一油廠，接著又開設日信第二油廠，兩廠的生產能力強大，有工人近 300 名，日產豆餅達 3000 枚。進入民國後，武漢地區又相繼建立了多家榨油廠，「近年漢口豆餅之產額非常增進，查光緒三十年以前，年輸出不過五六十萬擔，近年增至二百萬擔以上，較前約加四百萬擔以上，較前約加四倍」。

　　糧食加工業的這一變化，在武漢的其他手工業領域也悄然發生，表現突出的是棉紡織業與製茶業，漢口開埠，洋布洋紗在市場上仍處於「冷淡的態度」，土布依然旺銷，英國廠商、駐漢領事館人員為了將英國布銷往中國內地，通過各種管道瞭解四川、

湖南和湖北部分地區土布、土紗的生
產和消費等情報後，開始仿製內地土
布，英國的曼徹斯特有專為漢口和上
海市場生產「標布」的工廠，該布外
似土布，品質卻十分低劣，他們以低
價在我國市場拋售。據統計，一八六
八年，從上海輸入漢口的「標布」價
值 130 萬關兩，一八六九年又增加到
133.1 萬關兩。美國商人也如法炮製，

・一九一〇年代漢口木板廠作坊

到十九世紀七〇年代，英、美洋布以幾乎比土布便宜一半的價格
在漢口傾銷，一八八〇年英商在漢口市場上銷售 5.9 萬匹洋布，
美商銷售了 3.07 萬匹，在這樣的傾銷下，洋紗慢慢取代土紗，
土紗土布為武漢四鄉婦女耕作穿衣之用，祭祀或應酬則往往使用
光鮮亮麗的洋布，為抵制洋紗洋布的傾銷，湖廣總督親自宣導，
在武漢成立「湖北官紗、麻、布、絲四局」官辦棉紡織公司，以
挽回利權。與此同時，武漢民間提出了「土布救國」的口號。在
生產上改革生產工具，將「投梭機」改為「手拉機」，以提高工
效，改進布匹規格，放寬門幅長度，試製新產品。改良後的土布
面貌一新，銷售轉旺，生產開始回升。其價格和品質都比洋布
好，故洋布未能全部取代土紗和土布，紡織手工業仍處於發展態
勢。據一九〇〇年《東西商報》載：「武昌、江夏、漢陽、黃
陂、孝感、黃州、天門地方，各鄉人所織者，其品位名稱不一，
然其大宗者如，漢陽產：柏泉布（漢陽北鄉產）、馬鞍布（漢陽
南鄉馬鞍山附近地方產）、漢陽布（漢陽西門以外產）。武昌產：

葛仙布（黃陂黃花澇一帶產）、港布、橫山布、嘴布（黃陂地方產）。黃州產：景莊布（新洲、麻城、黃岡、黃安、宋埠等處出土布總稱）。孝感產：改機布（舊時稱「紅莊布」，今加改良稱「改機布」）。江夏產：京口布（京口產俗稱「外山布」）、石嘴布（俗稱「內山布」）。天門產：嶽口布（天門縣岳家口一帶產）。此外尚有陽邏布、招賢布、來蘇布等名稱。」[72] 各種布匹產量最低年份為一點九萬匹，最高年份為十五萬匹。除銷往湖北外，並遠銷山西、陝西、河南、江西、江蘇、廣東、廣西、貴州、雲南等省，每匹售價視其品質優劣、粗細不同，在 0.5-1.4 銀兩間。利用機器紡紗織布是轉型時期，武漢傳統手工業的發展趨勢。一九〇四年漢口程雪門兄弟投資白銀一千兩，在武昌箍銅街開設華升昌布廠，有布機三十臺（後擴充到 70 臺），經仿製官布局布機成功後，人力用新式布機織新式「土布」，粗紗改用細紗，幅寬增至二尺多，長度增至四十八至六十尺，當時市場上稱之為「大布」，舊土布則稱為「小布」，官布局所產「洋布」稱「官布」，大布除少量白胚布外，大量是色織布，這是武漢出現最早的色織布廠。一九〇五年，鮑繼文開設鮑全生布廠，設布機六十臺。武漢的紡織業開始由手工作坊向手工織布工廠發展，清光緒三十二年（1906）後，相繼興辦的織布廠有：黃寶善傳習所，招收失業青年，傳教織布手藝。一九〇七年，張之洞在武昌

---

72 轉引自《武漢紡織工業》編委會編《武漢紡織工業》，武漢出版社，1991 年版，第 8 頁。

城設立「手工善技場」，又稱模範大工廠，資金三萬兩，布機兩百臺，工人五百名，民國後改為官商合辦，一九一五年又改私營，易名為模範公信布廠。同年，張之洞設立勸工院，即貧民大工廠（屬官督商辦）。有木布機一百臺，生產愛國布、條子布及大小提花布。一九〇九年商人鄭彬如以資金五千銀兩、布機四十五臺開設第一公司，生產布匹。在鴉片戰爭以前，武漢手工業作坊和工廠只能生產簡單的土花布，鴉片戰爭以後，官布局所產的官布白坯，經染坊印上花卉及福祿壽禧等象徵吉祥的圖案，在市場上隨處可見，品種逐漸增加到幾十種，代表性產品有：愛國布、本廠布、條子布、自由布、斜紋布、中山呢等。每匹市價四點二到十一元，每日生產七百至一千匹，替代了部分洋貨。晚清末年，現代機器印染業也開始萌生，原先的作坊逐漸增添了機電設備，植物染料漸由「舶來品」化學合成染料所取代，生產規模由小到大，逐漸發展起來。一九〇八年沈晉山在漢口開設的沈晉記染坊，是現有資料中開設最早的一家染坊。其規模甚小，但存在時間較長。一九一一年漢口較大染坊有魯庭如開設的公和染坊和林明發開設的天和染坊，染制土布和綢緞。印花坊中較大的有同大印坊和同泰印坊，其所產藍底白花、白底藍花等土布，遠銷蘭州、陝西各地。稍後開設的染坊中較大的有怡和染坊、周光順染坊和謙祥益棉布號老闆孟氏開設的保記染坊。

　　一九〇六年政府提倡國貨生產，並在武昌開辦勸業廳，設有工業學堂，教織毛巾等。一九〇七年，成章、自新、承記、順昌、同康、錦彪六家小型毛巾廠先後在漢陽開張，共有織機六十六臺，職工一百一十四人，月產毛巾四千四百打。據日人水野幸

吉在《漢口》一書中記述：「漢陽的毛巾廠規模不大，而製造額亦少，且其製品比之外國品，非常粗惡（劣），體裁亦較堅牢，雖一面能製，而曬法未備，稍帶黃色，價廉而且耐久，故需用比例為廣也。」[73] 產品有三種規格，兩種用於洗臉，一種用於擦汗。毛巾業已略具規模。

清光緒三十四年（1908），德國商人在武昌開設吉興公司，出售襪機。隨後，駐鄂新軍黎元洪為解決軍人穿襪所需，號召其家屬學織紗線襪。由於設備、技術簡單，產量大，利潤厚，因而一些退伍軍人也投身於織襪業，從清末到大革命前夕（1908-1926 年）是武漢襪業的發展時期。一九一〇年武昌鬥級營有襪業十餘戶，漢陽有襪業二十餘戶。

武漢的製茶行業自一八六三年俄商在武漢創辦的新泰、阜昌、順豐幾個製茶廠全部採用機器生產，接著英仁德、太平洋、美商美時在漢成立磚茶廠，在此帶動下，中國商人也投入資金，成立機制磚茶製造公司，湖廣總督陳夔龍帶領商人萬國梁在羊樓洞成立振利茶磚公司生產磚茶；興商磚茶公司，機器製茶。

總而言之，武漢近代商業及手工業是極其繁盛的，商品流通及商品貿易相當活躍，在中國商業及手工業史上有著舉足輕重的地位。另一方面，武漢商業的興盛及傳統手工業的發達，在人力、物力和財力上都為武漢近代工業的產生及勃興奠定了物質基

---

73　〔日〕水野幸吉著，劉鴻樞等譯《漢口——中央支那事情》，東京並木活版所，1909 年版，第 118 頁。

礎，武漢商業的發展為武漢工業的產生做了財力上的準備，手工業的技術成熟與完善又為武漢近代工業儲備了人才，再加之西方資本主義殖民者的入侵，西方啟蒙思想及工業文明傳入武漢，帶來了思想及技術上的革新，所有這一切，為武漢近代工業的誕生做了充分的準備。恰逢此時，清政府為湖北派來了張之洞，這位具有雄才大略、放眼看世界的封疆大吏的到來，蕩滌武漢頹靡、封閉、落後的噩噩空氣，在其執掌湖北短短的十八年，武漢突飛猛進，迎來了它有史以來的發展快速期，也正是因為張之洞，武漢成為中國近代工業發源地之一。

第三章───

漢口開埠與外商、外企的搶灘

十七世紀四〇年代，東西方發生巨變：東方，一六四四年滿洲八旗鐵騎湧入山海關，建立了中國最後一個封建統治王朝——大清王國；西方，英王與議會矛盾激化，爆發了內戰，宣告世界資產階級革命時代的到來。十八世紀中後期，英國率先開始工業革命，法、美等國紛紛效仿。為開拓海外市場和掠奪生產原料，英國把侵略矛頭指向幅員遼闊的中國。一八四〇年，英國發動侵略中國的戰爭，用大炮轟開中國大門。隨後，西方列強接踵而至，發動了一系列的侵華戰爭。清王朝雖開創了「康乾盛世」，但只是落日餘暉，自嘉慶後逐漸暗淡。而西方各國隨著資本主義生產的發展，實力增強，對內實行資產階級的民主制度，對外推行擴張政策。在西方列強面前，腐朽的清王朝一敗塗地，中國淪入半殖民地半封建的泥淖，漢口就是在此背景下被開闢為通商口岸。

## 第一節 ▶ 漢口開埠與五國租界的設立

漢口歷史悠久，漢口城鎮起源可上溯至明代，自其成鎮以來，就依交通之便利而有商貿，因商貿之漸廣而有市場，由市場之繁榮遂成華中首要商埠。所以，一部漢口城鎮自興而盛的歷史，無不與商貿活動的強勁息息相關，也正是因為商貿的發展助推了漢口向近代化邁進。

### 一、漢口開埠

工業革命是人類歷史上成就偉大、變革色彩濃重，也是具劃

時代意義的重要事件之一。蒸汽機、珍妮紡紗機、水力織布機、焦爐冶鐵等技術，「在一七六〇年左右，一波又一波發明和使用各類新式機械裝置的浪潮開始席捲英國各地」。正是因為有這些適用於不同領域、具有不同功用的新發明先後登場，以機器取代人力，以大規模工廠化生產取代個體工廠手工生產的一場生產與科技革命，登陸英國後，便迅速擴散，蔓延至西歐與北美，促成上述地區科技、文化、軍事、經濟上的進步，推動自然科學，如物理、化學、生物、地質等學科的成形，影響到社會科學，如人類學、社會學、歷史學等學問的誕生或重塑。這些工業國家憑藉強大的生產力與武器，成功地殖民世界大多數地區，以傾銷方式破壞包括中國在內的文明古國的既有社會與經濟體系，迫使這些國家走向「近代化」。正如馬克思在《共產黨宣言》中所指出：「新的工業的建立已經成為一切文明民族的生命攸關的問題，過去那種地方和民族的自給自足和閉關自守狀態，被各民族的各方面的互相往來和各方面的互相依賴所代替了，物質的生產是如此，精神的生產也是如此。」

十八世紀中期，英國向中國輸入呢絨、棉紡織品和金屬製品，從中國購買茶葉、生絲和藥材。在這場貿易中中國佔據了貿易的主導地位。為扭轉貿易逆差，十八世紀末至十九世紀初，英國違背國際道德，向中國走私毒品鴉片，並於一

·清末漢口德國領事館

八四〇年六月，發動了第一次鴉片戰爭。一八四二年八月，清政府屈辱求和，與英國簽訂了第一個不平等條約——《南京條約》，開放廣州、廈門、福州、寧波、上海五處為通商口岸，並攫取領事裁判權，以片面最惠國待遇在通商口岸租賃土地房屋，享有居留特權，進行商品輸出與資本輸出。

第一次鴉片戰爭後，有少數商人和傳教士非法闖入湖北及武漢地區，他們的經商、傳教活動侵犯了中國的權益，並為文化滲透武漢建立了橋頭堡。從客觀看，外國傳教士為中西接觸之先鋒，積極傳播西方思想和文化，把西方科學知識和科學技術引進武漢，為中西文化交流做出了貢獻。然而列強的目的並不在此，為了更多攫取中國的財富，列強又發動第二次鴉片戰爭，清政府被迫與英、法兩國簽訂《天津條約》，增開沿海、沿江十處通商口岸，漢口即在此十處之列。

## 二、漢口租界的設立

列強覬覦漢口久矣，一八四二年英國海軍艦長柯林遜驅動兵艦，自吳淞口上駛漢口，沿江偷測航道，偵察軍事設施。不久，另一艘英艦在布拉克遜的率領下，從漢口經三峽入四川，再行探路，因缺乏譯員，未能如願。一八五八年六月二十六日，清政府被迫簽訂

·一九〇八年《漢口市與各國租界略圖》

中英《天津條約》，不僅增闢漢口等十一個通商口岸，還准許外商「持照前往內地各處遊歷，長江一帶各口英商船只俱可通商」。由此，漢口形成了條約口岸，外商獲得在長江中游通商與航行的特權。雖然此時長江中下游為太平軍控制，安全無法保

·一八七一年漢口沿江租界建築景觀

障，然英國等不及「地方平靖」，便迫不及待闖入長江流域，長江沿岸如安慶、裕溪口、湖口、武穴等內陸允許外輪停靠碼頭。一八五八年十一月八日，英國特使額爾金在上海同清政府代表桂良、花沙納、何桂清等簽訂《中英通商章程善後條約·海關稅則》。

當天，額爾金率「狂怒號」、「報應號」巡洋艦及「迎風號」、「鴿號」，「驅逐號」炮艇，從上海啟程，上闖長江，沿途勘察航道、水文、氣象，製作了精密的航道圖，於十二月六日拋錨漢口江面，窺視三鎮全貌，武漢首次出現外國的軍艦。[1] 兩年之後，一八六一年三月七日，一艘英國輪船載上海寶順洋行行主

1　皮明庥主編《武漢通史·晚清卷》上，武漢出版社，2006 年版，第 88 頁。

韋伯、英國官員威利司、通事（翻譯）曾學時和楊光讓及隨員四五十名，駛抵漢口。次日，威利司等人至總督府，見湖廣總督官文。自稱由上海來漢，察看地勢，立行通商。並在漢口托都司李大桂代覓棧房一所，每年議給房主租金白銀四百兩，留下楊光讓及隨員數名住棧房內，韋伯等回到上海。這次立行通商和立棧揭開了漢口實際開埠的序幕。

一八六一年三月十二日（咸豐十一年二月初二）受額爾金派遣，英國海軍提督賀布與參贊巴夏禮率遠征隊（4艘兵艦，載兵三四百人）自吳淞口出發到漢口。巴夏禮及屬官薩爾等，渡江會見官文，稱由上海來查辦九江、漢口開港事宜。至九江，口岸諸務尚在未定，先來漢口察看地勢，建造棧房，其領事官將由福建調來。次日，賀布又率武官二十人到督署拜會官文，聲言駛往上游一帶。官文以「水湍灘多」相勸阻，而賀布雲：「往看水勢，並無他意。」即於初四日開火輪二只，溯流上行。官文飭嶽州、荊州、宜昌各官府「沿途照料」。之後，又有英人兩名，往襄河上行，官文也派船隨往。而巴夏禮則全心籌建漢口英租界，並與湖北、武漢當局簽訂《英國漢口租地原約》。巴夏禮在漢口鎮下街尾楊林口上下看定地基界址，會同漢陽府、縣並委員等踏勘土地，量寬二百五十丈，深一百一十丈，四至立石為界。議定俟英國領事官來漢，傳集地戶房主，會同地方官當面議價，立券給價。並議定再有他國到漢，須在英界以下地段擇地蓋棧，不得占正街。《英國漢口租地原約》的簽訂標誌著武漢半殖民地的開始。

不僅如此，巴夏禮還根據額爾金的指示，就貨物出口、入口

關稅，擬定了《長江各口通商暫行章程》。該章程規定，英船執有入江江照即可上駛漢口，並且只在上海完納關稅，就可以在漢口與鎮江間起卸貨物，「楚北無須添設關卡」。一八六一年四月二十七日，上海英國領事不待清政府同意，單方面公佈這個章程，宣布「漢口、九江辟為商埠，設置領事」[2]，接著，英國第一任駐漢領事金執爾帶商船到武漢，謁見官文。美國瓊記洋行則在是年四月以「火鴿號」輪船載著二萬元貨物到九江、漢口，並在漢口購置地皮和修建棧房。五月十一日，美國大小兵船各一隻，由水師提督司伯齡帶著翻譯麥嘉諦、領事威廉士抵武漢，「查辦通商事務」。與地方各級官員商談通商事宜，五月十七日，擬定在漢口（下）街尾英國所定地基下，擇三個地方造棧房，徵購土地，並在漢口建立領事館，由威廉士出任領事[3]。隨後，各西方列強以「利益均沾」為由，相繼在漢口租地劃界，漢口江漢路以下地區成為洋人之樂土。

表 3-1 漢口五國租界一覽表

| 租界名 | 時間 | 面積 | 拓界時間 | 面積 | 合計 | 收回時間 |
|---|---|---|---|---|---|---|
| 英租界 | 1861.3 | 合地 458.28 畝 | 1898 年 | 合地 337.05 畝 | 795.33 畝 | 1927 年 |

2　蘇雲峰著《中國現代化區域研究‧湖北省》，中國臺灣「中央研究院」近代史研究所，1981 年版，第 97 頁。
3　皮明庥主編《武漢通史‧晚清卷》上，武漢出版社，2006 年版，第 87-90 頁。

| 租界名 | 時間 | 面積 | 拓界時間 | 面積 | 合計 | 收回時間 |
|---|---|---|---|---|---|---|
| 德租界 | 1895.10 | 占地 600 畝 | 1898 年 | 36.83 畝 | 636.83 畝 | 1917 年 |
| 俄租界 | 1896.6 | 約合地 414 畝 | | | | 1925 年 |
| 法租界 | 1896.6 | 總面積 187 畝 | 1902 年 | 170 畝 | 357 畝。到抗戰勝利後收回實測面積已達 485.685 畝（一說 492 畝） | 1946 年 |
| 日租界 | 1898.7 | 占地 247.5 畝 | 1907 年 | 375.25 畝 | 622.75 畝 | 1945 年 |

　　儘管漢口的對外開放是資本主義列強用武力強加的，是近代漢口受屈辱的一大標誌，但是這種開放仍然具有雙重效應：一方面，開放意味著漢口淪為半殖民地，另一方面也使漢口的現代化得以啟動，武漢被裹脅進世界歷史的前沿，與倫敦、巴黎、紐約、東京、柏林、北京、上海同臺競技，武漢步入國際都市的發展行列，其結果是武漢城市結構和功能隨之發生轉變，武漢由封閉走向開放。

　　或許正是因為這種開放所產生的積極影響，一九○○年十一月，湖廣總督張之洞以興建粵漢鐵路為名，准請「開武昌城北十里外濱江之地為通商口岸」。於是，武昌（局部地區）成為自開商埠。

## 三、三鎮萬商雲集

漢口開埠後，憑藉自然地理優勢和社會經濟優勢，「吸引了一批外國商人」來漢通商。其中挪威、瑞典援引《五口通商》條文，早在一八四七年即在漢口開展商務。自一八六一年三月英國最先與漢口通商並建立租界，美、法、德等國也相隨在漢口通商。一八六二年以後，

・一九一〇至一九二〇年，漢口的外國人

在漢口從事貿易的有丹麥、荷蘭、西班牙、比利時、奧地利、日本、瑞士、秘魯。到光緒年間，繼有巴西、葡萄牙、剛果商人來漢經商。在先後二十多年時間內，前後訂約來漢通商的達二十餘國。不少外僑湧入武漢，當時的武漢「商賈輻輳，白皙人種聯翩並集」[4]。光緒三十一年（1905年），在漢日、英、美、德、法、俄、比等國僑民共 2142 人，其中日人最多，達 528 人。到一九一三年，漢口的歐美居民有 1495 人，其中英國 508 人、德國 347 人、美國 140 人、法國 72 人，其餘為挪威、義大利、瑞典、俄國、葡萄牙和西班牙人。[5] 經過他們的不懈「努力」，乃至「中國沿海及內地無處沒有外商的足跡」，漢口很快成為華中

4　劉成禺、李書城等主編《湖北學生界》第 1 期之「述述」。
5　楊蒲林、皮明麻主編《武漢城市發展軌跡》，天津社會科學院出版社，1990 年版，第 437 頁。

第三章・漢口開埠與外商、外企的搶灘

傳統市場與國際市場接軌的重要樞紐，每年都有大批洋貨通過漢口輸往內陸地區，漢口成為外國殖民者在中國傾銷商品、搜刮原料的主要口岸。外國資本控制了漢口海關的關稅行政大權，實際上壟斷了絕大部分金融外匯和進出口業務，攫取了長江航運權。一批批外國冒險家先後來到漢口，投機倒把，牟取暴利，漢口成為冒險家的樂園。外商不僅帶來了資本主義的經營方式，也帶來了資本主義的近代文明。隨著漢口對外貿易特別是直接貿易的增長，漢口市場與世界市場的經濟聯繫日益密切，漢口成為「凌駕京、津」的中國第二大貿易港口，漢口有了真正意義上的對外進出口貿易，漢口與世界市場開始發生聯繫，並在商品貿易量、商品結構、市場結構及中外商路等方面發生了顯著的變化。同時，列強為在經濟上傾銷商品，掠奪原料，資本輸出，政治貸款，勒索賠款，在中國內地包括漢口劃分租界，開工廠、建洋行、設銀行；修道路，辟航線，佔據水陸交通之利；深度壟斷市場，把持出口貿易，貪婪牟取暴利，凡此種種，極大地抑制了漢口民族經濟的發展，漢口半殖民地半封建的國際性、近代性和開放性城市的色彩更濃。

## 第二節 ▶ 俄國茶商捷足先登

清代茶葉為中國出口的大宗商品。中國茶葉有條「絲綢之路」，其源頭在漢口。當時的歐洲人，尤其是俄國人，喝的中國茶多由漢口輸出。漢口即是全國最大的國際茶葉貿易市場，堪稱「茶葉港」。

中俄茶葉貿易可「追溯至清雍正五年（1727 年）訂立的《中俄恰克圖條約》，其中允許俄商來華通商。當時，大宗茶葉在武漢集中，轉道上海、北京、天津、張家口、符拉迪沃斯托克、恰克圖等地，再轉入俄國」[6]；「約在一八五〇年，俄商開始在漢口購茶，漢口成為中國最佳之紅茶中心市場。俄人最初在此購買者為工夫茶，但不久即改購與蒙古貿易之磚茶」[7]。「俄人來漢購茶，由漢江溯陝甘，經青海、蒙古過恰克圖，而至俄國，在中國境內則再易舟出關則概用駝載。途中備極艱辛，非兩月有餘不得達，而運費之巨，每箱約需數十盧。此自康熙、乾隆以來蓋已有然」[8]。這些說明中俄茶葉貿易由來已久。而一八六一年漢口開埠，迎來中俄茶葉貿易黃金期，進而形成一條長達一點三萬公里、繁盛兩個半世紀的「中俄萬里茶道」。

## 一、湖北製茶業的深厚根基

人類進行野生茶樹的人工試種，約在西元前二〇〇年前後，而西漢時期，茶葉在四川已成為商品，西晉《荊州土地記》中記載：「武陵七縣通出茶，最好。」[9] 遠在一千七百多年前，楚地

6  政協武漢市委員會文史學習委員會編《武漢文史資料文庫》第五卷之租界洋行，武漢出版社，1999 年版，第 168 頁。
7  曾兆祥主編《湖北近代經濟貿易史料選輯》第 1 輯，湖北省志貿易志編輯室，1985 年版，第 24 頁。
8  《國民日報彙編・實業・漢口茶》，1904（2）6-11。
9  中國土產畜產進出口公司湖北省分公司編《湖北茶葉貿易志》，1985 年 12 月，第 14 頁。

茶樹栽培和茶葉加工就有一定基礎。唐代開始，茶葉產區已擴展至現在的江蘇、江西、安徽、湖北、河南、陝西、四川、雲南、湖南、廣東、福建、浙江、廣西、貴州等省，先民在漫長的歷史長河中，不斷總結植茶技術，形成以今湖北的宜昌、遠安，河南的光山、浙江的長興、餘姚和四川彭山等地所產茶葉最好。

湖北是中國重要產茶基地，茶葉是湖北經濟作物中的骨幹品種和丘陵山區農村經濟重要的支柱產業。湖北茶區主要分布在湘鄂接壤之山區，東起咸甯之白沙橋及通山西鄉，西抵湖南臨湘之雲溪、桃林，北自蒲圻之洪山，南跨崇陽、通城兩縣……農民於山腳山坡，亦間有在低山之山頂種茶者，茶地面積大都分散，約占耕地面積的百分之十五，僅羊樓洞一地之種茶面積就達六萬畝左右。茶葉品種豐富，名茶眾多，據李肇《國史補》載：「峽州有碧澗明月、芳蕊、茱萸……江陵有楠木……蘄州有蘄門團黃。」[10] 還有巴東的真香茶，峽州（今夷陵區）的小江園茶、夷陵茶，當陽玉泉寺的仙人掌茶，以及黃岡、麻城的黃岡茶等。特別是清代，湖北茶葉極其興盛，恩施的玉露、宣恩的貢茶、水仙茸勾等名茶，以及邊疆少數民族人民喜愛的磚茶和香飄海外的「宜紅」工夫茶等，一九二一年《湖北通志》卷二十二《物產》中記載的茶類就達近六十個品目。

在茶葉種植面積不斷擴大的同時，湖北製茶技術得到改進，

---

10　中國土產畜產進出口公司湖北省分公司編《湖北茶葉貿易志》，1985年12月，第15頁。

尤其是羊樓洞，茶葉栽培技術與生產技術更領先一籌。明永樂年間，羊樓洞茶區為了降低運費，便於長途運輸，改進宋代以來用米漿將茶葉粘合成餅狀的辦法，將茶葉揀篩乾淨，再蒸汽加熱，然後用腳踩製成圓柱形狀的「帽

· 一八七四年茶葉批發商在湖北羊樓洞核對總和品嘗茶葉

盒茶」，到乾隆年間，羊樓洞的「帽盒茶」，邊銷達十萬盒，八十萬斤，遠銷華北、西北、東北牧區及俄羅斯西伯利亞等地。到康熙年間，「帽盒茶」被進一步改制為現在的磚茶。清葉瑞延《純蒲隨筆》載：「聞自康熙年間，有山西沽客購茶邑西鄉芙蓉山，洞人迎之，代收茶，取行傭……所買皆老茶，最粗者踩作茶磚，仍號『芙蓉仙茶』。」嘉慶二十年（1815年）蒲圻貢生周順倜的《蓴川竹枝詞》詳細介紹了羊樓洞的磚茶製作：「茶鄉生計即山農，壓作方磚白紙封。別有紅箋書小字，西商監製自芙蓉。」[11] 同治《崇陽縣誌》載：「今四山俱種（茶），山民藉以為業。往年山西商人購於蒲圻羊樓洞，延及邑西沙坪，其制采粗葉，入鍋火炒，置布袋中，揉成，再粗者，入甑蒸軟，取稍細葉

---

11　轉引曾兆祥主編《湖北近代經濟貿易史料選輯（1840-1949）》第 1 輯，湖北省志貿易志編輯室，1984 年版，第 2 頁。

灑面，壓做磚。竹藏貯之。販往西北口外，名黑茶。道光季年，歲商麇集，采細葉曝日中，揉之不用火。陰雨則以炭焙乾。」[12] 所謂磚茶，「即製茶於蒸籠中，架鍋上蒸之。蒸畢傾入鬥模內，置壓榨器中，借杠杆之力，壓成磚形。隨即脫模置放室內，任其自幹，數日後即可裝箱起運。其後由杠杆壓榨器改用螺旋式壓榨器，製成之磚，較為緊結。」[13]

隨著茶葉貿易的不斷發展，羊樓洞的製茶規模進一步擴大，到鴉片戰爭前後，羊樓洞地區已開設大批粗加工的製茶廠，粗加工後的茶葉有的直接供應農村市場，大部分就地進行細加工，或運往漢口加工。清咸豐、同治時期，為了滿足茶商的特殊要求，羊樓洞、漢口有許多從事茶葉加工的茶莊、茶棧，當時羊樓洞最大的茶莊有十七個分莊，各分莊從業人員達數百人，它們相當於後來的茶廠，其主要工作是收買茶戶的毛茶，加工精製，然後出售。十九世紀下半葉，漢口是磚茶的生產基地。羊樓洞所產紅茶和磚茶已成為市場搶手貨，尤為俄商看好。

## 二、漢口茶市的形成

武漢地處長江茶區的腹心，水陸交通暢達。明末清初，漢口鎮的興起，城市人口的增多，商品流通量的擴大，使茶葉店鋪逐

---

12 〔清〕高佐廷修，傅燮鼎纂同治《崇陽縣誌》卷四物產，江蘇古籍出版社，2001 年版，第 173 頁。

13 〔清〕高佐廷修，傅燮鼎纂同治《崇陽縣誌》卷四物產，江蘇古籍出版社，2001 年版，第 6 頁。

漸興旺起來。據說，徽州人最早在武漢經營綠茶，接著，山西及廣東商人也相繼來漢經銷茶葉，品種也由綠茶擴展到紅茶。清朝乾隆年間，山西商人來鄂南羊樓洞開設大玉川、巨盛川茶莊，製造帽盒茶，年產量達十萬盒，人稱「盒茶幫」。他們每年農曆穀雨前後來鄂，秋後返晉，所製之茶，經漢水北上，多數運銷我國西北地方，少部分則販往中俄邊

· 清末漢口歆生路（今江漢路）上的挑茶夫

境城市恰克圖，通過俄商之手轉銷俄國各地。道光年間，廣東茶商帶技術人員前往鄂西五峰縣漁洋關一帶傳授紅茶採製經驗，並設莊收購精製紅茶，由湘江或贛江運往廣州。在此過程中，武漢成為長江流域尤其是鄂、湘、贛、皖茶北上南下的過道。

　　一八四二年五口通商以後，一八五〇年俄商開始在漢口購茶，漢口開始有茶葉出口，一八六一年漢口開埠後，湖北及其鄰近地區的茶大都運抵漢口，由廣東輸出的茶顯著減少，昔日茶葉貿易港廣州的重要性已經喪失，其地位漸為漢口取代，加之各國茶商紛紛來漢採辦茶葉，漢口茶葉出口貿易隨之興盛起來，漢口逐漸形成茶葉中心市場。隨著直接輸出紅茶的增加，漢口與長江下游的上海在中國茶的出口市場構成上形成了互相消長的關係，由於英、俄競爭的緣故，加之漢口茶市開市比上海早一個月，所以頭春茶大都運往漢口，由漢口直銷俄、英。上海約在六月下旬

開市，價格比內河港口為低，在漢口，俄商只購買較佳品質的茶葉，所以上等茶很容易成交而大量輸出，但中等茶和低等茶常被忽略，只得運往上海，導致上海茶價低於漢口。總之，漢口開埠後，在茶葉貿易上，漢口逐漸占主導，上海反而成為茶葉貿易的中轉港口。「中國揚子江以南諸省地多宜茶，其產自閩、浙、兩廣、雲、貴等省者俱由上海、福州、廣州、蒙古等處出口，為數約百餘萬箱；其產自湖北、湖南、江西、安徽四省者則皆運至漢口，以漢口為中外互市之所。」「漢口街市每年值茶時，甚屬盛旺，屆時各地茶商雲屯蝟集，茶棧客棧俱屬充滿，坐轎坐車絡繹道路，比之平日熱鬧。上海之英美茶商各行麕集，江面各國輪船絡繹不絕。」[14] 漢口「自舊曆三四月起至七八月止。而紅茶之輸出以六月最多，磚茶以三、四、五三個月為最盛，普通則以五至八月為貿易最盛之期。每年貿易額多則百萬擔以上，少亦七八十萬擔，實為漢口輸出之大宗也」[15]。漢口三碼頭日夜不停轉運茶箱，成了茶葉專用碼頭。

表 3-2 一八七一至一九二〇年漢口茶流轉數量：（各期每年平均）

| 1871-1880 年 | 676.507 擔 |
|---|---|
| 1891-1900 年 | 957.392 擔 |
| 1911-1920 年 | 769.907 擔 |

14 徐煥鬥著《漢口小志·商業志》，江蘇古籍出版社，2001 年版，第118頁。

15 《銀行月刊》六卷三期：《中國茶葉之研究》之九，1924 年。

| 1881-1890 年 | 958.453 擔 |
|---|---|
| 1901-1910 年 | 999.178 擔 |
| 1921-927 年 | 362.568 擔 |

漢口經營茶之商號，就市場中同業公會之組織而分，有茶葉出口業，茶葉販運業，茶葉行業，茶葉店業等。漢口本國茶商，分為兩種，有與外商為直接交易者（洋莊），又有與蒙古各地為交易者。蒙古方面之茶業，多為住漢口之山西茶商所營。山西茶商在漢口而兼洋莊與口莊者，有德巨生、三德玉、謙益盛、棉豐泰、德生瑞、天順長、阮生利、興泰隆、大昌玉、天表和、寶表隆、長盛川之十二家。

單營口莊者，有巨貞有、大泉玉、大升玉、獨慎玉、祥發永之五家。十六家每年與蒙古各地交易之茶，總額約八萬箱，價額一百萬兩外。又每年輸出於張家口者，約四五萬箱。洋莊有辦理兩湖茶者，與辦理兩湖祁門及寧州茶者。今細別之，輸兩湖茶者，有熙泰昌、厚生祥、利真乾、永昌隆、恆升泰 5 家，其每年輸茶額，凡五十餘萬箱。輸祁門寧州茶者，有祥泰昌、天保祥、永源泰、公慎安、和興安、公慎祥、公順祥、鴻源永 8 家，每年交易茶額為十五萬箱內外。

## 三、早期登陸漢口的俄國茶商

漢口開埠以前，武漢茶市主要是面對國內市場，轉銷國外者數額有限。一八六一年漢口辟為對外通商口岸後，來漢的外國商

人競相購茶，使茶的需求量猛增。清代出口貿易中，在多數年份裡茶葉高居武漢出口商品貿易第一位。

俄國人可謂華茶之粉絲。十九世紀四〇年代中期，在俄國，喝茶成為了時尚，原由貴族享受的生活，漸為普通民眾效仿。於是茶葉需求量激增，俄國為次於中國之最大茶葉消費國，俄人不僅輸入華茶，而且還拓展了其用法。「吾人不需以廣告或其他宣傳方法勸俄人飲茶，因彼等對茶已有甚深的嗜好也。革命之前，俄人不以奢侈品視茶，一般工人亦對之有特嗜，晨起必先進茶，晚間工作完畢，必與家人共坐桌前，對茶鼎而視，雖無糖，亦不能減其飲茶之樂……生活程度與年俱進，茶之消費亦增。」[16] 俄國地理位置促進俄國民眾對茶葉的需求，俄國對華茶的需求可謂「彼俄人之需用華茶，固有不可一日無之勢」[17]。同時，茶葉轉手利潤豐厚，刺激俄商不遠萬里來到中國經營茶葉貿易。一八五〇年開始，俄國茶商在羊樓洞一帶收購磚茶，運到俄國大城市莫斯科、彼得堡及西伯利亞等地區販賣，甚為暢銷。「俄人大量購買者為漢口之老茶（即老青茶磚），蘇聯政府輸入此茶，再售與中亞與蒙古人民。據雲中亞人民數世紀來即以此茶作肉湯，羊肉尤喜食，其法置茶於肉湯中，如此煮熟之羊肉，為宴會上最佳之食品，此茶外蒙古亦嗜之。遂為自中國經張家口輸入外蒙唯一商

---

16　《農業週報專載‧蘇聯與華茶》，1935 年第 4 卷第 35 期，第 19-20 頁。

17　《國民日報彙編‧實業漢口茶》，1904（2），第 6-11 頁。

品。」[18]

　　一八五〇至一八五二年，中俄茶葉貿易額增長率高。沙俄對華貿易的年平均值中，茶葉輸入占貿易的 94.4%。湖北磚茶備受俄商青睞，磚茶出口得到俄國政府的大力支援。一八五四年，沙皇准許輸出金銀換取茶葉。一八六一年，俄國大幅降低茶葉稅收，除沿用康熙年間開闢的「由漢江溯陝甘，經青海、蒙古至恰克圖」航道外，新增兩條貿易航線，即水路從漢口經上海至符拉迪沃斯托克，陸路從漢口至天津再經恰克圖至西伯利亞等地。十九世紀八〇至九〇年代，中俄商務以茶葉貿易為主，俄商最終取代了英商對華茶出口貿易的壟斷地位。從此，俄商不僅大幅度增加了磚茶進口，也增加了紅茶進口，到一八九四年基本控制了漢口茶葉市場，成為左右漢口茶市的最大買主。因為有俄商這個大買主，漢口茶葉貿易並沒有因英商的退出而減少，反而上升幅度很大，從一九〇〇年到一九一六年的近十年中，漢口茶葉出口增加到八十萬至九十萬擔，最高峰突破一百萬擔，超過了上海、福州、九江，一般占全國出口總量百分之六十左右。

表 3-3 一九〇二年漢口茶直接輸入俄國狀況表

| 地名 | 聖彼德堡 | 奧迭沙 | 符拉迪沃斯托克 |
|------|---------|--------|------|
| 數量（擔） | 4.516 | 126.889 | 12 |
| 價格（兩） | 61.246 | 1942.588 | |

　　注：照錄自《國民日報彙編·實業漢

18　《農業週報專載：蘇聯與華茶》，1935
　　頁。

漢口輸入華茶全額768997擔，其中314334擔直接輸俄，餘者進入上海市場。漢口茶葉西走俄羅斯有兩條運輸線路：一是從漢口沿江而下，經上海海運至天津，再轉陸路，經恰克圖輸往西伯利亞；二是由漢口溯漢水而上，在樊城起岸駝運至張家口，再北運蒙古和俄國，部分沿漢水運輸的茶葉在老河口起岸，駝運至山西歸化廳，再分銷蒙古、新疆等地。在羊樓洞茶區與漢口茶葉市場的對俄銷售網路中恰克圖是一個關鍵的中轉市場。茶磚先集中於漢口，再由漢水航運到襄樊及河南唐河、社旗，而後上岸以驟馬駄運北上，經洛陽過黃河過晉城、長治、太原、大同至張家口，或從玉右的殺虎口入蒙古的歸化（今呼和浩特），再由旅蒙茶商改用駝隊在荒原沙漠中跋涉一千多公里至中俄邊境口岸恰克圖交易。俄商們將茶葉販運至雅爾庫茲克、烏拉爾、秋明，一直通向遙遠的彼得堡和莫斯科。第二次鴉片戰爭後，《天津條約》將漢口闢為通商口岸，俄國人特別看好漢口茶市，一八六二年《中俄陸路通商章程》簽訂，俄國人取得了直接在茶區採購加工茶葉和通商天津的權利。至此，俄國人終於打通了最大的茶葉集散地漢口至天津，再至符拉迪沃斯托克的水路，從而取得了水陸聯運的便利。同治五年（1862年）伊始，俄商在兩湖地區建立茶棧，收購和販運茶葉，並設立製茶廠，由於俄商享有免除茶葉半稅的特權，又是水陸聯運，將茶葉用船從漢口沿江運至上海，再沿海路運至天津，然後由陸路經恰克圖運至歐洲，大大節省了費用，所以俄商茶務迅猛發展。十九世紀九〇年代，俄商開通漢口至敖得薩之間的定期航班，每年茶季，俄國運茶汽船前後銜一九〇六年，京漢京綏鐵路通車，羊樓洞及漢口所產磚茶有

一部分裝火車運俄，往昔十分繁忙的漢水輸俄商路乃成為歷史陳跡，茶葉除了直接輸往倫敦，亦經蘇伊士運河輸往敖得薩和的里雅斯特（義大利北部港口），也有帆船至墨爾本（澳大利亞東南部港口）。就漢口近代茶市而言，來自湖北、湖南、江西、安徽、四川、陝西、甘肅、河南、廣西、貴州等地茶葉，以兩湖茶葉是最大貨源。此外，進入漢口市場的還有外國茶葉，如日本綠茶、印度紅茶、印度及錫蘭茶末等。漢口俄商磚茶廠每年生產小京磚茶七千八百擔，其中三千九百擔是用印度進口的茶末製成，蛛網般的長江水系成為茶葉運輸的最佳路徑。在俄商大張旗鼓的經營下，晉商節節敗退，最後消失於漢口茶市。

綜上所述，漢口為茶葉集散地，鄰近漢口的羊樓洞及鄰近的崇陽、通城、通山、咸甯、蒲圻、宜昌、施南、五峰等鄂南山區，成為俄商直接採購茶葉的主要產地。當時出口的茶葉主要為紅茶、綠茶和磚茶。紅茶主要銷往英國，綠茶主要銷往美國，磚茶主要銷往俄國。

## 四、俄商機器製茶的優勢及影響

漢口開埠數年間，俄商就在漢設立順豐、阜昌、新泰、隆昌、百昌等洋行，經營茶葉。為謀取更多的利潤，俄商在湖北自辦茶廠，以機器生產磚茶。「一八六三年，帝俄的新泰、順豐、阜昌、百（柏）昌等洋行先後在漢口開業設立磚茶廠，據說，這

幾家洋行的營業額，每年都在紋銀三千萬兩以上。」[19]

### 1. 漢口俄商製茶廠

俄茶商在漢不僅從事茶葉買賣，而且還直接在產茶地置廠生產加工，「漢口附近的產茶區是在俄國商人監督下製造的，地點是崇陽、羊樓洞和羊樓司」。為便利出口貿易，「有三個使用蒸汽機的製造廠已經遷移到漢口租界或其附近」[20]。十九世紀末，俄商在漢口開設的磚茶廠約有八家。最著名的為順豐、新泰、阜昌三廠，共有資本銀元四百萬兩。

（1）順豐磚茶廠。一八六一年漢口開埠初期，俄國茶商李特芬諾夫（又譯：李凡諾夫、李特洛維夫、李維諾夫）來漢貿茶。一八六三年，他在湖北蒲圻羊樓洞建順豐茶場，以手工製造茶葉。隨著漢口茶市的形成及漢口商品經濟繁盛，一八七三年，

‧二十世紀初漢口俄商順豐磚茶廠

---

19　轉引曾兆祥主編《湖北近代經濟貿易史料選輯（1840-1949）》第 1 輯，1984 年版，第 28 頁。

20　《關冊》上篇，第 64-65 頁「總論」。

李氏將順豐茶廠遷至漢口俄租界（今黎黃陂路與沿江大道交界處），改名為漢口順豐磚茶廠。順豐磚茶廠是歐洲在華最早的企業之一，也是當時中國同類工廠中創辦最早、規模最大的工廠。它擁有幾棟兩層磚木結構樓房，聳立有三座煙囪，創業資本百萬兩，雇用工人一千人。採用機器壓製磚茶，主

· 二十世紀初漢口俄商新泰磚茶廠

要為米磚及少量的青磚，日產茶 768 擔，年產 276.480 擔，大都運往俄國銷售。

（2）新泰磚茶廠。一八六六年，俄茶商托克莫可夫和莫洛托可夫在漢口特二區界限路江邊（今蘭陵路口，現蘭陵路口的武漢市商業儲運有限責任公司濱江倉庫為新泰洋行舊址。）開辦新泰磚茶廠。廠房係磚木結構，規模與順豐不相伯仲。

新泰有資本近百萬兩，工人七百人，日產茶 384 擔，年產 138.240 擔。另外，新泰在漢經營時，雇用武漢本地商人劉子敬為其買辦，主管茶葉買賣。劉子敬是一個頭腦敏捷的漢口商人，在為新泰服務期間，以其圓滑的手段，為新泰謀利，為自身謀財，使得新泰在漢茶葉貿易逐年增長。一九三〇年為英商收購，改名「太平洋茶廠」。

（3）阜昌磚茶廠。一八七四年，俄茶商巴諾夫、莫爾恰諾

夫、佩恰特諾夫、薩拉丁四人集資在漢口南京路段（今湖北煙麻茶公司）開辦阜昌磚茶廠。阜昌規模宏大，建築面積 475.44 平方。廠房為磚木結構二層樓房。資本近兩百萬兩，採用機器製茶。有中國工人約兩千人，在歐洲人監督下日產茶 256 擔，年產 92.160 擔。該公司在福州、九江、上海、天津、科侖坡和莫斯科都有支店，用以收買、銷售茶葉。投資人之一巴諾夫是俄皇太子的表兄，一八六九年來漢口經營茶葉生意，一八七四年創辦阜昌磚茶廠。在漢口租界名聲顯赫，時人尊稱「巴公」，其弟齊諾・巴諾夫在阜昌磚茶廠任機械師，巴氏兄弟並稱「大巴公」和「小巴公」。齊諾・巴諾夫為阜昌磚茶廠設計出蒸氣壓茶機，改手工為機械操作，大幅度提高了茶葉加工效率，後被各大茶廠效仿。巴氏兄弟在漢口洞庭街和鄱陽街、蘭陵路和黎黃陂路，兩條直街和兩條橫街交會處投資修造了一幢紅樓房，是漢口最早的多層豪華公寓，建築總面積 4937 平方米，大小套房 220 間，供漢口洋行外籍員工租住。巴氏紅樓一九〇一年始建，一九一〇年建成，該樓造形獨特，為近代古典復興式建築。

　　一八九一年五月一日，俄國皇太子尼古拉專程來武漢參加新泰磚茶廠二十五週年慶典，在盛大宴會後，俄國皇太子參觀了在漢俄國磚茶廠及展覽。展覽會陳列有最早的手工壓機模型和最新的蒸汽機模型及介紹磚茶製造的工序流程圖示，以及絲綢、絲絨、牛皮箱、鳥類標本、象牙雕。不少展品作為禮物送給了俄皇太子。俄皇太子愉悅之餘，欣然捐贈一座教堂給在漢俄國僑民，教堂於一八九三年建成，位於漢口鄱陽街八十三號，名為俄國東正教堂，為典型俄羅斯式建築。俄國磚茶廠生產的磚茶，全部運

往俄國，部分由俄商運銷外蒙古（今蒙古國）。「所有運往天津以便轉往西伯利亞的磚茶都是俄國在漢茶廠加工的，或者是在他們監督下加工的」。這是外商在中國內地創辦最早的近代加工企業。

### 2. 傳統磚茶的技術改良

與傳統製茶作坊相比，俄商磚茶廠的技術優勢較為明顯，各磚茶廠均使用最新式機器進行生產，「彼等改良中國壓製磚茶舊法，其後改用蒸汽壓力機。……初時，製造俄銷磚茶之原料為零碎之茶末，後因茶葉貿易日漸發展，乃將品質良好之茶葉，用機器磨成粉末以制磚茶」。[21] 生產出不同規格的磚茶，據《湖北羊樓洞老青茶之生產及運銷》（金陵大學 1934 年調查報告）記載，綠茶磚共有六種規格，重量不一，每箱內裝二十四塊的稱二四磚，裝六十四塊的則稱六四磚 [22]。順豐磚茶廠從蒸汽壓機製茶到更為先進的水壓機，同時安裝了發電機，自備電燈日夜三班開工，大大提高了生產效率。而且由於各磚茶廠創辦時間不同，投產較晚者，設備較為先進。如新泰茶廠裝備有自動式大鍋爐六座，進煤均以輸送鐵簾自進，除灰爐齒自轉。平日使用四臺，備用兩臺。該廠六副磚茶機每日三班生產，每副壓機由三個包工頭負責，每班工人約 9〇 人，三班即需 27〇 人，6 副壓機約需 1

---

21　原文出自威廉‧烏克斯：《茶葉全書》，1935 年出版，1949 年中譯本。轉引自袁繼成主編《漢口租界志》，武漢出版社，2003 年版，第150 頁。

22　袁繼成主編《漢口租界志》，武漢出版社，2003 年版，第 149-151 頁。

620 名工人。另有木工 180 人，烘茶磚工 90 名，包裝工 60 名，機器房、鍋爐房機工約 40 名，電機房 8 名，茶葉技工 30 名……合計該廠生產最盛時有工人約 2000 人。磚茶製造手續繁多，有搬運、蒸、裝、壓、出、捆等二十餘道工序。在採用機器生產後，每二名工人專司一事，可同時照料茶餅壓模近百個，出貨迅速，質量好且較有保證。如使用手工壓機，每日最多生產茶磚 50 簍，有 25% 是廢品，而新式蒸汽壓機每日可生產八十簍，只有 5% 的廢品。除製茶過程中的成品率明顯提高外，採用機器製茶還對磚茶的售價產生了直接影響。以往手工製造的磚茶，因壓力不足，磚茶不夠堅實，長途輾轉運輸，到達目的地後往往破損較多，不得不降價銷售。採用機器製茶後，壓力倍增，所制磚茶堅固異常，解決了長期困擾的運輸破損問題。「因使用機器而節約的費用，每簍計銀一兩。按照以上產量計，每日即達銀八十兩或英金二十鎊。」[23] 阜昌磚茶廠則在技術上加以改良，「（磚製茶）手壓機每日出產六十簍，有百分之二十五的廢品，而蒸汽壓機每日出產八十簍，只有百分之五的廢品，因使用機器而節約的費用，每簍計銀一兩，按照以上產量計，每日即達銀八十兩或英金二十鎊。」[24] 有的工廠已於一八七八年使用水壓機。漢口茶市自開埠以來，為外商操縱，初由英商把持。一八九〇年後，英殖

---

23 皮明庥等編《武漢近代（辛亥革命前）經濟史料》，武漢市地方志辦公室，1982 年，第 15 頁。

24 皮明庥等編《武漢近代（辛亥革命前）經濟史料》，武漢市地方志辦公室，1982 年，第 15 頁。

民者在錫蘭開闢茶園大量種茶，致使英在漢茶葉貿易量銳減，俄商勢力則乘勢而上，操湖北茶葉貿易之權柄。一九一七年俄國革命改變其國對外貿易政策，俄在漢茶廠逐漸衰落。

## 第三節 ▶ 英商英企後來居上

漢口開埠之初，英國商人的表現不盡如人意，且風頭還逐漸為一八五○年進入武漢的俄國茶商所掩蓋，然而英國作為工業革命開始之國，在其強大的工業技術的支撐下，一直在武漢工商界保持著強勁的發展勢頭，尤其是在一九一八年中俄茶葉貿易衰敗之後，英商乘機而動，成為在漢洋商之主力，在武漢的經濟社會中擁有其特殊的地位。

### 一、英商謀利武漢

十八世紀中期，英國經工業革命，綜合國力得到極大的提升。機械製造的產品，質優價廉，使英國貨在世界市場競爭中處於絕對的優勢，也為英國贏得了「世界工廠」的稱號，英國成為世界頭號強國。為了傾銷其工業商品和掠奪生產原料，迫切需

· 二十世紀二○年代英商太古洋行漢口分行大樓

要開拓更加廣闊的海外市場。一八四二年，以英國為首的西方列強在中國取得了一系列經濟特權，英國人欣喜若狂，「一想到和三萬萬和四萬萬人開放貿易，大家好像全都發了瘋似的。」[25]

有人說「傾蘭開夏全部工廠的出產也不夠供給她一省的衣料」。[26]「舍菲爾德的一家有名商行向中國輸出了大批刀叉，並聲明它準備把刀叉供給全中國。但中國人不懂得刀叉的用途，而是用筷子扒飯，他們對這些器物連看也不看……一家著名的倫敦商行向中國輸出了大批鋼琴，但是中國人仍然熱愛自己的鑼鼓，不能接受這種『美意』……」[27] 其他商品如棉、毛織品也遭到同樣的「厄運」。這說明在早期的開放中，英國對華貿易「沒有發生絲毫的影響」。為改變這一「奇怪的現象」，「無疑地乃是進一步深入內地的權利」，「取得深入這個國家更大的自由」。因此，英國藉故發動第二次鴉片戰爭，取得「長江一帶各口，英商船只俱可通商……準將自漢口溯流至海各地，選擇不逾三口，准為英船出進貨物通商之區」。從此，英國產鋼琴、肥皂、洋紗、洋布等商品，傾銷武漢及其周邊地區。武漢街市上隨處可見英商的影子，櫥窗裡擺滿了眼花繚亂的西洋物品。而武漢的江面上，滿載

---

25　1852 年 3 月密切爾報告書《Mitchell Report》，見 1858 年 3 月 31 日額爾金致克拉蘭敦發文，英國外交部檔案，編號 F.O.17 ／ 287。轉引自《中國近代經濟史論文選集》，上海師範大學歷史系，1979 年版。

26　嚴中平著《嚴中平文集》，中國社會科學出版社，1996 年版，第 189頁。

27　轉引自殷增濤主編《武漢對外開放史》，武漢出版社，2005 年 12 月，上篇第 5 頁。

著茶葉、桐油、牛羊皮、五倍子、豬鬃等土貨商船遊弋不絕，遠帆海上。李汝昭在《鏡山野史》中說：「英夷國洋鬼子裝載洋煙布緞、金銀財富，倏入中原，戾業武昌、漢陽，出重價買基地，起高樓，艨艟巨艦，泳江浮海，兩國貨物交通往來，與武昌都督獻酬交酢，同湖廣百姓膠漆通商，病國病民之舉若此，清朝大位可勝料哉！」

英商輸入漢口的商品以棉絲、棉布、毛布為要品，洋油、海產品次之，據一八九七年稅關報告，英國輸入漢口棉絲、海帶、人參等商品均在三十萬到五十萬兩左右，更紗、鐵物類、染料、木材、檀香、被單布各在二十萬到三十萬兩左右，天竺布、鋼、緋洋布、絨棉布、小羽綾、毛子、海參、燕窩、錫、洋火、城等各在十萬到二十萬兩之間，曬洋布，魯布、毛絲、蘭靛，火柴、洋傘、錫器類，鋁、紐扣、麥稈組、玻璃器等商品各在五萬到十萬兩上下。尤其是英紗、英布大量輸入，武昌、漢口街頭出現許多經銷洋紗、洋布的匹頭號，品種類甚多，分別為白貨、黑貨、花色三類。如漂布、市布、粗細斜紋布等發球白貨類，羽緞、羽綾、羽綢、泰西緞等發球黑貨類，花布洋布發球花色類。唯花色類種繁多，隨時而異。一九二二年英國輸入本色市布 184212 匹、本色粗布細布 7231 匹，漂市布 371999 匹，粗斜紋布 70 匹，細斜紋布 7431 匹，洋漂布 16783 匹；一九二三年英國輸入本色市布 210054 匹，本色粗布細布 17255 匹，漂市布 40293 匹，粗斜紋布 187 匹，細斜紋布 27110 匹，洋漂布 2038 匹；一九二四年英國輸入本色市布 77163 匹，本色粗布細布 3416 匹，漂市布 328384 匹，粗斜紋布 127 匹，細斜紋布 5012 匹，洋漂布

· 1872 年英商在漢口設立的磚茶廠

4306 匹，雖各種布輸入數量略有起伏，但總趨勢是逐年遞增。

茶葉、桐油是英商的重要輸入品。十八世紀末，錫蘭（今斯里蘭卡）淪為英國殖民地，一八二四年，英國將中國茶葉引入錫蘭，並試種成功，十九世紀六〇年代，英殖民者大面積開發茶葉種植園。十年間，茶葉產量從一八七〇年的八十一噸激增到一八九〇年的二萬噸。中國茶引種成功，致中英茶葉貿易額銳減。「英船運茶則數年來僅有一艘而已」[28]，「英商專賃輪船來漢運茶入倫敦者已歇絕久矣」。然自一八六一年後，英商又直接從漢口大量收購紅茶，除運回本國外，還運往西歐各國。英商協和、天裕、柯化威、履泰、杜德等洋行將漢口紅茶大量輸往歐洲，到一八九四年，漢口茶葉直接運往外洋的數量共計 147670 擔，其中徑運英國 22127 擔。而且在中英茶葉貿易中，英商藉端挑剔，時有損害茶農利益的事情發生。如光緒十八年（1892 年）二三月間，因雨天連綿，紅茶遭雨，成色偶有參差，英商抑勒茶價，藉端挑剔，漢口茶商又不齊心，紛紛減價求售，致虧本銀一百數十萬兩，英商大獲其利。

28 《集成報》1898 第 28 期，第 34-36 頁。

中國是桐油的生產國，漢口是內陸地區桐油的聚散地，桐油大致經五條途徑運到漢口。襄古桐是由紫陽、興安、洵陽、白河諸埠轉運。湖北西北各地，沿漢水流域所產之油，則集於鄖陽諸埠，然後循漢水運至襄陽縣之老河口，進而轉運至漢口，每年運銷漢市約二十五擔；川桐則由敘縣、合州、重慶、涪縣、夔縣、雲陽而運至萬縣，然後由萬縣轉運至漢口者每年運銷漢市約三十萬擔；楠桐由津市、常德，而後轉運至漢口者，每年運銷漢市約三十六萬擔；荊沙桐是湖北沙市產油之桐樹；漢口下游至武穴一帶所產油，運集漢口，而轉銷歐美者，約近一百萬擔。到民國二十年，集中漢口的桐油百分之九十運銷外國，其中，運往歐洲英、德等國達 193775 擔，英國安利英、紹和、老沙遜、怡和、寶隆洋行從事桐油生意。這些洋行每日上午九時出口行即派人至油行探問行情，午後三時油行又派人至出口行商議一切，亦即所謂講盤，生意成交與否俱於是時決定，油行售與出口行之桐油每擔價，市場術稱為洋盤（因出口行外商居多），又油行在賣出物價之前，因須提淨，分量必因而減少，而每擔又須代納出口稅二元八角二分二釐，故洋盤較客盤為高。洋行則俱由買辦總管，漢市桐油出口行約二十餘家，有專營機油出口者，出口行規模最大者之一有中英合資福中公司。

另外，來自於湖南、四川、河南、陝西等省的豬鬃在漢口雲集，多為英怡和、天祥、安利英與平和購買，輸入英國、德國、美國；漢口牛皮出口大半也由英、法、德商經營。

英商足跡遍布武漢三鎮，涉及武漢各個領域，他們長袖善舞，在武漢中外貿易中發揮著重要的作用。

## 二、英企角逐江城

就在英商謀利武漢之時，眾多英國資本持有者攜帶成熟的工業技術，投身武漢工業，從早期的冶金到後來的製蛋、煙草等，均表現突出，成效卓著。

桐油最先輸入美國，隨後英、法、德、日在漢爭購，且設廠提煉桐油，運回國內。英商怡和洋行約在一八七一年率先在英租界設立澄油廠，年加工桐油 5 萬擔，木油 4 萬擔，牛油 2 萬擔；英商在英租界還開設有華昌澄油廠，年加工桐油 5 萬擔，木油 2 萬擔，牛油 2 萬擔。民國初年，漢口共有外商澄油廠 11 家，年加工達 160 萬擔，英國占 20 萬擔。

英商最早在武漢開設有色金屬冶煉廠，一八七五年英商在漢開辦金銀熔爐煉廠，收購中國紋銀，使用化學藥劑從中提煉金子，利潤豐厚。隨著進口機器設備數量增加，該廠擴大業務範圍，經營生產鑄件、修配武器、製造槍彈炮架等。該廠幾年後因紋銀短缺而停工。

一八七六年英商在漢口設立製革廠，採用機器壓製皮革，使生皮加工品質和效率得到大幅度提高，出口猛增。一八七六年輸出達二萬擔，一八七七年，俄土戰爭刺激了皮革的需要，皮革出口增至五萬擔。英商中的老和順、寶順、禪臣、太平、和昌、華昌經營牛皮加工出口業務。

自一八八七年，德商禮和洋行在漢開設第一家蛋品加工廠後，各國競相在漢設立蛋廠，至二十世紀二〇年代，武漢共建有蛋廠十二家，外商蛋廠逐步佔據主導，英商更是取得了支配地

位，分別於一九〇八年在漢開設永源蛋廠，一九一一年創立和記蛋廠，一九二〇年建立安利英蛋廠，一九二八年新建培林蛋廠。英國蛋廠每天需鮮蛋二千餘擔，均由中國蛋行供應貨源。和記蛋廠是武漢製蛋業中最具實力的企業。和記蛋廠擁有先進的冷凍設備，利用湖北和鄰近地區出產的雞鴨蛋為原料，生產蛋粉和蛋液，把蛋白和蛋黃分開，用蒸汽打蛋機將蛋白打成一層薄膠體，是重要的工業原料，蛋黃經過加工後，用作染革和摻制漆料之用。正是有和記蛋廠，蛋製品才開始從漢口輸出。

　　一八九一年，英商柯三、克魯奇合資二十萬元，在漢口開設機器制冰廠，名為和利冰廠（Hankow Ice Works）。「經過年餘的努力經營，本埠的制冰廠的機器終於開工了，現在二分錢一磅的第一等的人造冰，已能夠想買多少就買多少了。」[29] 該廠在漢的歷史結束於一九五〇年。繼和利冰廠之後，英商屈臣氏洋行在漢口英租界波羅館附近開設了汽水廠，名為屈臣汽水廠，於一九一六年停業。一九一八年英商柯三、克魯奇合夥在法租界霞飛將軍路三十六號（今嶽飛街 42 號）籌建和利汽水廠。該廠全部機器設備從英國曼徹斯特機械廠購進。一九二一年建成

・二十世紀三〇年代漢口怡和洋行大樓

29　《捷報》1891 年 7 月 1 日。

投產，日產汽水最高達二千打。該廠主要原料檸檬酸、糖精、香精等從英國進口，用量較大的砂糖、小蘇打等從上海購進。因為原料優良、純淨衛生，「和利」牌汽水味正氣足，是當時的高級飲料，十分暢銷。一九三一年，克魯奇病故，柯三獨立經營，後因年事較高，一九三八年漢口商人劉耀堂將該廠買下，不久，因武漢即將淪陷而未生產。抗戰勝利後，劉耀堂父子恢復了和利汽水廠的生產，並更新了設備，轉變經營作風，汽水年產量達到十二萬打，創造了建廠以來最高紀錄。

一九四八年，因虧損，和利汽水廠租賃經營，一九四九年底工廠停產。與和利汽水廠幾乎同時建成的有英商贊育汽水廠（附屬於贊育藥房），位於法租界。該廠的全部機器設備從英國進口，日產汽水一千打，與和利汽水廠爭奪市場。和利、贊育兩家汽水廠壟斷了武漢三鎮及鄰近縣、省市場。汽水主要銷往咖啡館、舞廳、歌廳、跑馬場、洋行、銀行、海關和各駐漢領事館等高級場所。新中國成立後，成為武漢第二飲料廠。

十九世紀末二十世紀初，武漢棉花市場逐漸繁榮，棉花打包業也隨之興盛。「初僅英商平和洋行打包廠設立，除代客將棉花打包外，兼打苧麻、豬鬃、牛羊皮等，獨家經營，獲利頗豐⋯⋯嗣後有英商隆洋行、華英合辦之漢口打包公司」。[30] 英商平和總公司設在香港，由英國人李達爾兄弟創辦。在上海設中國公司，

---

30  曾兆祥主編《湖北近代經濟貿易史料（1840-1949）》第 2 輯，湖北省地方貿易志辦公室，1984 年版，第 109 頁。

下有上海、天津、漢口、哈爾濱四個分公司。漢口平和成立於一八八〇年，一九〇五年在漢口青島路設打包廠，首任經理為好華耳，末任經理為何士敦。有機房七十餘間，水壓打包機二臺，日夜打包件數在一千五百件，代客打包，客人中以上海客人居多，日商次之。英商隆茂總公司設在香港，一八六五年在上海設立中國公司，其後在內地開辦數個分公司，漢口分公司開辦於清末，地點在英租界咸安坊下首，一九〇六年在現勝利街開設打包廠。首任經理為狄克生，末任經理為挪威人柏漢思。有機房四十餘間，水壓打包機二臺，日夜打包件數是一千七百件，客戶以申、黃兩幫為主。中英合資利華打包廠，原名漢口打包股份有限公司，由漢口黃幫棉商劉季五、程棟臣等籌資股銀一百萬兩，中方資本占 80%，英方占 20%，以英國股份有限公司的名義在香港註冊，進行打包業務，開設於一九二〇年，地點在漢口鄱陽街，另在沙市設有公司，首任經理劉守仁。有機房 34 餘間，水壓打包機 2 臺，水壓抽水機 2 臺，動力 255 匹馬力，日夜打包件數是900 件，客戶以黃幫為主。一九三一年武漢大水和一九三八年武漢淪陷時曾兩度停產，複產後，公司經營大權仍受到英商安利英洋行制約，華人組成的經理室（外帳房）要接受英商委辦的大班（內帳房）領導，一切由大班洋經理做決定，公司盈餘必須存入滙豐銀行。英商在漢的這些打包廠有嚴格的規章制度和管理辦法。如出進廠門要搜身，遲到除扣發工資外還要罰款等。一年四季，天還未亮，工人們都要趕到工廠門外。

　　一九〇六年十一月，英商在漢俄租界界限路（今合作路）設立漢口電燈電力股份公司，廠房建築面積 2983 平方米，籌資 13

萬兩，總投資 136 萬元。安裝有蒸汽機帶動的直流發電機 3 臺共計 125 千瓦。後增至 7 臺，總發電量達 5750 千瓦。漢口是中國內地最早使用電燈的城市之一。

　　英商在漢經營最大、業績最好的企業要算與美國人合資的英美頤中煙草公司。該公司創辦於一九〇二年，美國煙草公司和英國帝國煙草公司成立合資的英美煙草公司，一九三四年改名頤中煙草運銷有限公司，總部設在倫敦，據《江漢關貿易報告》（1906年）記載：「英美煙草公司正在德界建造大廠，以土產煙葉製為紙煙，現備有最新機器，明年春夏可開工，僅女工一項，即須用五千名之多。」《海關十年報告　江漢關　1902-1911》記載：「英美煙草公司在漢口的煙廠其規模堪與任何一家大企業匹敵。日產紙煙一千萬支，還遠遠不能滿足需求，它的產品打敗了煙草市場的所有競爭對手，這一方面得益於出色的廣告宣傳，另一方面是它薄利多銷的經銷政策，每包紙煙的利潤極其微薄。工廠的原材料取之本地，前幾個月在漢水上游另蓋了一座場房。它雇傭的外籍職員四處奔走，大肆宣傳，傳播美洲煙草籽，向農民講授種植方法，這些活動得到了官方的認可。」一九一〇年大半年每日出紙煙八百萬支，還添購了機器，紙煙多半出口，因本地吸者以摻入外洋煙絲為佳，該公司散送紙煙，使吸者知其佳美，以廣招徠，而本地煙市全為

·民國年間英商漢口電燈公司大樓（圖左）

所奪。據一九一一年五月六日《捷報》報導:「這不過是其中的一個工廠,而這種工廠是有好幾個的。在揚子江上的任何一個輪船裡面,你可以看到來自附近各省運交到英美煙草公司的大包煙葉。走到江邊,你就會看到民船裝載的貨物,全是運交這一家大公司的未加整理的煙葉。」一九一二年紙煙增至一千七百擔,估值增七十四點七萬兩。一九一一年,英美煙草公司漢口分公司地點設在英租界內(今鄱陽街合作路口)。英美煙草公司主要煙廠一在德租界六合路,一在礄口,並在大智路設有振興煙葉廠和首善印刷廠。六合路煙廠原有老式捲煙機六十四臺,一九二九年改置新機三十六臺,每月產煙七千至八千箱(每箱 5000 支)。礄口煙廠有捲煙機三十一臺,月產四千五百箱。兩廠牌號有「哈德門」「紅錫包」「綠錫包」「美傘」「雙刀」「船」「紫金山」等,銷往湖北、江西、河南、湖南、四川五省。英美煙草公司除在本地收購煙葉外,還在河南許昌、鄢陵等地,由公司的中國職員出面購買土地,試種美國優良煙苗,然後推廣。英美煙草公司有經銷和包銷兩種形式。經銷者須交納保證金,由該行與店家共同經營。如最初有「五大經理」(三江、德馨、恆利、秦樂記、蔡福記),續有「七大同行」(先後有三江、德馨、晉和、益昌祥、漢昌、公記、秦樂記、恆利)。包銷者不交錢,按銷售數量計酬。後來又實行按地區獨家包銷,如由周蒼柏

·英美煙公司漢口分公司煙廠舊影

（漢口上海商業儲蓄銀行經理）、塗坤山（英商漢口石油亞細亞公司買辦）合建的義記公司，承銷武漢和湖北部分地區的業務。一九三七年抗日戰爭開始後，英美煙草公司收縮在各地的業務網點。一九三八年十月武漢淪陷後，兩個捲煙廠停工。一九四二年底，英美煙草公司為日本丸三煙草公司佔據，並在六合路煙廠內生產（1944 年為美軍飛機轟炸）。抗日戰爭勝利後，英美煙草公司恢復營業，但已大不如前。一九五二年二月歇業。

受第一次世界大戰和十月革命的影響，俄國因經濟衰退，將磚茶當作奢侈品，對中國實行關稅壁壘政策，限制華茶輸入。由此，俄商在漢的製茶廠受到影響，俄商順豐、阜昌兩家磚茶廠於一九一七年後停閉。新泰磚茶廠一九三〇年為英商接辦，易名太平洋行磚茶廠。主營代客壓製磚茶，收取傭金。該廠擁有資本 100 萬元，蒸汽動力機 1 部，工人 370 餘名。年產值 75 萬元。1932 年共計壓製綠茶磚 13 萬餘擔，1933 年增加到 17 萬擔，在漢口 6 家中外磚茶廠中佔有最大的份額。

從上可以看出，自一八六一年進入漢口以來，英商在漢商界一直非常活躍，他們利用技術與資金優勢成為武漢工商界的常勝將軍，甚至在某些領域新中國成立後才退出武漢的舞臺，「今天英國商人仍是武漢外商勢力最大的，抗戰勝利後，美帝商人急起直追，大有駕英商之上的趨勢，新中國成立後美商多撤退，英商留下，謀求生意。」[31]

---

31 曾兆祥主編《湖北近代經濟貿易史料選輯（1840-1949）》第 4 輯，湖北省貿易志編輯室，1986 年版，第 304 頁。

## 第四節 ▶ 漢口洋行、外資銀行與企業的建設熱潮

　　西方列強以槍炮打開中國大門，其目的之一就是傾銷過剩商品，以謀取最大經濟利益。所以當漢口開埠以後，先後有二十多個西方國家近二千多商人（截至 1892 年）來漢貿易，武漢街頭如雨後春筍般湧現了近二百五十家洋行、二十多家外資銀行以及一百五十二家外資工廠，武漢進入「萬國通商」時代。

## 一、漢口的洋行

### 1. 漢口洋行的設立

　　洋行最早誕生於中國的廣州，後擴至內地。一八六一年三月七日，一艘英國輪船由上海來到武漢，搭乘該輪的上海寶順洋行行主韋伯於次日在漢租房，立行通商。之後，美、俄、德、日等國商人陸續在漢口設立洋行，在漢口的這些洋行其總部大都在本國或香港、上海，再設分行於漢口，而漢口又設分支機構或經營點於華中各省或本省各州縣。如美孚石油公司，其總行設於美國紐約，中國總行設於上海，中國總行下轄東北、華北、華中、華南四個分行。華中分行設於漢口沿江大道美國花旗銀行大樓內，它下轄沙市、宜昌、重慶、長沙、常德、津市、老河口等七個支行，每個支行又下設若干個經銷點、分店於各縣城、鄉鎮。這些支行、經銷點構成了相當嚴密的推銷網。

表 3-4 1910 年以前在漢口洋行（111 戶）

| | 行名 | 國別 | 地址 | 開辦與結束時間 | 經營業務 |
|---|---|---|---|---|---|
| 1 | 波彌文洋行 | 德國 | 一元路勝利街 | 1910 年前至 1914 年 | 進口 |
| 2 | 利昌洋行 | 德國 | 沿江大道 | 1910 年至 1911 年 | 進口 |
| 3 | 禪臣洋行 | 德國 | 洞庭街長航局 | 1910 年前至 1917 年 | 進口五金電器 |
| 4 | 瑞生洋行 | 德國 | 洞庭街六也村 | 1910 年前至 1917 年 | 進口五金電器 |
| 5 | 泰來洋行 | 德國 | 大華菜場附近 | 1910 年前至 1918 年 | 進口 |
| 6 | 怡元洋行 | 德國 | 舊法領事館 | 1910 年前至 1915 年 | 外匯經紀 |
| 7 | 吉利洋行 | 德國 | 洞庭街立興大樓對面 | 1910 年前至 1915 年 | 外匯經紀 |
| 8 | 咪吔洋行 | 德國 | 原德華銀行附近 | 1910 年前至 1916 年 | 進口 |
| 9 | 多福洋行 | 德國 | 原德華銀行附近 | 1910 年前至 1916 年 | 出口礦產 |
| 10 | 嘉柏洋行 | 德國 | 勝利街公安局 | 1910 年前至 1935 年 | 進出口 |
| 11 | 禮和洋行 | 德國 | 洞庭街郵政局 | 1910 年前至 1945 年 | 進出口 |
| 12 | 美最時洋行 | 德國 | 沿江大道二曜路 | 1910 年前至 1945 年 | 電燈廠、製蛋廠 |
| 13 | 福來德洋行 | 德國 | 一元里 | 1910 年前至 1945 年 | 進出口 |
| 14 | 嘉利洋行 | 德國 | 中山大道蘭陵路 | 1910 年前至 1945 年 | 進出口 |
| 15 | 瑞記洋行 | 德國 | 四維路口 | 1910 年前至 1916 年 | 進出口 |
| 16 | 西門子洋行 | 德國 | 上海路 | 1910 年前至 1940 年 | 電器 |
| 17 | 美隆洋行 | 德國 | 沿江大道 | 1910 年前至 1916 年 | 出口 |
| 18 | 艾禮司洋行 | 德國 | 洞庭街信義公所 | 1910 年前至 1922 年 | 顏料 |
| 19 | 謙信洋行 | 德國 | 洞庭街 | 1910 年前至 1916 年 | 顏料、鐘錶 |
| 20 | 韓具洋行 | 德國 | 一元里對面 | 1910 年前至 1922 年 | 工程師 |
| 21 | 石格司洋行 | 德國 | 沿江大道五福路 | 1910 年前至 1938 年 | 工程師 |
| 22 | 寶利洋行 | 德國 | 勝利街 | 1910 年前至 1922 年 | 工程師 |

| | 行名 | 國別 | 地址 | 開辦與結束時間 | 經營業務 |
|---|---|---|---|---|---|
| 23 | 德華銀行 | 德國 | 沿江大道市人委隔壁 | 1910 年前至 1932 年 | 銀行匯兌 |
| 24 | 葛西洋行 | 德國 | 中山大道一元路 | 1910 年前至 1917 年 | 牛羊肉莊 |
| 25 | 發利洋行 | 德國 | 二曜路 | 1910 年前至 1932 年 | 牛羊肉莊 |
| 26 | 德昌洋行 | 德國 | 大智門 | 1910 年前至 1945 年 | 腸衣 |
| 27 | 機昌洋行 | 德國 | 一元路 | 1910 年前至 1926 年 | 機器製造修理 |
| 28 | 太古洋行 | 英國 | 沿江大道 100 號 | 1910 年前至 1954 年 | 外輪、進出口、內航 |
| 29 | 怡和洋行 | 英國 | 沿江大道 104 號 | 1910 年前至 1954 年 | 五金、進出口輪船 |
| 30 | 太平洋行 | 英國 | 沿江大道上海路 | 1910 年前至 1940 年 | 茶葉、進口 |
| 31 | 平准洋行 | 英國 | 沿江大道 101 號 | 1910 年前至 1940 年 | 公證行 |
| 32 | 湯遜洋行 | 英國 | 沿江大道 101 號 | 1910 年前至 1940 年 | 公證行 |
| 33 | 華昌洋行 | 英國 | 沿江大道 101 號 | 1910 年前至 1940 年 | 進出口 |
| 34 | 沙遜洋行 | 英國 | 沿江大道 101 號 | 1910 年前至 1940 年 | 進出口 |
| 35 | 滙豐銀行 | 英國 | 沿江大道 103 號 | 1910 年前至 1940 年 | 銀行匯兌、發行鈔票 |
| 36 | 祥泰洋行 | 英國 | 沿江大道 103 號 | 1910 年前至 1940 年 | 木材進口 |
| 37 | 勝家洋行 | 英國 | 江漢路洞庭街口 | 1910 年前至 1940 年 | 縫衣機 |
| 38 | 天祥洋行 | 英國 | 江漢路洞庭街口 | 1910 年前至 1940 年 | 進出口 |
| 39 | 顧發利洋行 | 英國 | 江漢路洞庭街口 | 1910 年前至 1940 年 | 五金機器 |
| 40 | 寶順洋行 | 英國 | 洞庭街天中路 | 1910 年前至 1940 年 | 進出口 |
| 41 | 金邁洋行 | 英國 | 上海路 | 1910 年前至 1930 年 | 進口 |
| 42 | 麥加利銀行 | 英國 | 青島路 | 1910 年前至 1953 年 | 銀行匯兌、發行鈔票 |
| 43 | 平利洋行 | 英國 | 青島路 | 1910 年前至 1954 年 | 進出口 |

| | 行名 | 國別 | 地址 | 開辦與結束時間 | 經營業務 |
|---|---|---|---|---|---|
| 44 | 保安洋行 | 英國 | 青島路 | 1910 年前至 1922 年 | 保險 |
| 45 | 亞細亞洋行 | 英國 | 沿江大道天津路口 | 1910 年前至 1954 年 | 汽、煤、機油 |
| 46 | 匯司公司 | 英國 | 洞庭街同興裡 | 1910 年前至 1922 年 | 洋雜百貨 |
| 47 | 良濟洋行 | 英國 | 洞庭街同興裡 | 1910 年前至 1916 年 | 進出口 |
| 48 | 福利洋行 | 英國 | 洞庭街車站路口 | 1910 年前至 1922 年 | 洋雜百貨 |
| 49 | 泰和洋行 | 英國 | 鄱陽街上海路糧店址 | 1910 年前至 1925 年 | 出口 |
| 50 | 協和洋行 | 英國 | 鄱陽街上海路糧店址 | 1910 年前至 1916 年 | 茶葉 |
| 51 | 屈臣氏洋行 | 英國 | 鄱陽街南京路口 | 1910 年前至 1916 年 | 西藥 |
| 52 | 聖教書局 | 英國 | 鄱陽街青島路口 | 1910 年前至 1951 年 | 印刷 |
| 53 | 電燈公司 | 英國 | 鄱陽街合作路口 | 1910 年前至 1950 年 | 電力供應 |
| 54 | 葡內門洋行 | 英國 | 勝利街 | 1910 年前至 1954 年 | 化學肥料 |
| 55 | 隆茂打包廠 | 英國 | 勝利街鹹興坊 | 1910 年前至 1954 年 | 打包 |
| 56 | 別發洋行 | 英國 | 勝利街合作路口 | 1910 年前至 1940 年 | 西藥 |
| 57 | 禮福洋行 | 英國 | 青島路平和行內 | 1910 年前至 1940 年 | 苧麻 |
| 58 | 培林洋行 | 英國 | 立興大樓對面 | 1910 年前至 1940 年 | 製蛋廠 |
| 59 | 恆信洋行 | 美國 | 洞庭街郵政局隔壁 | 1910 年前至 1950 年 | 顏料 |
| 60 | 光裕洋行 | 美國 | 洞庭街車站路 | 1910 年前至 1920 年 | 汽、煤、柴、機油 |
| 61 | 美孚洋行 | 美國 | 天津街口亞細亞大樓 | 1910 年前至 1950 年 | 汽、煤、柴、機油 |
| 62 | 德士古洋行 | 美國 | 滙豐大樓 | 1910 年前至 1952 年 | 汽、煤、柴、機油 |
| 63 | 慎昌洋行 | 美國 | 舊滿沙街 | 1910 年前至 1925 年 | 電器製蛋廠 |

| | 行名 | 國別 | 地址 | 開辦與結束時間 | 經營業務 |
|---|---|---|---|---|---|
| 64 | 花旗銀行 | 美國 | 沿江大道青島路 | 1910 年前至 1950 年 | 銀行匯兌、發行鈔票 |
| 65 | 勝利洋行 | 美國 | 來其街復興路口 | 1910 年前至 1936 年 | 桐油出口 |
| 66 | 德泰洋行 | 美國 | 友益街平安里口 | 1910 年前至 1940 年 | 出口 |
| 67 | 大來洋行 | 美國 | 中山大道麟趾路角上 | 1910 年前至 1930 年 | 外洋輪船 |
| 68 | 公興洋行 | 法國 | 勝利街車站路 | 1910 年前至 1916 年 | 出口、製蛋 |
| 69 | 立興洋行 | 法國 | 洞庭街立興大樓 | 1910 年前至 1946 年 | 出口、房地產 |
| 70 | 永興洋行 | 法國 | 大智路鐵路外 | 1910 年前至 1951 年 | 出口 |
| 71 | 萬順洋行 | 法國 | 勝利街車站路 | 1910 年前至 1915 年 | 出口 |
| 72 | 德明飯店 | 法國 | 勝利街蔡鍔路 | 1910 年前至 1951 年 | 旅館 |
| 73 | 萬興洋行 | 法國 | 友益街興茂里 | 1910 年前至 1925 年 | 出口 |
| 74 | 和利洋行 | 法國 | 巘飛街 | 1910 年前至 1950 年 | 制冰 |
| 75 | 烏利文洋行 | 法國 | 洞庭街長江日報原址 | 1910 年前至 1925 年 | 鐘錶首飾 |
| 76 | 漢通洋行 | 法國 | 沿江大道萬國儲蓄會隔壁 | 1910 年前至 1916 年 | 工程師 |
| 77 | 新盛洋行 | 法國 | 舊滿沙街 | 1910 年前至 1914 年 | 工程師 |
| 78 | 萬國儲蓄會 | 法國 | 沿江大道油脂公司 | 1910 年前至 1932 年 | 儲蓄 |
| 79 | 東方銀行 | 法國 | 沿江大道車站路口 | 1910 年前至 1934 年 | 銀行匯兌 |
| 80 | 金龍洋行 | 法國 | 洞庭街一元路口 | 1910 年前至 1920 年 | 洋酒雜貨 |
| 81 | 福泰洋行 | 法國 | 京漢鐵路局對面 | 1910 年前至 1920 年 | 出口 |
| 82 | 順豐洋行 | 俄 | 沿江大道穗豐打包廠 | 1910 年前至 1916 年 | 茶葉茶磚 |

| | 行名 | 國別 | 地址 | 開辦與結束時間 | 經營業務 |
|---|---|---|---|---|---|
| 83 | 新泰洋行 | 俄 | 沿江大道蘭陵路口 | 1910 年前至 1916 年 | 茶葉茶磚 |
| 84 | 阜昌洋行 | 俄 | 沿江大道南京路口 | 1910 年前至 1916 年 | 茶葉茶磚 |
| 85 | 柏昌洋行 | 俄 | 洞庭街上海路口 | 1910 年前至 1916 年 | 茶葉茶磚 |
| 86 | 源泰洋行 | 俄 | 洞庭街黎黃陂路 | 1910 年前至 1917 年 | 茶葉 |
| 87 | 巴公洋行 | 俄 | 鄱陽街蘭陵路口 | 1910 年前至 1917 年 | 房產 |
| 88 | 三菱洋行 | 日本 | 江漢路武漢關左側 | | |
| 89 | 日信洋行 | 日本 | 日清公司內 | | 棉花匹頭 |
| 90 | 日華洋行 | 日本 | 日租界 | | 油廠 |
| 91 | 日清輪船公司 | 日本 | 江漢路 | | |
| 92 | 鈴木洋行 | 日本 | | | 雜貨出口 |
| 93 | 吉田洋行 | 日本 | | | 雜貨出口 |
| 94 | 瀛華洋行 | 日本 | 鄱陽街 | | 雜貨棉花 |
| 95 | 齋藤洋行 | 日本 | | | 漆 |
| 96 | 湯淺洋行 | 日本 | | | 雜糧 |
| 97 | 黃泰洋行 | 日本 | | | 雜糧 |
| 98 | 岩井洋行 | 日本 | | | 雜糧 |
| 99 | 長籟洋行 | 日本 | | | 豬鬃 |
| 100 | 東亞麵粉廠 | 日本 | 羅家墩上 | | |
| 101 | 三進洋行 | 日本 | 鄱陽街口 | | |
| 102 | 住友洋行 | 日本 | 鄱陽街口 | | |
| 103 | 義華銀行 | 義大利 | 沿江大道市人委大禮堂隔壁 | 1910 年前至 1931 年 | 銀行匯兌 |

| | 行名 | 國別 | 地址 | 開辦與結束時間 | 經營業務 |
|---|---|---|---|---|---|
| 104 | 義品銀行 | 比利時 | 車站路原贊育汽水廠 | 1910 年前至 1952 年 | 銀行匯兌、房地產 |
| 105 | 華比銀行 | 比利時 | 沿江大道市人委大禮堂隔壁 | 1910 年前至 1930 年 | 銀行匯兌、房地產 |
| 106 | 瑞興洋行 | 瑞典 | 舊日租界 | 1910 年前至 1930 年 | 製蛋廠 |
| 107 | 盛亨洋行 | 瑞典 | 蘭陵路郵局對面 | | 收紗廠廢花 |
| 108 | 寶隆洋行 | 丹麥 | 市建設局 | 1910 年前至 1942 年 | 桐油出口 |
| 109 | 興隆洋行 | 印度 | 合作路楚善里口 | 1910 年前至 1950 年 | 百貨 |
| 110 | 八麥利洋行 | 印度 | 鄱陽街上海路口 | 1910 年前至 1917 年 | 食品進口 |
| 111 | 法郎治洋行 | 印度 | 洞庭街陳其美路 | 1910 年前至 1917 年 | 食品進口 |

注：錄自曾兆祥主編《湖北近代經濟貿易史料選輯（1840-1949）》第 4 輯，湖北省貿易志編輯室，1986 年，第 306-309 頁。

外國洋行作為漢口對外貿易的主體，其經營上的主要特點是仰仗自己的資金與特權，獲取超額利潤。他們一方面採購原材料、半成品，當時在漢口所收購的原料、半成品以茶葉、桐油、芝麻、棉花、生漆、蓖麻、五倍子、雜糧、豆類、煙葉、雞蛋、牛皮、腸衣、豬鬃、礦產品等為大宗；一方面傾銷洋貨，多以日用百貨、棉織品、毛織品、棉紗、煤油、五金、西藥、捲煙、鐵路器材、食品等為主，而一些日用雜貨如玩具、工具、鉛筆、圖書、裝飾品、傘、利器、綢緞珠寶、肥皂等也不斷增加，從一八六〇年到一九一一年的五十多年中，外國洋行在漢口得到發展與擴張，其經濟實力不斷增強，許多洋行不但從事進出口貿易，還將其勢力擴展到金融、航運、保險、製造業等其他領域。如漢口

美孚洋行主要以輸入石油為主，俄順豐、新泰、阜昌茶廠主要加工磚茶。英公信洋行，輸出紅茶。德禮和洋行，輸出紅茶。德西門子洋行，僅輸入電器。也有橫跨不同行業經營者，如總行設在德國漢堡、中國總行設於上海的禮和洋行，漢口分行在漢陸續開辦了打包廠、麵粉廠、製蛋廠、牛羊皮廠、煉油廠、油桶製作廠、桐油化煉廠、皮油化煉廠等。一九一八年該行復業後，業務範圍逐漸擴大，除進口五金機械、光學儀器、西藥、顏料和軍火製品外，加工出口牛羊皮及各色雜皮，煉製桐油、皮油、漆油、茶油等各類油脂；生產蛋粉、乾蛋白等製品；同時進行芝麻、黃豆等雜糧貿易。又如：德國美最時洋行，在漢主要推銷德國克虜伯的鋼鐵、大小五金、機械、化工原料，大量收購加工鮮蛋、牛羊皮、芝麻、豆類、桐油等。每年僅運出蛋品一項，多時價值高達三百萬至四百萬兩白銀。一九二五年後，鑑於進口額減少，無利可圖，遂將進口業務讓給禮和洋行，撤銷了進口部，專事於出口業務。據《湖北商報》卷十四載：「一八六一年漢口開港，爾來經三十八年，外國商業增加之績，亦為顯著。一八七九年在漢口外國商店大小合計二十七，一八八五年二十六，一八九四年，大小合計為四十二三，一八九五、一八九六年為四十五六。其中大商店如天祥、怡和、寶順、太古、太平及俄商阜昌、順昌等，皆二十年來，繼續其業者。其餘各年中，現存諸商店如下：協和、瑞記、泰豐、天裕、新和、綠和、祥源、嘉和、華呂、日生、元亨、滙豐、錢隆、美最時、永興、新泰、永昌、立興、履泰、阿仕威、華俄道勝銀行、沙遜、怡元、禪臣、斯比子爾會社、杜德、祥泰、力萬、亨達利、屈臣氏、公信、謙泰。」其中

從事輸出內地貨者，如「阜泰、百昌、新泰為主營業茶之有力者，其他天裕、怡和、華呂等，惟於製茶期從事茶業者，又德商瑞記，從事皮革商業，其餘為輸入洋油」。而「瑞記、協和、太古、新和、天祥、寶順、隆泰、華昌、太平、禪臣、怡元等兼營輪船、保險、銀行、代理店。滙豐、華俄、道勝為外國銀行支店」。「漢口外國商人中，除俄國茶商，其他英、德、美等諸商人，兼營數種業務，或營輪船公司、保險公司、代理店，而在茶期營茶業，在蠶期買收蠶絲，又輸入少數外國品，以謀略維持店鋪耳。」值得提出的是，日商在棉紗、食糖的輸入上同英商競爭，形成兩家平分的局面，一八九五年中日甲午海戰之後，日商挾勝利之餘威，湧入武漢，大有後來居上之勢，據水野幸吉的記述，一九〇五年，日本在漢洋行和商號達八十五家，經商人數五百九十三人。按純貿易的口徑，除掉二十三家、一百九十二人非純貿易戶數。[32]

抗戰勝利後，由於日、德失敗，英、法等國實力削弱，洋行多被炸毀，外商在漢勢力已遠不如昔。至新中國成立前外商大部陷於停頓，一九四九年僅有十一家在漢洋行繼續營業，一九五五年全部停歇，從此，洋行退出武漢商界。洋行雖在武漢對外貿易中發揮了巨大作用，但有些洋行在其特權的庇護下，幹著不法勾當，破壞武漢正常的經濟秩序。如開設於江漢路的日商思明堂，

---

32 皮明庥主編《武漢通史・晚清卷》上，武漢出版社，2006 年版，第155 頁。

表面上經營日本出產的西藥原料中各種針劑和仁丹、眼藥水、清快丸、胃活等成藥，實際上賣的是日本製造的嗎啡、海洛因等毒品（運銷總號），毒品供銷範圍遍及兩湖地帶與河北、河南、山東等省，以作紅丸原料，或直接吸用，獲利很大，營業額年達三四十萬元。還有英商怡和等洋行將鴉片大量傾銷至中國，不僅從中獲利，而且麻痺中國人的鬥志。

2. 洋行的經營方式

漢口洋行，分東西二幫，東洋幫指日本洋行，西洋幫則指英、美、法、德、俄、意、印等國洋行。兩幫性質不同，在經營上差異較大。東洋幫一般不雇用買辦，多由日本人直接進行交易，行內雇用之華人也只負責代為打理，每月付以相當之薪金即可，即使是較大的日本洋行，亦如此。日本洋行的經營者頭腦敏捷，十分注重對內地經濟情況的關注，每到一處，必對當地商情詳加記錄。漢口的東洋行多以現款買現貨或以現貨賣現款之生意頗多，拋盤較少。漢口東洋行的堆疊與行址，除租界外，多設於華界之礄口上下。華界的東洋行，以賣藥、賣雜貨者占多數。另外，在漢口的日本浪人，與漢口下層社會接近，東洋行需用該種人才之處甚多。

漢口的西洋行基本都雇有華人經理，協助打理洋行生意。所謂華人經理，也就是俗稱的買辦（舊時華人要想取得買辦的資格實為不易，他們除要有巨額之款存於洋行外，並且還要會外語，且需熟人引薦方可。在武漢至少有一支五百人的買辦隊伍，逐漸形成了廣東幫、寧波幫、湖北幫三大買辦集團，後來漢口地區的很多著名商人也都是由當初的買辦轉變而來）。稍大的洋行在總

買辦下，又以個人名義，雇用多人，組成龐大的華人經營團隊。洋行的進出口生意，皆由買辦負責。出口有出口買辦，進口有進口買辦，負進出口全責者，名曰總買辦。西洋行現貨生意不多，以交單預定從事期貨者為多，大批成交，完全為期貨，有二到三月者，五到六月者，甚至一年不等。西洋行在處理出口業務時，一般採用包辦方式。進口商需自動地托其在華購買某種貨物，或由出口洋行與進口商接洽，待接洽妥當之後，出口洋行即委託華人代為在華收買。洋行收購土貨，一般通過三層中間環節：（1）洋行向行棧收買；（2）行棧向莊客收買；（3）莊客向小販或生產者收買。行棧是按行業分設於武漢的大街小巷。具體情況是：當某種產品上市時，該行業的販銷商（莊客）從各地來到武漢，與行棧取得聯繫。有些行棧自己收買產品，有些只是代販銷商介紹買主，行棧與買辦有著密切關係，隨時向買辦打聽洋行進貨消息，與洋行議定貨價，按期交貨。例如洋行收購茶葉，由洋行先將上年各茶樣，編列號碼，寄往國外總行。至本年新茶上市時，洋行接國外總行來電，言明要樣品某號茶，價格若干。當洋行開始收買時，茶棧將茶莊的洋茶樣，交行看樣，同意後即定盤成交。值得注意的是，茶棧的經理往往同是洋行買辦。例如太隆永茶棧的經理正是 Harrison King Irvinlin 的買辦，忠信昌為 Centronsojun（俄）的買辦，協順祥則同時兼對怡和、協和、天裕洋行等負責。可見，茶棧是專為洋行服務的買辦組織。漢口的茶莊多時達上百家，茶莊在茶葉產地收購分內莊和外莊，外莊專營出口茶，有時亦收買內莊茶。有的買辦自己在產地設莊收買產品，如在茶產區收買茶葉，在鄉鎮收買牲畜、鮮蛋或其他土產

等。這樣，買辦使洋行不必經過行棧的環節，他自己也從中取得利益。總之，行棧與洋行直接發生關係，莊客與洋行間接發生關係，其他中間環節商人又各在不同程度上與洋行買辦發生關係。這樣就建立了一套完整的買辦體系下的收購關係。

同樣，西洋行在辦理進口時，亦係由進口洋行居間代辦。如武漢匹頭商，欲向英國進口洋布，因種種原因，匹頭商只得與英商進口洋行訂貨，由英商洋行代購。

在推銷洋貨時，西洋行一般都通過買辦建立代銷商的組織，代銷商為散佈於各城市或市鎮的商店，原有其商品經營的基礎，為了擴大營業，因而推銷洋貨。有些代銷商，在代銷洋貨之後，放棄了原來經營的商品，變成了洋貨店。它們通過買辦，從洋行批發貨品，按期限向洋行結算貸款，收取代銷手續費，有些代銷商需向洋行交納保證金，數額視情況而定，少者數千元，多者上萬元。但如某種貨品較難銷售，則只要求代銷商取得殷實鋪保，通過洋行審查，即可允其代銷。洋行對各代銷商有各種監督辦法，如每月有推銷的定額，有規定的貨價，代銷商每旬或每月向洋行報告情況，並由洋行派出調查員抽查各代銷店的銷貨額及實價。在貨價提高時，代銷商可能報改價前的銷售額以獲取更多盈利，反之，在貨價降低時，則可能報改價後的銷售額。調查員隨時抽查，對這些情況進行監督。為了銷貨的方便，有些洋行設有推銷員。推銷機構最能深入到各地區的當推英美煙草公司。英美煙草公司在湖北境內的各較大城鎮都設有經理和代銷店。大城市一般設兩個以上的經理，經理之下分布著若干代銷店，它們有各級分銷的方法，傭金額也有不同。在銷售地區設有儲藏商品的倉

庫，為了擴展推銷專設有廣告部和印刷部，在開始推銷地區，採用贈送香煙辦法，分期深入內地，擴大市場。洋行銷售商品，一般都採取劃區分銷制，在各區內有一定的銷售配額，並經常增加其配額。

### 3. 漢口洋行群雄競起

近代武漢由單一內陸貿易發展為中國第二大貿易港口，洋行可謂功不可沒，這些洋行在武漢商場由弱小而強大，各自形成自身經營範圍與商品特色，甚至把持、壟斷武漢某一商品貿易。如英商怡和、太古控制了長江航運，美商美孚、德士古和英商亞細亞三公司壟斷石油經營，瑞商德昌公司主辦腸衣出口年產萬餘桶，占全國腸衣出口第一位，德商美最時、英商沙遜洋行主營桐油、蛋品、芝麻，雖然它們在掠奪武漢資源上利益一致，但在自身發展上又相互競爭，在這種既協作又競爭中，武漢洋行群雄逐鹿。

### （1）怡和洋行

怡和洋行，又稱渣甸洋行，全稱是渣甸・馬地臣有限公司（Jardine Matheson Co.，Ltd.）創始人是英國人威廉・渣甸，合夥人詹姆斯・馬地臣和馬尼亞克。該洋行一八三二年初創於廣州，一八四二年遷香港，一八四三年遷上海。怡和洋行以販制鴉片起家，以航運見長，其航運初期主要經營北洋航線，後來進入長江航線。它是在華較早、時間最長、勢力龐大、資本雄厚的洋行，號稱「洋行之王」。其分支機構遍設長江流域的蕪湖、九江、岳陽、長沙、益陽、常德、津市、宜昌、漢口、萬縣、重慶等地。

怡和洋行漢口分行創立於一八六二年，行址在沿江河街（今

沿江大道 104 號）。漢口怡和洋行秉承總公司的經營方向，在漢主營航運，兼營進出口貿易。內部設有船頭、銀行、保險、進出口貿易四個部門。船頭部另設輪船、躉船、碼頭、堆棧四個辦事處，辦理航運業務。銀行部設有「有利銀行」，專門辦理貨物信託等業務。保險部辦理水火保險等。進出口部經營的出口品種有紅茶、棉花、桐油、牛皮、豬鬃、雜糧、五倍子等，進口品種有棉紗、布匹、呢絨、五金機械、礦用炸藥等，另外還暗中販運鴉片、軍火等。總買辦為廣東人陳仙洲。怡和洋行將湖南的純銻、生銻、鎢砂、黑鉛砂、白鉛砂、錳、糧食等戰略物資和牛皮、雨傘、湘蓮、鞭炮等特產，通過漢口銷往江、浙、閩、粵、皖以至南洋一帶，又通過漢口將糖、布匹、棉紗、五金、水泥、日用百貨與雜貨等物傾銷湖南。當時湘人多愛吸水煙，福建皮絲煙極為暢銷。怡和洋行從漢口發至長沙的船，每個航次裝載皮絲煙數百件（每件 25 公斤）。一九三四年，怡和洋行出現多年少見的經營不利，多艘江輪停航，勉強經營維持。一九三八年十月武漢淪陷，怡和洋行在漢經營全部停歇。一九四一年底太平洋戰爭爆發後，日軍沒收怡和洋行全部財產。抗日戰爭勝利以後，怡和洋行恢復營業，主要依靠與華商孫益祥合組的安和公司運作。但因貨幣貶值，安和公司虧損嚴重，一九四九年初結束，新中國成立後，該行於一九五一年派華人來漢任大班，經營五金機械的進口，但進展艱難，遂於一九五五年徹底停業。

（2）美最時洋行

美最時洋行是洋商最早在漢設立的洋行之一，也是外商在漢最大的經濟體之一。其總行設在德國柏林，在英、法、意、美等

國設有分支機構。上海設有分總行，並在天津、青島、漢口、廣州、香港等地設立分行。漢口分行（以下簡稱「美最時漢行」）設於一八六二年，首任經理密斯汀。美最時以經營出口為主，進口為輔，兼營保險和輪船等業務，另設有電燈廠一所。行址初設英租界，後遷德租界，二十世紀初，「著名的美最時洋行在漢口開設已有三十多年，並在租界工商業界有其重要地位，全華北都知道他們是百貨商和出口商，並是北德魯易輪船公司的經紀人，廣泛地和各種貨物的托運者有業務往來。」

美最時漢行內部機構龐大，主要分為進口部、出口部、保險部、輪船部和電燈廠等。

①進口部：進口商品品種有克虜伯廠的鋼鐵、大小五金、機械和皮革，蔡司廠的光學材料，飛利浦廠的電料，愛禮司廠的各種顏料、染料、化工原料，華而福廠的補品撒納吐歎，拜耳廠的藥品、香料等，特約經營的有太陽牌毛巾，三馬牌毛絨線，手提回燈、保險燈以及縫衣針等。此外，還有瑞典的火柴、紙張和英國的呢絨、匹頭等。營業額每年只有幾十萬元。一九二五年，進口部撤銷。抗日戰爭期間，中國訂購德國克虜伯廠的軍火，就是通過美最時以及禮和、開利、嘉利、福來德等德商洋行進行的。

②出口部：經營業務有牛羊皮、蠶豌豆、芝麻、五倍子、茶葉、煙葉、桐油、漆油、皮油、豆油和蛋製品等，營業額每年約八百萬兩（其中蛋品出口約 370 萬兩）。

③保險部：美最時漢行撤銷進口部後，即從事代理保險業務。初僅代理英國望賽公司和荷蘭保險公司在漢口的水險和火險，一九三六年代理德國漢堡勃裡門保險公司的業務。除將漢行

房屋、倉庫、機器、設備、貨物等投保外，又承保德國波羅館、萬國醫院的財產等。一九三六年夏季，承保寶慶碼頭一帶的房屋約四五十戶，保費收入四萬多元。後遭大火，賠付近三萬元。水上保險每年約有二千英鎊收益。

④輪船部：有定期航班行駛於漢口、汕頭之間。第一次世界大戰時，美最時漢行的德國人均撤離回國，財產托荷蘭總領事館代管，其行址被北洋政府作為盧漢鐵路局辦公之用。第一次世界大戰後，美國商人參股美最時，美最時漢行遂改名中國合作公司。二十世紀二〇年代初，美國資本退出，恢復漢口美最時洋行牌名。抗日戰爭時期，美最時漢口蛋廠等被日軍占用。一九四四年，美最時漢行蛋廠、電燈廠及蛋棧（除牛皮廠外）和華籍職工住宅等被美機炸毀，抗日戰爭勝利後，美最時漢行大班何伯樂、阿爾的美登及門達等人被遣送回國。

（3）德士古石油公司

美國德士古石油公司（Texaco）中國總公司設在上海，在香港、天津、瀋陽、青島、漢口、廣州設分公司。漢口分公司（以下簡稱「德士古漢行」）成立於一九二〇年，行址在漢口滙豐銀行大樓內。首任經理臘菲佛。

德士古漢行下轄漢口、長沙、南昌、重慶四大公區。漢口區管轄漢口、武昌、漢陽、團風、鄂城、黃陂、孝感、監利、新堤、沙市、宜都、宜昌、蔡甸、漢川、鐘祥、天門、樊城、老河口、安陸、浠水、朱家河、蘄春、藕池口、隨縣以及河南信陽、駐馬店、許昌、漯河、扶溝、周家口、南陽等地的總代銷處。

德士古漢行設煉油部、機油部、會計部、通訊部、油棧部諸

部，並建有棧房一處及大型儲油池八個，另有自備碼頭和躉船。該行在漢口還有潤記、仁康、益康、潘恆盛、正記和、漢陽森記以及武昌誠記等經銷商，主要經營「幸福」牌煤油，以及汽油、機油、瀝青、油毛氈、凡士林等。

一九三八年十月武漢淪陷後，日軍先是逼迫德士古等三家英美石油公司將全部存油交日商瀛華等四家經銷，太平洋戰爭爆發後，日軍又將三家的設施全部接收，交由日商丸善油槽株式會社和出光洋行經營。抗日戰爭勝利後，英美石油公司恢復營業，經銷外國煤油的華商經銷店也大量湧現，銷售額達到戰前水準。

武漢解放後，德士古漢行業務收縮，一九五〇年底，該行業務被武漢市軍管會凍結。一九五二年，因在上海的總公司已於一九五一年五月份申請歇業，漢行亦申請歇業。

（4）東洋棉花公司

日本東洋棉花股份公司創辦於一九二五年，總公司設在東京，在大阪、長崎、名古屋和上海、漢口等地設有支行。漢口支行（以下簡稱「東棉漢行」）行址設在江漢關附近的日清公司樓上，首任經理為上田。

東棉漢行以收購中國原棉、銷售日產棉紗、棉布為主營業務。該行在收購原棉之前，先派人到沙市、天門等產棉區調查當地種棉面積、產量預測，報送上海分行。東京總行彙集美國、印度等國棉花情況後，定出收購計畫和收購策略。在收購的付款方式上，大多是先墊款給棉農買種子、肥料，有時預購青苗，少數現貨現款。東棉漢行進口的棉紗、棉布品質略遜於英紗、英棉，但日商為了與英國抗衡，搶奪武漢市場，採取降低價格，擴大銷

售量，後來為了與武漢民營紡織業爭奪市場，又以低價大肆傾銷，逼迫武昌第一紗廠和震寰紗廠降價，連年虧損，無以為繼。

在武漢幾次抵制日貨運動中，東棉漢行和其他日商洋行一起，勾結中國商人暗中破壞。如化整為零、偷運販賣、改換商標、冒充國貨，甚至利用兵艦掩護運輸。抗日戰爭爆發後，東棉漢行日籍人員離漢回國。武漢淪陷後，該行人員返漢，利用市場棉紗緊缺之機，牟取暴利。一九四一至一九四二年，該公司在漢建立紗布交易市場，業務鼎盛一時。一九四五年抗日戰爭勝利後歇業。

（5）立興洋行

立興洋行創辦於十九世紀七〇年代的上海，創辦人是法國人立興。一八九五年，立興洋行派凱西爾到漢口建分行（以下簡稱「立興漢行」）。後凱西爾離職去津，繼任者僅數月亦辭職，並另起爐灶，在漢創辦漢口法興洋行。於是，立興借此增資擴股，新加盟者有阿伯西（總行會計師）、皮爾拉哥（天津立興洋行經理）、梯・郭田（立興漢行經理）。

立興漢行主營芝麻、豬鬃、牛羊皮、桐油等土產，兼營航運、房地產。一九〇七年，立興漢行從香港購買兩隻舊貨船改裝成客輪「立豐號」「立茂號」，行駛漢申線。但在怡和、太古、招商、日清的聯合降價競爭下，只一年半就被

・法商立興洋行漢口分行大樓舊影

迫停止經營輪運業務。一九一四年歐戰爆發，立興洋行向歐洲出口的蠶豆、芝麻、蛋品以及向美國出口的桐油、牛羊皮、豬鬃、五倍子、礦砂等業務興旺起來，特別是桐油出口，由木桶換鐵桶，後改用專用機器散倉灌裝，一直到戰後的一九二〇年，獲利不少。進口貨物主要有德國的鋼材、比利時的玻璃、美國的麵粉等。武昌造幣廠向立興洋行訂過紅銅，各綢緞號買過法國人造絲織品。此外，該行還代理兩家法國保險公司在漢業務以及代理法國郵船上海公司的業務。三〇年代，立興漢行還代銷法國的藥品，銷售區域遍布湖北、河南、江西、四川等省。

十九世紀二〇年代是武漢城市建設發展時期，房地產開發相當火爆，一九二一年，立興漢行從都會三德堂買下沿江立興油廠後面的一塊土地（今洞庭街 84 號和 86 號），委託三義洋行設計，招標建造立興大樓，廣幫和隆營造廠以 11.2 萬兩中標，並於一九二三年建成，是漢口較有名聲的房產。接著又建造了慶安里、華景街一帶的房產和立興大舞臺，斬獲頗多。

立興洋行的買辦是漢口著名商人劉歆生，劉在立興任買辦期間，每天將市面行情報告郭田，再轉上海方面，然後根據上海方面的指令行事。劉歆生為立興的壯大立下了汗馬功勞。

創立初期的立興洋行極其簡陋，收購的牛羊皮無處晾曬，只得向劉歆生借用其在水塔對面（今生成南裡）的空地，用以晾曬牛羊皮。一九〇〇至一九〇一年，立興漢行在今洞庭街下段購買大片土地，修建了辦公室、倉庫和加工芝麻的廠房。一九〇七年，立興漢行以十萬兩銀子將華俄道勝銀行拍賣的慶安里（今興康裡附近）兩百餘棟房屋和三千餘方空地買下，委託康生記營造

廠於一九〇九至一九一〇年間建築三個廠房（倉庫），一個用於化皮油和熬製桐油，一個用於加工豬鬃、五倍子、麻類，以及堆放牛羊皮和打包，一個風乾芝麻和蠶豆。

一九一一年後，立興洋行開始走下坡路，業務不景氣，雖屢換買辦，但仍不溫不火，一九三八年十月，武漢淪陷，十一月底，該行接上海方面通知，決定從一九三九年一月一日起各地人員和資產轉入永興洋行，一九五〇年六月一日立興漢行歸比利時義品地產公司管理。一九五四年，義品公司不願繼續管理，登報請業主自管，因無人出面，遂於下半年移交武漢市地產公司接管。

（6）亞細亞火油公司

亞細亞火油公司是英國著名的石油托拉斯，總公司設於倫敦。一八九〇年在上海設中國總公司，後陸續在瀋陽、西安、天津、廣州、漢口、重慶等地設立分公司，漢口分公司設立於一九一〇年。公司初在英租界江邊三碼頭辦公，後遷寧紹碼頭，不久又遷今勝利街京漢鐵路南局二樓，一九一三年自建亞細亞大樓（今天津路 1 號臨江飯店）。公司資本總額兩百萬英鎊（約合 3000 萬銀元）首任大班為德國人哈克。公司下設十九部，均以外籍職員一到五人負責主持或監督。職位最高的華籍職員為「拿麼溫」（頭

·二十世紀二〇年代，英商亞細亞火油公司漢口分公司大樓

佬）。亞細亞漢行全盛時期有一百多名職員及三十至四十名勤雜工。亞細亞漢行內部機構龐大，職責分明：

①總務部：煤油業務如簽訂合同、協商押金數量、某油莊髮油數量、天災人禍損失、對外涉訟、對內之人事檔案等。

②稽查部：如遇天災人禍以及油船路途失事、外莊虧欠貨款等，由該部外籍負責人與「拿麼溫」商討後，派遣稽查員前往調查，然後書寫報告書由大班審閱後做出決定。雇有查貨員二十多人，經常派往外莊清點存貨，如查有售而未報的空貨即行報告。

③翻譯部：專司中、英檔如合同契約、往來函電、通告等中英文相互翻譯。

④副產品部：負責除煤油外，其他石油產品如汽油、蠟燭、柴油、潤滑油、白蠟、凡士林、瀝青等的營運。

⑤會計部：負責管理內部賬務，每月結算各代銷店的應繳貨款和外部代銷店的煤油、蠟燭、油桶等存貨帳目。

⑥運輸部：主司油船進出口的報關和結關手續，兼以每月發送津貼方法，向海關進出口部門的低級職員索取同行（如美孚和德士古）進出口石油產品的數量，以供統計部編制統計資料。

⑦通訊部：負責收發各處檔，保管全行以及各總莊所需用的文具用品，保存檔和底本歸檔。秘密檔歸檔概由外籍職員負責。

⑧工程部：負責建築、修葺各處房屋、油棧，安裝油櫃、油管，並繪製詳圖底本歸檔。

⑨雜務部：管理傢俱和佈置外籍職員宿舍的應有設備，督促勤雜工打掃清潔、投遞、搬運重物等。

⑩統計部：根據海關情報，以及碼頭頭佬所提供的同行之出

油數量（以每月致送津貼獲得），製成百分比統計表。

⑪買辦房：負責與華商辦理有關商業事務。

⑫油棧：建有大型油櫃多隻，設有灌油間、制聽廠和各式倉庫多間，以貯存聽裝或桶裝煤、汽油，以及各種石油產品，並建有鐵路岔道，方便油櫃車直達棧內裝卸。

煤油作為一種照明用油，價格低廉，在中國城鄉擁有廣闊市場，成為外商手中的一種壟斷性商品。亞細亞因而在中國發展迅速，為了適應業務需求，亞細亞建立了一整套石油製品的分裝、倉儲、運輸、銷售系統，各地建有油棧、倉庫和房屋，安裝油櫃、油管等專用設備，油棧內除建有大型油櫃多隻外，並設有裝罐車間、制聽廠，附設各式倉庫及鐵路專線，油罐車可直達站內裝卸。隨著該公司營業額的迅速擴大，該公司除在一九二五年投資四十餘萬兩白銀興建「漢口亞細亞大樓」外，又先後兩次追加投資，建成漢口丹水池、宜昌青草壩等大型油庫。其中丹水池油庫計有大小油池 6 座，容量 135345 噸，倉庫 7 棟，面積 79435 平方英尺。青草壩油庫則專為向四川轉運油料而設，幾座大型油池容量達 1.4 萬噸，並配備有揚北、和光、滇光、蜀光 4 艘油船往來漢渝之間。此外，亞細亞公司還在黃石、團風、黃陂、沙市、新堤等交通要道設有多處棧房，在漢口則備有專用油櫃卡車和飛機加油車，另備淺水油槽「萍江」號，航行漢水沿岸各處，專門運載散倉油品。

亞細亞漢行在湖北及其周邊建立了龐大的推銷網路，在鄂東區的團風、倉子埠、鄂城、黃石港、武穴等，京漢線的黃陂、孝感、廣水、信陽，鄂西區的新堤、監利、調關、石首、宜昌等，

襄府河線的蔡甸、漢川、仙桃、岳口、沙洋以至河南南陽和陝西漢中等，粵漢線的咸甯、崇陽、岳陽等，湘西區的津市、沅江、常德以至貴州銅仁等地設代銷總店，各總店下又設分店和三等分店，且凡是美孚洋行設有銷售機構的地點，亞細亞漢行亦設機構。一九二六年起，亞細亞漢行在外埠亦設買辦。

亞細亞漢行自辦油料運輸。信陽、駐馬店、鄲城、許昌等總店在京漢線鐵路岔道，由漢口用火車將丹水池油櫃車運達各地總店卸油。另置油船「亞光」「海光」「河光」及拖輪「湖光」「揚北」和鐵駁「沅江」「岳江」行駛長江，「滇光」「蜀光」「黔光」行駛川江，淺水油槽船「萍江」行駛襄河、府河，以散油供給裝有油櫃之各總店，聽裝和桶裝煉油概由楊裕太船行負責代雇木船承運。武漢淪陷後，日軍部指派見善、吉田等四家日本洋行，強行代銷亞細亞漢行的煤油和蠟燭。太平洋戰爭爆發後，該行被日軍接管。

抗日戰爭勝利後，亞細亞漢行不再享有內河航行權，改由招商局向亞細亞漢行租用「揚北」輪，再租與亞細亞漢行載運散艙油。

武漢解放後，亞細亞漢行業務萎縮。一九五一年，大班艾立德回國，該行停業。

除上述洋行以外，外商在漢洋行還有很多，如美孚石油公司、日信洋行、三井洋行、三菱洋行、隆茂洋行、平和洋行、麥加利等洋行，在漢口的洋行貿易中，「英商而外，日商勢力不在小」，因而，洋行之間在經濟領域的競爭十分激烈，雖然不見戰場的硝煙，但商戰的激烈程度絲毫不亞於槍林彈雨的戰場。在商

機的把握和策略的選取上，各家洋行縱橫捭闔，一爭高下，善於
經營者得勝為王，勢不如人者居於下風，黯然退場。寶順與怡和
可謂鴉片業內的同行冤家，一八三〇年，兩大洋行在中國販賣鴉
片，適逢印度加爾各答商行紛紛倒閉，怡和運送鴉片的飛剪船將
此消息帶至廣州。渣甸為求自保，及時採取措施，降低了損失。
同時，向寶順封鎖消息，導致寶順洋行虧損慘重，兩行至此結
怨。一八六七年寶順洋行瀕臨倒閉時向怡和求援，遭怡和斷然拒
絕。洋行之間的這種競爭在石油市場表現得更加充分，以美孚洋
行為例，美孚洋行與英商亞細亞火油公司、美商德士古石油公司
同為壟斷中國石油市場的三大石油公司，競爭激烈。如英商亞細
亞以半價推銷「十字牌」石油製品，奪取了部分市場。美孚則低
價推銷散裝「鷹牌」油，以加強競爭。

　　但洋行間也不總是劍拔弩張，有時為了共同的利益，也會聯
合，在抗戰時期，美孚與亞細亞、德士古三家合作，共同對付日
本人。洋行中非同業者更多地存在著彼此合作、相互滲透、互相
依存的關係。它們在變幻莫測的商海中緊握舵輪窺測商機，在角
逐爭鬥的驚濤駭浪中竭力避開漩渦，或者在疾風暴雨來襲時互相
照應結伴而行。這些外國資本勢力，雖然躋身於「列強」之位，
同樣也逃不掉優勝劣汰之定律。大浪淘沙，適者生存，善經營者
勝。

## 二、外資銀行的生財之道

　　在武漢出現近代的銀行以前，錢莊、票號控制著武漢的金融
業，票號主要經營匯兌、存款、放款等業務，並代官府解錢糧、

收捐稅等，它是由資本積累比較雄厚的晉商創辦，故常稱作「山西票號」。錢莊原來是經營貨幣兌換的，後來逐漸發展，經營存款、放款和匯兌業務。儘管票號、錢莊等傳統金融組織在武漢近代經濟發展中扮演了不可或缺的角色，但隨著漢口開埠後，貿易活動遞增，武漢城市近代化程度加深，舊有外商辦理本國匯款業務，須先通過上海外國銀行辦理結匯，然後轉匯漢口的匯款周轉方式極為不便，且增加成本，錢莊、票號這些舊式金融機關「不足以周轉流通」，不得不讓位於更符合社會和經濟需要的新型金融機構。故此，外國銀行開始在漢口設立分支機構，武漢出現近代金融機構——銀行。

1. 麥加利與漢口近代銀行的誕生

　　一八四五年自英國麗如銀行在中國開設第一家銀行始，至清末，外商在華先後開設銀行二十五家。其中以英籍滙豐銀行、德籍德華銀行、日籍正金銀行、美籍花旗銀行、俄籍道勝銀行和法籍東方匯理銀行實力最為雄厚，業務量最大。而且它們以上海為大本營，在中國三十個以上城鎮設立分支機構，幾乎所有外資銀行在武漢都設立了分支機構，武漢在近代中國是除上海以外，外資銀行最多的城市。漢口開埠後，英、俄、法、美、德、日等國紛紛在漢設立商行、工廠，從事進出口貿易，每年進出額都在紋銀三千萬兩以上，這些貨款須由上海的外國銀行結匯，然後匯至漢口，既不及時，又要支付匯費、電報費，有時遇到漢口市面銀根吃緊，還要承受匯率的損失，因此，洋商在漢口設立銀行的呼聲日高。清同治二年（1863 年）夏，上海麥加利銀行「派一英籍行員，率領華籍員工數人，來到漢口」，設立分行。起初這家

銀行「針對茶葉生產季節，循照茶商春來秋去的習慣，作為出莊的性質。到一八六五年，洋行、工廠增多，進出口貿易大幅提高，麥加利就在漢口劃定英租界界內，購買地皮，建立行址（洞庭街五十五號）正式開業了」[33]。武漢近代第一家銀行誕生了。麥加利漢口分行的誕生標誌著武漢進入近代金融時代。

麥加利銀行，亦譯「渣打銀行」，是英國政府批准開設的銀行。始為商辦，一八五三年英國政府加入官股，改組為官商合辦銀行。原有資本二百四十萬英鎊，公積金一百六十萬英鎊，後逐年增加，一直到一九三八年以前，它的資本和準備金各有三百萬英鎊。麥加利銀行總行設在倫敦。一八五七年創立上海分行，上海分行為在華總行，接著在青島、哈爾濱、大連、漢口、廣州、廈門、重慶等地設立分支機搆，一八六三年，麥加利銀行在漢口設立派出機構，初屬代辦性質，一八六五年在英租界選定行址（今洞庭街 55 號），正式營業。這時，漢口分行的總資本已由最初的三十二萬英鎊增加到八十萬英鎊。麥加利銀行漢口分行（以下簡稱麥加利漢行）開始營業範圍不大，主要是買賣外匯以及茶商匯款、放款、棧單押款、活存透支等項。麥加利漢行存款分定期和活期兩種，定期多是中國人，其次是西人和印度人，存款總額一般在三十萬元，有五百多個戶頭，存戶除洋行及少數中國商行外，私人以英僑及外國傳教士為多。麥加利銀行在對待中外存

---

33　《武漢金融志》編寫委員會辦公室、中國人民銀行武漢市分行金融研究所編《武漢銀行史料》，1987 年版，第 5 頁。

戶上有所區別，中國人若想在該行開戶，需買辦介紹，存款以三百元起，並且還得留下印鑑。取款時手續也相當複雜，先由買辦在背面簽字，送寫字間記帳後，再送回買辦間取款，取款一次需半小時至一小時，故開戶較少。放款多為貼現及押匯，主要以錢莊為對象，貼現每筆二千至五千元，日息每千元四、五元，期限三、五天。押匯因有單據作抵，金額及其期限均有所放寬，買辦除負責到期收回，還可向行方取得一至二釐的傭金，每半年結算一次。棧單押款，以外國洋行、倉庫或堆疊的棧單為標準，並須是易於出售的貨物，還要隨時派人檢查。一九三七年，麥加利漢行還曾經營黃金押款。麥加利的活存透支，全是洋行的，各洋行總行與麥加利倫敦總行簽訂有透支契約，並規定了數目、息金和期限，而各客戶也都是以物押匯，償還透支貸款。因此漢行既做了外匯買賣，又獲得了貸放利息，而洋行借助它的貸款，加強搶購市場物資。

麥加利除經營外匯業務外，又經營兌換外國幣券、旅行支票及發行鈔票。麥加利漢行原不自行發放鈔票，僅將上海總行原有鈔票在武漢發行，一九三二年起漢行開始發行鈔票，當年即發行三十萬元，票面有 5 元、10 元、50 元三種，這些鈔票均在英國印製，運漢發行，在武漢市面流通，換回大量的元寶、銀元。

麥加利漢行管理極為嚴格，尤其是在人員進出上控制頗多。麥加利漢行內部設「洋帳房」和「華帳房」。「洋帳房」英籍經理由倫敦總行委任，任期二到三年；「華帳房」，又稱為華經理室，麥加利的現金收支，均須通過買辦帳房，對中國客戶的放款、押款等，買辦須負責擔保到期收回。在麥加利漢行工作的中

國職員必須要通曉英語、英文打字。經工作磨煉，有工作能力的中國職員可升職。在麥加利漢行眾多的華人買辦中，有兩位非常有名，那就是首任買辦唐壽勳及其族弟唐朗山，尤其是唐朗山，更是漢口著名的商人，他曾開設了惠昌花香棧和厚生祥茶莊，後又與人合夥創辦了興商茶磚工廠，曾當選漢口總商會二至八屆會董。

麥加利漢行業務興隆，每年贏利豐厚，開設之初年淨收入兩萬銀元左右。

一九一四到一九一七年，該行大力透支貸放和押匯，支持外商在漢收購物資以補給第一次世界大戰協約國的軍需，年利潤猛增至三十萬銀元。一九二九年後世界經濟蕭條，年淨利始降至十萬銀元。

一九一一年辛亥革命後，在漢外國銀行聯合成立「漢口外國匯兌銀行公會」，麥加利漢行當選為「永久主席」。

麥加利銀行在漢口的旗開得勝，為其他外國銀行進軍武漢開闢了道路，隨後，外國銀行紛紛在漢設立分行，獲利也頗豐厚。第一次世界大戰後，外資銀行業務逐漸萎縮，有些甚至關門倒閉。一九二七年底，除日本住友銀行外，外國銀行先後恢復營業，但業務已經收縮。到一九三七年抗日戰爭前，漢口外國銀行只剩下臺灣、正金、漢口、麥加利、滙豐、花旗、東方匯理、德華、華比、義品放款十家銀行。武漢淪陷後，外國銀行業務更是大受影響。一九四一年底，太平洋戰爭爆發，部分外國銀行撤退回國，漢口的外國銀行都被日軍接管。武漢淪陷後期，僅有正金、臺灣、漢口三家銀行營業。

抗戰勝利後，日本銀行被接收。麥加利、滙豐、東方匯理三家外國銀行復業。一九四九年二月十五日麥加利銀行停止營業，一九四九年八月一日東方匯理銀行停業，一九五〇年三月三十一號滙豐銀行停止營業。

表 3-5 外國在漢銀行一覽表（1863-1945）

| 行名 | 國別 | 設立年月 | 停業年月 | 總行 | 漢口分行 |
|---|---|---|---|---|---|
| 麥加利銀行 | 英國 | 1863 | 1949.2 | 倫敦 | 洞庭街 |
| 滙豐銀行 | 英國 | 1868 | 1950.3 | 香港 | 四碼頭 |
| 華俄道勝銀行 | 中俄 | 1896 | 1926 | 巴黎 | 河濱街 |
| 德華銀行 | 德國 | 1898 | | 上海 | 河街 |
| 東方匯理銀行 | 法國 | 1902 | 1949.8 | 巴黎 | 河街 |
| 正金銀行 | 日本 | 1906 | 1945.9 | 橫濱 | 三碼頭 |
| 住友銀行 | 日本 | 1908 | 1927 | 大阪 | 歆生路 |
| 花旗銀行 | 美國 | 1910 | 1940.12 | 紐約 | 四碼頭 |
| 萬國通商銀行 | 美國 | 1910 | | 紐約 | 四碼頭 |
| 義品放款銀行 | 法比 | 1912 | 1942 | 布魯塞爾 | 四碼頭 |
| 中法實業銀行 | 中法 | 1913 | 1921 | 巴黎 | 四碼頭 |
| 臺灣銀行 | 日本 | 1915 | 1945.10 | 臺灣 | 一碼頭 |
| 中法振業銀行 | 中法 | 1917.2 | 1924.9 | 北京 | 一碼頭 |
| 中華匯業銀行 | 中日 | 1918.2 | 1928.10 | 北京 | 河街 |
| 友華銀行 | 美國 | 1919 | 1924.2 | 紐約 | 鄱陽街 |
| 中華懋業銀行 | 中美 | 1919.9 | 1929.4 | 北京 | 歆生路 |
| 漢口銀行 | 日本 | 1920 | 1945.10 | 漢口 | 領事街 |
| 華義銀行 | 義大利 | 1920 | 1924.1 | 天津 | 東方碼頭 |
| 震義銀行 | 中意 | 1921 | 1924.10 | 北京 | 一碼頭 |
| 華比銀行 | 比利時 | 1922 | 1941.12 | 布魯塞爾 | 阜昌街 |

注：錄自《武漢金融》2011 年第 2 期，朱華、徐冰著《近代湖北金融業發展史・銀行卷》。

### 2・武漢外資銀行的勃發

繼麥加利銀行之後，落戶武漢的外資銀行逐漸增多，一八六三至一九一一年，英國麥加利銀行、英國滙豐銀行、俄國華俄道勝銀行、德國德華銀行、比利時華比銀行、法國東方滙理銀行、日本正金銀行、日本住友銀行、美國花旗銀行、美國萬國通商銀行共十家銀行在漢設立分行。一九一二至一九二二年，又有法國、比利時合資的義品放款銀行、中法合資的中法實業銀行等十一家在漢設立總行或分行。在武漢出現近代銀行的高潮，這些銀行從事金融服務，並且將其作為殖民統治的工具，從政治上、經濟上，對武漢進行掠奪。

### （1）滙豐銀行

英商滙豐銀行總行設在香港，資本總額為港幣二千萬元，儲備金為六百萬英鎊。滙豐被稱為「百年老字型大小」銀行。一八六四年蘇格蘭人托瑪斯・薩瑟蘭德（中文名：蘇石蘭）邀約英國寶順、大英輪船公司、英國太平、英國沙遜、英國費禮查、美國瓊記、德國禪臣、印度順章等洋行在香港共同發起，由英國、美國、德國、丹麥、印度等國成員組成。其後數十年，除英國成員外，其他國家股東陸續退出，滙豐逐漸成為由英商管理的銀行。滙豐是全球規模最大的銀行及金融機構之一。在加拿大、沙特、埃及、瑞士、巴西、阿根廷、馬爾他、美國、法國等國都設有分行。在中國廣州、九龍、汕頭、廈門、福州、上海、漢口等設有

一百三十四個網點，廣州、九龍、廈門、汕頭、福州等分行，由香港總行直接統領，其他分行則由上海行領導，業務以上海為主，側重遠東。

漢口匯豐銀行（以下簡稱「匯豐漢行」）約成立於一八六六年，行址位於漢口英租界四碼頭附近漢口外灘沿江大道一四三號（現光大銀行武漢分行所在地）。創建之初為一座兩層磚木結構的房屋。一九一三年在原址投入白銀一百萬兩，擴建漢口匯豐銀行大樓，一九二〇年建成。漢口匯豐銀行大樓由景明洋行設計，漢協盛營造廠施工。占地 3591 平方米，建築面積 10900 平方米，鋼筋混凝土結構。簷部、牆面有花籃吊穗、火焰球等裝飾浮雕，為古典式建築。

匯豐漢行內分寫字樓與買辦間，寫字樓又由出口、匯兌、賬務、出納、文牘等部門組成，每個部門都有西籍大寫（高級職員）負責領導，配備中西籍職員三到五人，另聘有英籍律師一人，負責漢行的對外訴訟事件。買辦間由買辦與副買辦領導，有成員十五人左右，工友十二人左右（包括出店、通訊、勤雜等），凡是銀行與華人有關的業務，必須經買辦簽字才能有效。

匯豐漢行經營匯兌、存款、印鈔、放貸、發行紙幣等業務，並向清政府提供政治、軍事貸款，是近代中國政府償還外債和賠款的經收機構。匯豐銀行代總稅務司收存和保管中國內債基金，控制漢口海關關稅，設有江漢關關稅金庫，掌握巨額流動資金。一九一一年，匯豐銀行取得中國關稅、鹽稅收存權。匯豐是漢口外資銀行中實力最雄厚的外資銀行之一。

一九三八年武漢淪陷後，匯豐業務一落千丈，一九四一年太

平洋戰爭爆發，日軍沒收了滙豐所有財產，行內帳冊報表歸日本橫濱銀行接收，銀行辦公處也被日軍特務部佔領。一九四五年抗戰勝利後，滙豐漢行再次復業，僅有亞細亞、怡和、平和、葡內門等洋行和英國領事館以及教會等數十戶存款，收入較少，為維持日常業務，滙豐將部分房屋租給救濟總署湖北分署和鐵路局，以補貼開支。一九四九年武漢解放，滙豐停業，一九五〇年三月滙豐漢行正式申請關閉，結束了漢行長達八十餘年的歷史。

（2）華俄道勝銀行

一八九六年六月，俄國和清政府合資創立華俄銀行，總行設於俄國聖彼德堡。

俄方出資六百萬盧布，中方出資五百萬銀兩。華俄銀行在法國巴黎和中國設有分行。一八九八年，華俄銀行設立漢口分行，在俄租界夷瑪街口（今黎黃陂路沿江大道 162 號）興建了一座四層鋼筋混凝土的古典建築大樓。

該行為俄國在漢口的茶葉採購、磚茶製造以及其他商務活動提供了金融便利。由於經營有方，沒幾年公積金達一千零四十二萬盧布，「其上海分行與滙豐銀行齊名，而凌駕於正金、滙理等銀行之上」。正在華俄銀行飛速發展之際，一九〇四年爆發日俄戰爭，華俄銀行東北分行停業，加之紐約分行虧損嚴重，華俄業務一

· 二十世紀二〇年代俄國華俄道勝銀行漢口分行

落千丈，一九一〇年華俄銀行進行改組，與俄國北方銀行合併，更名為俄亞銀行，中文名稱為華俄道勝銀行。改組後的華俄道勝銀行總部仍設在聖彼德堡，繼續承接華俄銀行在中國、日本、印度、伊朗、西伯利亞等地業務，堅守北方銀行在歐洲諸國的經營業務。與此同時，又分別在中國的北京、上海、天津、漢口、大連、長春、煙臺、哈爾濱、海拉爾、滿洲里等地設有分行。俄與清政府締約獲得修建中東鐵路特權，該行成為中東鐵路的主要投資者。享有在華發放貸款、發行貨幣、稅收、經營、築路、開礦等特權。是五國銀行團成員之一。一九一八年，華俄道勝銀行總行被蘇維埃政權收歸國有，該行改巴黎分行為總行，一九二六年九月，因巴黎總行外匯投機失敗停業，其在華各地分行（包括漢口分行）隨之倒閉，發行的巨額紙幣成為廢紙。大革命時期（1924-1927 年），華俄道勝銀行大樓先後成為武漢國民政府財政部、民國中央銀行漢口分行、宋慶齡在武漢的居所，現為「宋慶齡紀念館」。

（3）德華銀行

一八八九年五月十五日，德華銀行總行在上海創立。有股本銀七百五十萬兩。一八九八年該行在漢口設立分行，選址於德租界河街領事館下首。為一九一二年成立的五國銀行團成員之一。一九一四年前在華影響力僅次於英商滙豐銀行。德華銀行服務於德國與亞洲地區的貿易，在漢口經營外匯、存放款、發行紙幣、金融投資等業務，向中國政府提供借款達到上億美元。一九一七年，中國對德國宣戰，接管各地德華銀行。「漢口德華銀行整理，議定二月底完成，其債權較諸債務為多，該剩餘金，當將政

府收入。」[34] 戰爭結束後，一九二〇年該行恢復在漢營業。一九四四年十二月十八日，德華銀行大樓被美軍炸毀，金庫倖存。一九四五年後，各地德華銀行由中國接收。

（4）東方匯理銀行

一八七五年法國東方匯理銀行成立，它由法國幾家經營印度、中國金融業務的大銀行聯合創辦，總行設在巴黎。資本金初為八百萬法郎，後增至四千八百萬法郎。一八八五年在越南西貢（今胡志明市）、日本東京設總機關，業務遍及今泰國、柬埔寨、新加坡等東南亞地區。先後在香港、上海、漢口、天津、北京、廣州等處開設分行，多次參與對華貸款。是五國銀行團成員之一。

一九〇二年東方匯理銀行在漢口設立分行，選址武漢法租界（沿江大道 171 號），興建兩層磚木結構的法式洛可哥風格之行舍。該行為法國在漢商務活動提供了金融便利，業務範圍還包括地產質押。地皮大王劉歆生大量收購漢口地區湖泊荒地，曾得力於該行資助。東方匯理銀行一九四九年八月停業。

（5）花旗銀行

原名國際銀行公司，一八一二年六月十六日由斯提耳曼家族創立，經營拉丁美洲貿易的金融業務。一八六五年取得美國政府第二十九號特許狀，國民銀行執照，改為花旗銀行。總行設在紐約。一九〇二年花旗銀行業務向海外拓展，為第一個成立國際部

34　《晨鐘報》1918 年 2 月 6 日。

的美國銀行，其在新加坡、英國、中國內地及香港、日本、菲律賓和印度開設有分行。花旗銀行一九一〇年向漢口發展，在漢口今鄱陽街景明大樓附近設分行。

・二十世紀二〇年代美國花旗銀行（左）與英國滙豐銀行（右）的漢口分行

英國人諾思為漢口分行首任經理。第一次世界大戰後，花旗漢行以十七萬兩白銀，又在沿江大道青島路口建五層樓的新行址。

花旗銀行武漢分行（以下簡稱「花旗漢行」）初期僅為美商洋行及傳教士辦理匯款、存儲業務，後隨著該行對武漢商界認知的不斷加深，特別是經理諾思機敏、靈活，為了獲得漢口大買辦劉子敬的支持，在劉子敬不能出任該行買辦的情況下，他特聘請劉之胞弟劉端溪出任花旗漢行買辦，以此來籠絡劉子敬。因而，形成了該行買辦間表面由劉端溪主事，實際上由劉子敬幕後操作。在如此一番布局下，花旗漢行的業務日益增長。

花旗漢行的業務以經營外匯為主。在經營上，花旗漢行對中外人士不能一視同仁，如它對南星、恆信、美孚、德士古、亞細亞、英國煙草公司以及施美、其樂、義華、怡和、美最時、其來等特別優待，而對中國銀錢業介紹的或直接上門的外匯生意，則顯得怠慢和苛刻。

花旗漢行在武漢業務快速增長的一大秘訣，就是花旗漢行對來行的存款從不問來歷，也不留位址，僅憑對證存單號碼、印鑑

卡自由取款，轉存則換單換卡。辛亥革命前，軍閥、官僚、地主、富商等將大量的現款存入該行，該行為了規避風險，故意不收，儲戶只得採取代為保存，未得半分息金，並且還得承擔腳力錢及特殊費用。在第一次世界大戰期間，該行還規定若中國人將錢存入該行，需一千元才能開戶，存款期限至少半年，收進時以現洋和庫平銀為標準，雜鈔、雜洋以及不合標準的銀錠等一概拒絕，月息也只有 1.5～2 釐。該行再將這些華人存款以月息 5 釐貸給外商，在資金緊缺時，月息達 1.5～2 分。在這一進一出轉手之間，花旗獲得巨額利潤。

花旗漢行在與華資銀行的業務往來上也採取強勢的態度。它規定華資銀行必須具備兩種資格才能辦理存款業務：一要有存放番單（即洋行支票）和現金，二是事先要由懂外文的負責人與洋經理直接聯繫或由買辦介紹。並且只允許存款，不能欠款。如果開出的支票有透支，馬上退票，儘管如此，到花旗存款的中國人還是較多，有些人甚至將其視為一種面子。

花旗漢行借戰爭之機，在武漢大發其財。第一次世界大戰爆發後，漢口英、俄、德、法各銀行因受戰爭影響，或緊縮或停辦。美國初守中立，花旗漢行借機擴張，發戰亂財。意商義華洋行，在漢大量收購牛皮、羊皮、豬鬃、五倍子、皮油等出口物資，經蘇伊士運河至地中海沿岸銷售，不受德國潛艇襲擊。花旗漢行以較高的利率，向義華洋行投放貸款 60 多萬元，包押匯、結匯，不到一年淨賺 40 多萬元。

花旗漢行在漢還發行銀元券，分別為 1 元、5 元、10 元、50元和 100 元 5 種，約 60 萬元，流通範圍遍及華中地區。花旗在

管理上嚴格，對中外員工不同對待，花旗漢行所有總分類帳冊、印鑑等均由行內「洋帳房」管理，即使是買辦房經營的業務在做完記錄後，存檔，中國人不得翻閱，若中國人擅自翻閱，洩露機密者，輕則當面斥責，重則令買辦即刻辭退。至於資產負債表、損益計算書、計畫、報表、批示、密碼電報底本等更是「洋帳房」的絕密文件。

經過近兩個世紀的發展、並購，花旗銀行已成為美國最大的國際銀行，在全球近一百五十個國家及地區設有分支機構。

（6）義品放款銀行

原名法比銀行，是由法國、比利時合資組建的，總行在布魯塞爾，一九〇七年首先在天津設分行，一九一〇年更名為義品放款銀行。在上海、漢口、華北建有分行。

義品放款銀行漢口分行（以下簡稱「義品漢行」）開設於一九一一年，位於法租界克勒滿沙街（今車站路）贊育汽水廠對面。資本合華幣六百萬元左右。義品漢行主營房地產抵押放款和房屋經租。內有放款、工程、保險、經租、掛旗 5 個部門。義品漢行設有寫字樓和帳房間。寫字樓由副經理負責，雇用華籍員工數人。帳房間也就是買辦間，人員由買辦雇用，經費整體包乾，除工資外，年終分紅一次，義品漢行買辦多由上海總行委派。首任買辦是王海帆。

二十世紀二〇年代的武漢，在經歷經濟飛速發展之後，武漢市政建設與市民建房熱情高漲，武漢房地產開發蔚然興起，義品漢行瞅準時機，進軍武漢房地產業，在武漢房地產市場投入大筆資金，最典型的莫過於保和里、保安里、泰興里、德興里、福忠

里以及漢口「模範區」的開發。

民國初年，曾任上海道後轉入商界的桑鐵珊，十分看好漢口房地產市場前景，遂將所擁有的十三畝空地，抵押給義品漢行，獲得貸款二十萬元，陸續建成二百二十棟房屋，這就是冠以「保」字頭的保元里、保和里、保安里與保成里等里份。里份建成後，桑鐵珊以此為抵押品，每年利息一分，貸款期十年，由義品漢行出租房屋，以租金償還義品債務。泰興里、德興里也是借助於義品放款建設的，所不同的是，泰興里、德興里的開發商資本較雄厚，只委託義品漢行代為設計繪圖和包工建築，房屋修好後亦歸義品漢行經租。

義品漢行在武漢最大手筆的房地產投資是漢口「模範區」的開發。漢口「模范區」位於今中山大道以北江漢路與黃石路之間區域，與租界毗連。一九二三年左右，漢口有影響的商人商議自建一個與租界抗衡的區域，並將此命名為「模範區」。「模範區」內建有泰寧里、仁壽里、福星里、寧波里、吉星里、保元里、東山里、濟世里、輔義里、德潤里、雲繡里、昌業里、瑞祥里、福忠里等；這些里份之中，有少量西式建築的屋型，其他大部分都是雙開間，正中堂屋，前後對開房間，磚木結構，紅瓦蓋頂，備有天井，後有廚房，上設亭子間，亭子間上邊就是乘涼晾衣的水泥平臺。區內每條巷子都是四通八達，巷子進出口處設有吊樓，維護住戶安寧。「模範區」大部分房屋都是義品漢行投放貸款，並負責設計、繪圖和包工建築的。義品漢行業務最鼎盛時曾全年放款達五百萬元左右。

一九二七年大革命以後，外商銀行業務清淡，義品漢行所經

租的房屋「模範區」又為軍閥佔用，抵押貸款幾乎停頓，資金大多抽調回國，被佔用房屋直到一九三一年九一八後才得以收回，營業每況愈下，武漢淪陷時期，義品漢行由日本人三木兄弟接收，改為「華中不動產管理處」。抗戰勝利後，義品漢行復業，更名為義品房地產公司，只經營房地產經租，並代辦天主堂北京教區在武漢的房產經租及漢口天主堂的房產經租，一九五四年交由武漢市房地產管理局接管，義品漢行停業。

（7）日本橫濱正金銀行

日本橫濱正金銀行成立於一八八〇年，是一間股份制銀行公司，它由日商中村道太等人發起。總行設在日本橫濱，在國內神戶、國外紐約等地設分行，一九一八年在中國大連、瀋陽、長春、哈爾濱等地設九個分行。後隨著日本勢力在中國的擴張，橫濱正金銀行將營業範圍向全國擴散，相繼在上海（最早）、漢口、天津、北京、牛莊等地設分行，三〇年代初又增設青島、濟南等分行和代理處。最初資本金日本銀幣 140 萬和日鈔 160 萬元，經過四次增資達 4800 萬元。一九一一年三月，曾貸款 1000 萬日元給清政府用於京漢鐵路的資金周轉。

橫濱正金銀行漢口分行一九〇六年設立，不久，在英租界阜昌街口（今沿江大道南京路口）

· 一八九八年日本橫濱正金銀行漢口分行大樓

建築行舍（今湖北省國際信託公司）。

漢口分行「專司長江流域所產之棉花、麻、五倍子、赤麥、牛皮、豬鬃、藥材、桐油、菜油、黃蠟、漆等對下游輸送及對日輸出匯兌，同時兼理自日本及下游輸入之綿絲、布絹、人絹布、生絲、文具、機械、自行車、顏料、藥材、紙張等之匯兌」。該行還於一九一一年前在漢發行面值為 1 元、5 元、10 元、20 元、50 元、100 元的銀圓券，共 100 萬元（據 1921 調查）。

一九四五年抗日戰爭勝利後，橫濱正金銀行為中國政府接收。另外，還有臺灣銀行以及合資性質的華義銀行、中華匯業銀行、中華懋業銀行、中法實業銀行等，它們在武漢經營多年，實力也不容小視，為武漢這座國際都市作出了貢獻。

### 3. 在漢外資銀行的謀利之道

十九世紀八〇年代至民國初年，武漢出現外資銀行或中外合資銀行興辦的高潮，由此帶來漢口金融界前所未有的激烈競爭與繁榮。帝國主義列強入侵是外資銀行強有力的支撐，決定著外資銀行採取的經營措施及其對華商的態度。外資銀行在中國憑藉清政府與列強締結的不平等條約，採取對華貿易歧視政策，加大對武漢金融與商貿的控制和剝削力度。

### （1）壟斷海關稅銀

自漢口開埠後，列強通過簽訂一系列不平等條約，獲得巨額賠款，為外資銀行提供難得的發財良機。如，一八七七年，滙豐銀行貸給清政府白銀五百萬兩，指定以上海、漢口、廣州三地的海關稅收做擔保。一八九五年五到七月，清政府第一次大借款中，列強經過激烈爭奪，俄、法取勝；一八九五年八月至一八九

六年三月，清政府第二次向英、德借款，其中有滙豐銀行參與。因駐華公使竇納樂提出苛刻條件，談判陷入僵局。法趁機表示願再次提供貸款，利息比英、德低，但也有附加條件。一八九六年三月二十三日，清政府經過權衡，與英、德訂立了《英德洋款合同》，借款一千六百萬英鎊，條件為年息五釐，折扣九四，以海關收入做擔保，分三十六年還清。在借款未還清前，海關總稅務司一職仍由英國人擔任；一八九八年二月七日清政府第三次向列強大借款，外國銀行競相爭奪債權，英滙豐銀行通過海關總司赫德幫忙和賄賂，最終取得了借款權，赫德及滙豐負責人提出的借款條件是須以中國內地（包括漢口）釐金和鹽稅做抵押。三月一日，英國與清政府簽訂了合同。

江漢關稅款收入須定期由漢口滙豐分行匯至上海總行，通過上海滙豐總行進行轉帳，按匯兌行市結匯交給海關總稅務司署，以支付中國「國債」的名義提出。漢口滙豐銀行經手巨額關稅款時，則通過提高匯兌牌價，將稅款銀兩換算成漢口洋例銀，再又折合成上海規元，最後折合成英鎊。在轉換手續及換算過程中，該行只需用四張轉帳支票就可獲取關稅總金額的 1.2%-1.5% 的手續費。可謂賠款數目越大，銀行獲得的利潤越高。江漢關開關以後每年所征關稅平均在兩百萬海關兩以上，平均每天合六千海關兩左右，即每星期提取一次，這項無息周轉金達 5 萬海關兩。「僅此一項，漢口滙豐銀行每年就可獲純利數萬關兩」[35]，同

35 武漢市政協文史資料委員會編《武漢工商經濟史料》第 2 輯，1985 年版，第 152 頁。

時，在償還列強賠款的過程中，英、法、俄、德、美等外商銀行競相爭奪對清政府的貸款權，通過政治性貸款和輸出資本既可獲得豐厚的利潤，列強又可憑藉債權人身份對清政府施加壓力，左右近代中國金融、控制海關，在財政上鉗制中國。

（2）實行差別交易

外資銀行視交易商而採取不同的交易態度與方式。「滙豐漢行對外商洋行和華商錢莊辦理信貸業務時，辦法有別。外國出口商向滙豐漢行辦理信貸，活期存款戶透支，年息八釐。有時一個出口商一次開出幾十張支票，透支金額大於存款數倍至數十倍。物資出口後出口商可將外匯票據連同提單、貨架單、保險單賣給該行，變換現款存入透支戶作為還款。對華商錢莊的信貸手續苛刻：①必須幾家聯保；②利息有時達一分；③信貸金額每次不能超過五萬元，還款期限亦不得超過一個比期（即半個月）。對華商銀行的支票，態度也十分苛嚴。華商大都使用交通銀行和中國銀行的支票，該行每日業務終了，必須持票向兩行兌現，毫不留情。」

外國銀行對洋行買賣外匯在匯率上給予優待，而對中國錢莊與客戶則態度傲慢，手續繁雜。中國商人兌匯時需先付 3 分手續費，並要以角元換算「洋例紋銀」，折合「上海規元」，再由「規元」折合英鎊或美金。

外國銀行對洋行出口信貸可辦理活期存款透支，年息五到八釐，透支金額可達萬元至數十萬元。對中國錢莊則百般苛求，如利息高至一分，要聯保，還款期不超過一個週期等等。

外國銀行對華商存放款利率差距很大，放款利率較存款利率

高過一倍。放款每月利率約七八釐，有的高達一分，而存款利率視長短而定，存三個月，月利為二釐，半年三釐，全年亦僅四釐。通過對華存放款利率業務，在漢外國銀行獲得了大量的利潤。

外國銀行大量吸收中國商行和商人及居民的存款。活期存款年息一至二釐，定期存款四至五釐。同時規定存款必須使用現金，一次存入要在五百到一千元以上，存單票據不能做抵押透支。一九一一年前後，因辛亥革命時局動盪，軍閥、官僚、富商將大批金銀、現款存入在漢外資銀行。然而，外資漢行十分狡詐，故意表示不願接受，迫使存款人放棄利息，只求代為保存，甚至須加付手續及保管費。

（3）利用錢莊擴展勢力

外國銀行通過收受中國錢莊莊票和允許錢莊拆借款項等措施利用和控制錢莊，而錢莊再以這些款項放款給各地中小商人。由於中國錢莊也需要借助外商銀行強大的資本優勢以增強自己的資金營運能力，所以在這個過程中充當了買辦的角色。外商銀行正是通過錢莊的金融活動把自己的掠奪觸角伸到了省內各地。如，一九〇八年，漢口江西幫「三怡」（怡生和、怡和興、怡和利）錢莊，因欠滙豐銀行大宗款項而被迫倒閉。

（4）吸蓄手段靈活

十九世紀六〇年代前，漢口開埠初期，為數不多的外國銀行，只注重國際匯兌，未開展存款業務。自滙豐銀行成立後，積極向底層開辦儲蓄業務，從多方面吸收存款，大小不拘。大宗款固然受歡迎，小額存款也不嫌棄。最低一元起存，最高一次不超

過一百元。利息為百分之三點五。儲蓄業務的開辦，滿足普通百姓存款需求，此舉為滙豐銀行贏得了聲譽，拓寬了財源。滙豐開業吸收存款數額不斷增加，即使在經營蕭條的一八七四年，滙豐資產總額顯著下降之時，其銀行存款仍舊繼續上升。

（5）借助軍政貸款

外商銀行的放款，主要為外商服務，以經貿押匯為大宗。對華貸款則以軍政貸款為主。目的為獲取高額利息和取得地方金融特權。外商銀行對華信貸業務：一是向地方當局提供政治性貸款。漢口外國銀行成立以滙豐和花旗為骨幹的外國銀行團，向中國提供政治性貸款，如一九〇九年和一九一一年，湖北地方政府向滙豐兩次告貸共二百五十萬兩，行息七釐，還期十年，以宜昌鹽釐作抵押；二是向漢口民族工商業放款。漢口民族資本企業多因資金短缺，只得乞貸於外國銀行。當年漢口揚子機器廠、既濟水電公司、武昌竟成電氣公司等民族企業曾向外國在漢銀行告貸。

外國銀行操縱著武漢地區的經濟命脈。①外資銀行以英國滙豐和麥加利佔據武漢金融統治地位，其舉措能影響漢口銀根的鬆緊、洋釐的高低；②江漢關長期由英國稅務司把持，所征巨額關稅無息存入漢口滙豐分行。

上述諸多外資銀行，以英國銀行勢力最大，其他外國銀行不足與之抗衡。麥加利與滙豐在漢發行紙幣，壟斷外匯市場，為英國資本對近代中國進行經濟侵略，控制經貿市場，掌握內地經濟命脈的金融機構。

## 三、各國在漢開工廠熱潮

武漢交通便利，市場前景廣闊，為近代工業發展提供了優越的區位優勢。漢口自開埠後，外商開始利用中國原料和廉價勞動力，在漢投資建廠。一八六三年俄商在羊樓洞設立順豐磚茶廠，一八七三年遷入武漢，這是武漢地區最早的近代工業企業之一。一八八七年後，德商利用湖北及其附近土特產資源，又興辦五家製蛋廠，開啟了武漢近代工業的創辦之旅。據有關資料記載，從十九世紀七〇年代至一九三八年期間，武漢有名可考的外資工廠達一百五十二家，範圍有農副產品、運輸、煙酒製造、冷凍、醫藥、紡織、打包、榨油業、金屬加工、皮革加工、機械修理、電力、建築等，武漢漸為外資工業的重點興建區。隨著這些工業行業的興起與發展，漢口近代城市的框架和雛形日益成形，武漢近代城市功能日漸完善。

外資工廠在武漢的創立，帶來了武漢近代工廠的勃興，就拿蛋品業與淨皮、製革業來說，達三十餘家，有美最時蛋廠（德）、嘉利蛋廠（德）、禮和蛋廠（德）、貝格德蛋廠（德）、元亨蛋廠（德）、吉利蛋廠（德）、培林蛋廠（英）、安利英蛋廠（英）、和記蛋廠（英）、永源蛋廠（英）、沙遜

· 漢口大智路上的德商禮和洋行廠房

洋行蛋廠（英）、公興蛋廠（比利時）、瑞興蛋廠（比利時）、和興〔盛〕蛋廠（澳大利亞）、慎昌洋行蛋廠（美）、永興蛋廠（法）；高田商會製革廠（日）、襄河製革廠（日）、大倉淨皮廠（日）、三井洋行淨皮廠（日）、元亨洋行淨皮廠（德）、禪臣洋行淨皮廠（德）、禮和洋行淨皮廠（德）、加柏洋行淨皮廠（德）、美最時洋行淨皮廠（德）、寶順洋行淨皮廠（英）、怡和洋行淨皮廠（英）、中和洋行淨皮廠（英）、安利洋行淨皮廠（英）、生利洋行淨皮廠（美）、慎昌皮革廠（美）、立興洋行淨皮廠（法）等。這些工廠顯示出非凡的實力，有些甚至是武漢地區蛋品業與淨皮、製革業之翹楚。武漢的外資企業以英、德、美、法、日等幾國為主。

### 1.德資企業

清末，漢口德租界開闢後，德國商人陸續進駐武漢，他們從開設洋行入手，進而進入武漢的金融領域，最終發展為創辦工廠，在武漢經營製蛋、植物油、牛羊皮加工等，成就僅次於俄、英。其中最著名的是美最時洋行旗下的幾家企業：

### （1）美最時蛋廠

清末漢口交通便利，家禽蛋源豐富，售價低廉。一八八七年後，德商禮和洋行在漢口開設了中國第一家蛋品加工廠，同年，美最時也創辦了蛋粉加工廠，一八八九年德商又開設了元亨蛋廠、貝格爾蛋廠，第一次世界大戰前，漢口蛋加工業大半由德國人經營。這些蛋品加工廠利用湖北和鄰近地區出產的雞鴨蛋為原料。貨源主要向零售蛋商購買，採用機器設備製造蛋粉和蛋液。美最時蛋廠是最大的一家蛋品廠，它雇用華爾塔為主任兼技師，

華人王紀財為老大（即頭佬），初期雇工十餘人，日產五六擔。經過數年發展，該廠規模不斷擴大，產量日益增多，日需鮮蛋二千枚。隨著市場需求的增長，美最時蛋粉廠貨源改向批發蛋商訂購。

批發蛋商業務得以迅猛發展，遂與禮和、安利英等八大洋行合組同和公司，統一進行鮮蛋採購和結算，壟斷漢口鮮蛋市場。美最時與同和年成交鮮蛋四十萬件，利潤一百萬兩。該行加工生產的品種主要有乾白、乾黃、濕白、濕黃、飛黃、飛白、糖黃等。出口量占全國百分之五十以上。產品遠銷德國、英國、美國、法國、加拿大等國家，在國際市場享有較高聲譽。此外，美最時還直接派人向河南一帶的華商組織的蛋廠收購水蛋黃和幹蛋白兩種製成品，用木箱包裝，平均價格在七八十元之間，全年約有四千擔，裝運天津轉海輪運銷德國。

（2）美最時芝麻廠

芝麻是華中地區主要的農作物，也是武漢重要的外銷農產品。銷往國外的芝麻以銷英、日、美三國較多，德國次之。在第一次世界大戰前一個時期，由於德國積極備戰，以銷往德國為最多，美最時洋行是武漢主要芝麻銷售商，由於需求量巨大，便自辦芝麻加工廠。美最時芝麻加工廠有六部風貨機，設備先進，風貨速度又快，每天可風淨芝麻一百噸（1680擔）。但由於美最時在收購、風乾芝麻上苛刻，一般零售商不願將芝麻在美最時風乾，因而，美最時芝麻廠加工的芝麻，主要來源於其買辦王柏年所開「慎記」雜貨店的芝麻，美最時需要多少，就由買辦王柏年指示河南各地分莊收購多少，貨款就用匯票方式向漢口慎記收

清。每年向產區收購的芝麻約在兩萬噸。據說有一次買辦王柏年在河南一帶以賤價五元一擔收購芝麻約有二三千噸，由於軍閥打仗，鐵路運輸中斷，不能裝運，不久芝麻漲價到十元一擔，王柏年就以多報貨價和扣傭金的辦法，從中賺得十多萬元。

### （3）美最時牛羊皮廠

十九世紀七○年代末，德商美最時、瑞記、禮和、元亨、杜德相繼在漢經營牛皮加工出口業務。美最時牛羊皮廠收購牛皮以黃牛皮為主，每年大約需黃牛皮 3000 餘擔（60-70 兩／擔），黑牛皮 200 餘擔（40 兩／擔），羊皮 500 餘擔（100 多兩／擔），麂皮 200 餘擔（100 多兩／擔），收購均係毛貨，價銀先付 8 折或 9 折，經過將毛貨做淨再行過磅找尾。貨品之選擇和貨價之評定，全由行方操縱。待貨進廠後，把淨貨牛羊皮製成為 2-6 鎊 1 支，6-10 鎊 1 支，10-15 鎊 1 支，15-20 鎊 1 支等，其中以 15-20 鎊的價格較大，這種主要運銷美國，其餘則運至德國製成各種皮革用品，美最時名牌產品的「紋皮」，就是用我國原料製成的。美最時在向我國運銷商收購牛羊皮時，任意挑剔品質，並施展種種手段進行壓價、殺價。例如當客戶的大批貨物湧到求售時，則盡可能壓低收購價格，客戶遇到「貨到地頭死」不賣不行，而在拋盤交易中，往往由於貨源不繼，客戶應交數量無法收齊，便迫使貨源商賠本倒貼，甚至經濟信譽全部破產。但在一九三一年美最時與華商牛皮行訂立拋盤合約預購牛皮幾千擔，卻吃了一次虧。那次訂購後，因貨源少，價格由四五十元漲到六七十元，到期客戶不肯負擔這樣大的損失，聯合不交貨，美最時無奈，只得不了了之。與此同時，福來德洋行亦訂有同樣之約，但是該行大

班鐵托司召集客戶商議把簽訂之約取消，就照上漲價格收購。只要有貨就收，客戶即把所有牛皮賣給該行運至德國。福來德在這次牛皮漲價中所收進的牛皮還是賺了很多錢。美最時漢口分行大班雪利福受到撤職處分。

（4）美最時煉油廠

美最時煉油廠擁有當時最先進的各種煉油、儲油、檢驗等設備。其桐油進貨主要由買辦王柏年在漢陽開設慎昌油行（為八大油行之首），收購從襄樊沿漢江和從四川沿長江下運的桐油，每年約 500-1000 噸。還在荊州收購皮油，每年約 100-500 噸，漆油 100-500 噸，豆油 100-300 噸，轉售於美最時漢行，經油廠加工裝運出口。

（5）美最時電燈廠

一九〇八年，美最時為解決漢口德租界的用電，出銀三萬兩開設電燈廠。廠址在德租界二碼頭，占地約五六畝。美最時電燈廠聘英格爾為主任工程師，華人高某為師傅，有職工二十餘人，裝有五百馬力內燃直流發電機二部，電壓 110 伏，每月發電 74.6 萬千瓦時。電燈廠有三個部門，物件部負責煤炭、汽油、機器零件、電杆、電線和瓷托等用件；工程部專管發電、修理和裝配等；業務部負責供電、收費和裝置火表等。商號、居民需要照明用電，先向業務部填寫申請書，經調查決定供給電錶，每只收押金二十元並加收電錶租金每月 0.70 元。電費每千瓦時收 0.18元，按月收取，不得拖欠。如三個月不付電費就斷電拆表，除以押金抵償電費外，不足之數由德國巡捕房限期繳納。武漢淪陷期間，電廠停辦，發電機二部售給日軍。

美最時德籍經理每月工資 1000 元左右（3 年後就可入股），一般德籍員工工資約 500-600 元，每年年終可分紅。華籍員工每月工資最高僅 150 元左右，一般則在 50-60 元上下，年終增發一個月工資。美最時漢行的華籍底層職工生活都無保障，工人生活困苦。例如蛋廠工人都按天計算工資，男工每天五六角，女工三四角，只夠一天伙食費，一到夏季休工，分文不發。一九二七年四月，蛋廠工人為了改善不合理的待遇，向行方要求增加工資。當時行方拒絕了工人的正當要求，還帶諷刺地威脅說：「你們窮，有工做，有飯吃，是好的，不然，可以回去幹活！」激起了工人的憤怒。接著美最時的碼頭工人也積極回應了蛋廠工人的合理要求，與行方進行談判。談判破裂後，雙方工人就聯合舉行了為期三天的罷工。後來行方看形勢不利，逐步軟化，終於答應蛋廠男工人加工資兩角，女工加一角，長工每月加五元，同時對碼頭工人也相應地增加了工資。

一九〇六年，德商優希聶看見漢口開埠後，西式建築林立，建築市場日益繁盛，磚瓦供應吃緊，便在漢（宗關）開辦德源磚瓦廠，首次採用德窯（亦稱「輪窯」）燒制紅磚紅瓦，產品供外商租界建設。德式輪窯焙燒磚瓦在當時為最先進的生產技術，享有盛名，影響著後來發展中的中國民族建築工業。一九一六年華商阜成磚瓦廠，不僅延用輪窯焙燒，還採用蒸汽機為動力制磚瓦，效果更為理想，其基礎源於德國技術。[36]

---

36  徐鵬航主編《湖北工業史》，湖北人民出版社，2008 年版，第 25 頁。

2. 法資企業

一八九六年六月漢口
法租界設立，一九四六年
收回，歷時六十年之久，
是外國租界在漢歷時較久
的。漢口法租界的設立，
為許多中小法國商人開辟
另一處生財之處。眾多法
國商人在這片土地上經商
開廠，圓其發家致富之夢。

·一八九六年法商在漢口設立永興洋行，經
營牛皮加工出口業務

　　一八九七年，法商在武昌開辦亨達利有色金屬精煉廠，精選
銻、鋅、鉛礦石進行加工，設備有五臺研礦機、三十八輛輕車和
五個濾礦平板等最新式機器，用於研碎和分析，日夜開工。一九
〇二年，該廠轉售給禮和洋行。

　　一九一〇年，法商比格在武漢礄口雙龍巷（今武漢化工廠）
創辦華康成造酒公司。投資三十五萬元，專以各種水果用機器釀
成中、西名酒，尤以紹、汾兩種酒汁為最佳，氣味濃厚，久有餘
香，甚為暢銷，頗受市民的歡迎。自此洋酒輸入，對華傳統釀酒
業造成了一定的衝擊。[37]

　　一八七六年繼英商在漢口設立製革廠，用機器壓製皮革，法
商永興、撥維安洋行競相在漢經營牛皮加工出口業務。

37　徐鵬航主編《湖北工業史》，湖北人民出版社，2008 年版，第 25 頁。

· 二十世紀初日本東亞製粉株式會社及其倉庫

### 3. 日資企業

繼英、美、俄等國之後，日資企業在漢發展迅速。日本在武漢工業的作為頗多，然其重頭則在紡織與糧油工業。

日本機紡業始於一八六七年，從一八九〇年起開始進軍中國市場，並逐步控制了華北、東北兩大紡織市場，歐戰結束後，日本布充斥武漢市場，「日本匹頭業在漢口市場幾占十之七，歐美匹不過十之三而已。」[38] 雖如此，仍難滿足日本商人欲望，為獲得高額的利潤，日商就地取材，進行紗、布的生產與銷售。

一九一七年，日商三井洋行先期在樊城設立支店收購棉花。鑑於當地軋花土法拙劣，開辦軋花廠擁有商機，於一九一八年十月，購置軋花機數十臺，在漢開辦三井軋花廠。「逐年擴張，迄今已有軋花機百數十臺，為漢口市場圈內之最大軋花廠矣。」[39]

---

38　曾兆祥主編《湖北近代經濟貿易史料選輯》第 1 輯，湖北省志貿易志編輯辦公室，1985 年版，第 113 頁。

39　馮次行著《中國棉業論》，北新書局，1929 年版，第 103 頁。

一九二四年，日本在漢口宗關開設了泰安紗廠。泰安紗廠是日本人在我國開辦的第二十三家紗廠，也是深入內地建立的唯一的日資紗廠。泰安紗廠全稱為泰安紡織股份公司，屬日江州財團所有，由日棉花股份公司投資五千萬日元建成，由日信洋行直接經營。一九二三年動工，一九二四年建成，廠內有紗、布二大車間，並配備有品質檢驗的檢驗室。

建廠初期有紗機 20336 錠，後增至 24816 錠，布機 380 臺，800 千瓦發電機 2 座。一九三二年紗機擴充到 4 萬錠，布機 500 臺，年產紗最高時達 5.43 萬件、布 40 萬匹，年用棉 20 萬擔。主要產品有 10 支、16 支、21 支、23 支棉紗和 23×21 細布。產品商標均為「喜鵲牌」。為了佔領武漢市場，泰安將所產紗支各比武漢其他廠提高 1-1.5 支，如裕華紗廠產 16 支、20 支，泰安則為 17.5 支、21 支，不僅如此，當時武漢所產的紗都是搭頭，而泰安則採用接頭，且紗頭均用紅線繫住，方便用戶。由於所生產的棉紗、棉布品質好，價格低廉，一時稱霸武漢。一九三五年漢口棉紗 80% 是日貨，棉布 90% 為日產。

泰安紗廠董事長為南鄉三郎，經協理（大班）近藤宗治，廠長（副班）木下武夫。工廠由技術部負責，技術部由主管奧村和佐佐木管理，技術部下設工賬房、電機房、倉庫三部門。全廠有職工一千餘人，最高時達七千二百人。

一九二七年漢口日租界收回，泰安紗廠停產，一九三七年國民政府接收泰安紗廠，並改為軍政部漢口臨時軍用紡織廠。所生產的紗、布均由軍政部支配，後隨著抗日戰爭的深入，泰安拆遷重慶，更名為軍政部紡織廠。一九四一年日軍侵佔武昌第一紗廠

後，將泰安紗廠的招牌掛在一紗門口，佔用一紗的紗錠、布機招收原泰安工人進行生產，直到日本投降。

一九〇六年外國資本染指武漢糧食工業，德商首先在漢口開設禮和麵粉廠，接著，日商於一九〇七年設立東亞製粉株式會社，一九一〇年日商又設和平製粉株式會社。東亞製粉株式會社，資本大，設備好，有資金 48.7 萬銀元，占當時五個民族麵粉廠總資本的 47.93％。東亞製粉株式會社建四層樓的車間一座，安裝日式 30吋雙邊鋼磨 17 部，另有大磨子一部。一九〇七年開工後，日產麵粉 2300 包，後增至 4000 包。其生產能力占五個廠產量總和的 50％ 以上。由於資金充足，該會社大量搶購小麥，終年開工不停。為了爭奪銷售市場，日商一方面降低成本，降低售價，另一方面使用化學藥劑漂白，使麵粉潔白光亮。同時以 5 斤裝布袋麵粉做無償贈送宣傳，並在粉袋裡裝彩票，招攬顧客。第一次世界大戰期間，和平、東亞二廠不慎失火，先後被焚。

一九三八年十月武漢淪陷，日軍將原武漢金龍麵粉廠改名為日東製粉株式會社，將福新未遷走的一部分機器運到金龍安裝生產；日本三井洋行把從上海祥興麵粉廠掠奪的製粉設備，運至漢口五豐麵粉廠內安裝，更名為漢口製粉株式會社；還有寶豐麵粉廠也為日軍佔領，以上各廠專為日軍生產麵粉。

·漢口日商土井洋行

武漢機器榨油始於一八九六年，之後，機器榨油盛行武漢三鎮，不僅本地商人踴躍，外商也紛紛染指該業，日信洋行是其中最活躍者。日信洋行於一九〇五年九月投入資金 53 萬銀元在漢陽開辦第一油廠，該廠有壓榨機 50 臺，軋豆機 5 臺，動力設備有柯爾尼修 30 馬力蒸汽機 1 臺，日產豆餅 1000 枚，豆油 40 擔。原料黃豆購自湖北蔡甸和河南駐馬店。設日本職員 10 名，雇華人 120 名。每天工作 23 小時，日產豆餅 1000 枚，豆油 40 擔。

一九〇六年五月，日信洋行又在漢口日租界開辦第二油廠。有壓榨機 100 臺，軋豆機 9 臺，動力 180 馬力柯爾尼修蒸汽機 2 臺。日本職員 7 名任管理人員，雇用華工 152 名。每天工作 23 小時，日產豆餅 2000 枚，豆油 80 擔。日信洋行在漢口日租界開辦日華油餅廠，有新式水壓榨油機 4 部，每日產棉籽油 100 擔，棉籽餅 400 擔。年產棉籽油 1.8 萬擔，棉籽餅 700 擔。日信洋行所管轄日華、棉籽油廠產品遠銷歐美各國，棉籽餅運銷日本。

武漢淪陷後，原武漢榨油企業或轉移外地，或關停，日軍乘勢搶奪，利用其機器設備，為日軍生產侵略物資。日本三菱公司侵佔新泰油廠，並改名三菱油廠，一九四一年立豐（原永昌元）油廠被日商三井物產株式會社收並，改名日華油廠，一九四四年，立豐、謙順、新業由日軍接管，改名為日華株式會社漢陽第一油廠；信元油廠、福源油廠、「中植」漢口廠均為日軍佔據，當時漢口整個榨油市場均被日軍壟斷，日本洋行控制油廠榨制黃豆、棉籽、菜籽等食油，供侵略日軍食用。

另外，日商對武漢工業的其他領域也有涉足。如日信洋行選

址漢陽雙龍巷，投資建立打包廠，該廠機房七間，每日可打包五百件，承攬打包運銷業務；一九〇六年日商福華製煙公司，投入白銀 1.5 萬兩，以 7 馬力立式蒸汽機為製煙動力。原料主要來自鄂、豫、粵地區。每日製煙 30 萬支，主要銷於內地市場。一九二九年，裝機容量增加至 505 千瓦，共計裝機 6 臺。一九一四年日商大正洋行在漢設大正電氣株式會社。廠址設於日租界上小路（今中山大道吉林路口），安裝有 2 臺 30 千瓦蒸汽直流發電機組，發電設備容量 185 千瓦，向日租界供電；二十世紀初，漢口牛皮輸出多由德商經營，一九一八年後，德商漸衰，日商興起。一九三〇年，日商高橋、山本、三井等洋行在漢口經營牛皮加工輸出。清末，日商若林藥房在漢口民生路設立製藥作坊，利用中國藥材和少量日本原料，生產多靈丹、金丹錠、清暑丸、頭痛即止膏、牙痛水、國寶丹、健胃散、千金丹、小兒奇效丸等藥品。藥品形態如酊劑、水劑和膏劑等，有關配方、配料和技術性製作過程，由日商掌握。不重要的環節由華人操作。一九三〇年，該藥房獲得高額利潤，達二百二十萬元。五卅運動掀起抵制洋貨運動，若林藥房抵讓給華商，改名為「民生藥房」。另外，漢口江漢路日商開設思明堂藥房，表面經營西藥原料、各式針劑、仁丹、眼藥水等成藥，暗中參與走私販毒。

美國在漢企業除石油、捲煙業外，另有漢豐

・清末漢口美國益生洋行倉庫

麵粉廠、漢口制冰廠系美國所辦。美洋行經營桐油精煉出口，銷售石油製品及長江航運等。漢口作為國際通商口岸與貿易市場，由英美加以開闢，俄國率先搶佔，他們利用中國資源，輔以工業技術的優勢，獲取了豐厚的利潤。英國在漢口商務野心更大，引進中國茶種，改在殖民地之一——錫蘭種植茶葉，從而獲得了更多的利潤；俄商受戰後政府限制進口商品入境的影響，對漢口市場獨佔結束。英商繼而崛起，廣為發展，興辦銀行、洋行、貨棧、航運等。第一次世界大戰前後，日商在漢企業突飛猛進。「據民國五年統計而論，漢口列國（15 國）最大貿易額者日商人也，負最多關稅者，日本商人也，吸收貨物最多者，日本船舶也，商店最多、人口最眾者，日本也，有最多銀行者，亦日本人也」。**40**

表 3-6 漢口開埠後來漢的外資工廠一覽表

| 工廠名稱 | 國別 | 開辦年代 | 資本 | 業務 | 備註 |
|---|---|---|---|---|---|
| 順豐磚茶廠 | 俄 | 1863 | 三廠資本約有 400 萬 | 製造磚茶 | 1919 年日產 768 擔 |
| 新泰磚茶廠 | 俄 | 1866 | | 製造磚茶 | 1916 年日產 384 擔 |
| 阜昌磚茶廠 | 俄 | 1874 | | 製造磚茶 | 1916 年日產 256 擔 |

40　曾兆祥主編《湖北近代經濟貿易史料選輯》第 4 輯，湖北省志貿易志辦公室，1986 年版，第 324 頁。

| 工廠名稱 | 國別 | 開辦年代 | 資本 | 業務 | 備註 |
|---|---|---|---|---|---|
| 英商磚茶廠 | 英 | 1872 | 不詳 | 製造磚茶 | 不久停辦 |
| 漢口熔金廠 | 英 | 不詳 | 不詳 | 熔煉金銀 | 不久停辦 |
| 平和洋行打包廠 | 英 | 1905 | 182662 鎊 | 機器打包 | 平和洋行所辦 |
| 隆茂洋行打包廠 | 英 | 1906 | 不詳 | 機器打包 | 隆茂洋行所辦 |
| 漢口英商壓革廠 | 英 | 1876 | 不詳 | 皮革加工 | |
| 羅辦臣洋行 | 英 | 1878 | 不詳 | 製造樂器 | |
| 美最時蛋廠 | 德 | 1887 | 不詳 | 蛋品加工 | |
| 禮和蛋廠 | 德 | 1887 | 不詳 | 蛋品加工 | |
| 元亨蛋廠 | 德 | 1889 | 不詳 | 蛋品加工 | |
| 和盛蛋廠 | 澳 | 1891 | 不詳 | 蛋品加工 | |
| 瑞興蛋廠 | 瑞典 | 1891 | 400000 元 | 蛋品加工 | |
| 漢口制冰廠 | 英 | 1891 | 200000 兩 | 機器制冰 | |
| 公興蛋廠 | 法 | 1893 | 不詳 | 蛋品加工 | |
| 嘉利蛋廠 | 德 | 1895 | 40000 兩 | 蛋品加工 | |
| 亨達利有色金屬精煉廠 | 法 | 1899 | 1091000 元 | 冶金 | |
| 英商通和有限公司 | 英 | 1900 | 不詳 | 建築工程 | |
| 和利冰廠 | 英 | 1904 | 250000 元 | 制冰冷藏 | |
| 恆豐麵粉廠 | 英 | 1905 | 280000 元 | 麵粉加工 | |
| 和豐麵粉廠 | 英中合辦 | 1905 | 不詳 | 麵粉加工 | |
| 禮和機器麵粉廠 | 德 | 1905 | 75000 元 | 麵粉加工 | |
| 日信豆粕第一工廠 | 日 | 1905 | 不詳 | 榨油 | |
| 棉花打包廠 | 日 | 1905 | 不詳 | 棉花打包 | |
| 棉籽榨油廠 | 日 | 1905 | 不詳 | 棉籽榨油 | |

| 工廠名稱 | 國別 | 開辦年代 | 資本 | 業務 | 備註 |
|---|---|---|---|---|---|
| 漢口英租界電燈公司 | 英 | 1906 | 182000 元 | 發電 | |
| 日興豆粕第二工廠 | 日 | 1906 | 487000 元 | 榨油 | |
| 東亞製粉株式會社 | 日 | 1907 | 487000 元 | 麵粉工廠 | |
| 漢口美最時洋行電燈部 | 德 | 1907 | 不詳 | 發電 | |
| 和記洋行冰凍食物廠 | 英 | 1908 | 351000 元 | 冷凍 | |
| 頤中煙草公司漢口宗關工廠 | 英美 | 1908 | 9870000 元 | 捲煙 | |
| 法華蒸煙公司 | 法中 | 1909 | 490000 元 | 制酒 | |
| 永源蛋廠 | 英 | 1908 | 不詳 | 蛋品加工 | |
| 貝格德蛋廠 | 德 | 1909 | 不詳 | 蛋品加工 | |
| 康成造酒廠 | 法 | 1910 | 350000 兩 | 酒類食品 | |
| 和記蛋廠 | 英 | 1911 | 不詳 | 蛋品加工 | |
| 漢口機械修理廠 | 不詳 | 不詳 | 60000 元 | 修理 | |
| 民豐機械修理廠 | 不詳 | 不詳 | 40000 元 | 修理 | |
| 漢口日租界電燈廠 | 日 | 1913 | 40000 元 | 發電 | |

注：錄自皮明庥主編《武漢通史·晚清卷》上，武漢出版社，第 175-176 頁。

## 第五節 ▶ 中國輪船招商局與外輪的爭鋒

一八四二年中英《南京條約》簽訂，中國沿海航運與貿易被迫開放，嚴重破壞了中國主權與獨立，中國淪為半殖民地半封建

社會；一八五八年中英《天津條約》簽訂，中國喪失北洋沿海貿易權和長江航權，內河完全對外開放，內河航運資源成為外國列強的掠奪對象；一八九五年中日《馬關條約》簽訂，中國喪失內港航權，外商相繼在中國沿海及內河設立輪船公司，洋輪在中國江、河航運暢通無阻，中國半殖民地程度進一步加深。

## 一、外輪氾濫揚子江

中國有外資輪船是在鴉片戰爭前夕，一八三五年九月（清道光十五年七月），英國「渣甸號」抵達廣州海面，這是有記載以來最早抵達中國的外國船隻，接著在第一、二次的鴉片戰爭中，英軍無不是以艦船為前驅，轟開中國的大門，尤其是一八四二年中英簽訂《南京條約》，開放廣州、福州、廈門、寧波、上海五口通商，英國船隻可以在五口及五口之間自由出入，往返販運。一八五八年六月，清政府被迫與英、法、俄、美四國簽訂《天津條約》，條約內就有：「增闢沿海口岸，續開牛莊（後改為營口）、登州（後改為煙臺）、臺灣（後選定臺南）、淡水、潮州（後改為汕頭）、瓊州（今海口市）等沿海港埠；開放長江水道。」該條約第十款規定：「長江一帶各口，英商船只俱可通商，惟現在江上下游均有賊匪（太平軍），除鎮江一年後立口通商外，其餘俟地方平靖……準將自漢口溯流至海各地，選擇不逾三口，准為英船出進貨物通商之區。」不久，鎮江、南京、九江、漢口等沿江港口也正式對外開放。《天津條約》的簽訂，極大地方便了外資航運業對中國的入侵。不僅「打開了上海以北一千五百英里的沿海貿易」，同時，把中國最大的內河長江變成了

外國商船航行的「黃金水道」。這樣，中國沿海、內河航權相繼喪失，而中國沿海與長江航權逐步喪失的過程，也就是外資輪運企業在中國相繼創辦與不斷擴張的過程。

最早在中國出現的外國輪船公司是一八五〇年的省港郵輪公司，最早在長江開展商業性航運的是美商瓊記洋行。一八六一年一月，美國瓊記第一艘航行長江的輪船「火箭號」（678 噸）駛抵上海，四月首航滬漢線，這是第一艘到達漢口的商業性船隻。此後，「火箭號」每兩個月從上海開航三次，以運載茶葉為主，兼搭乘客。隨後，美國瓊記又將「江龍號」（945 噸）調進長江，使其在長江的運力達到一千六百餘噸。就在美國瓊記洋行「火箭號」開航漢口的第三天，英國寶順洋行的「總督號」便尾隨而至。之後，英國寶順又相繼加派「富士山號」、「廣島號」、「哥素麼布禮號」三艘輪船投入長江運輸。不僅如此，當時在上海和漢口的多所洋行，或設立船運部，或成立船運公司，直接進入長江航運業。據資料記載，先後進入漢口港的有十六個國家的船隻，計四十一家洋行或外輪公司，其中英國十五家，美國十家，日本七家，德國三家，法國三家，俄國二家，義大利一家。有十八家設分公司或代理機構。

## （一）美最時洋行輪船部

美最時洋行是德商在漢的一家大型洋行，該行輪船部開闢了申漢與湘漢航線，在漢築有專用碼頭。申漢線有「美大」「美順」「美利」三輪，每輪載重一千五百噸。湘漢線有輪船一艘，但因客貨不旺，於一九〇八年停航，售予華商某輪船公司。第一次世

界大戰期間，「美大」「美順」「美利」三輪被中國政府沒收，申漢線停航。

美最時輪船部的航運業務是根據美最時洋行的生意而定的，美最時是一家進出口貿易公司，因而其航運主要以貨運為主，兼帶客運，每年春夏漲水期，美最時洋行有從德國漢堡和不來梅出發的海輪，經埃及的塞得港、義大利的熱那亞、法國的馬賽和勒哈佛、比利時的安特衛普、荷蘭的鹿特丹等地，滿載鋼鐵、五金、紙張、肥料、顏料等貨物來漢，在漢口停留約十天時間，然後搭載除該行外，還有德商禮和、嘉利、福來德等洋行的牛皮、豬鬃、腸衣、桐油、五倍子、苧麻、蛋製品、蠶豆、芝麻、茶葉、礦砂、純銻等貨物回國。每船裝載貨物約五百至一千噸，運費收入在二千至六千英鎊，每年合計約四萬英鎊。一九二六年，該行租用挪威輪「勒克號」、「黎文斯頓號」行駛長江航線，除裝載本行以及其他德商出口貨物外，也承裝華商貨物（以雜糧為大宗）。該行在業務上的擴張，遭到太古、怡和、日清、三北、寧紹等公司的聯手打壓，在此情況下，該行只得忍痛讓利，不到兩年即停航。此外，美最時漢行還在三陽路口置有倉庫、躉船，並向漢口當局租用沿江碼頭，除自用外，還對外營業。民生輪船公司曾租用該公司的碼頭、躉船。

## （二）旗昌輪船公司

旗昌洋行是美國老牌洋行，它創辦於一八一八年，主要經營茶葉、生絲和鴉片。

一八六二年，該洋行的金能亨集資白銀一百萬兩（包括華商

資金），從美國三藩市購買四百五十六噸的「驚異號」客輪一艘，於三月二十七日在上海成立旗昌輪船公司，金能亨自任公司經理（金能亨時任美國駐上海副領事），上海道臺吳健彰兼任買辦。

一八六二年，旗昌「驚異號」首航上海—漢口。隨後，在漢口營建碼頭、堆疊。在「驚異」航行武漢的同時，英商怡和、寶順、廣隆、吠禮查、沙遜等洋行旗下的輪船也先後航行長江，加入到長江航行的競賽中。這樣，旗昌成立一年之後，也就是在一八六三年秋季，長江航運出現船噸過剩、裝載不足的現象，於是出現各輪船公司之間互相壓價營運，爭攬客戶。旗昌公司也於一八六三年十一月起，將上海—漢口間運價由每噸十八兩降至二兩，並給貨主以優惠待遇，即使如此，旗昌仍難以為繼。一八六七年，旗昌公司主動與怡和、寶順達成十年協議，旗昌公司以不航行上海以南沿海口岸（上海—寧波線除外）為條件，要求怡和、寶順在十年中不再航行長江。由此，旗昌取得了獨佔長江的航行權。在此協議下，旗昌迎來了貨運最興盛時期，一八六七年，帳面盈利達八十一萬兩。一八六七至一八七〇年，旗昌公司每年運費收入都在七十萬兩白銀以上，其中一八七一年高達九十四萬兩。這一時期，旗昌公司以漢口為聚散基地，廉價收購湖南、四川、湖北等地的土特產進行加工，然後直接出口或轉運上海，同時向長江沿岸港埠傾銷舶來商品。

可好景不長，一八七三年後，旗昌公司就出現虧損，美國股東紛紛抽提資金，加之怡和公司不等協議期滿便將船舶開入長江航線。在此形勢下，旗昌公司更加不濟，最後只得將在華海輪七

艘、江輪九艘、小輪四艘，連同上海、漢口、九江等地的碼頭、船塢等，以二百二十二萬兩白銀的價格賣給招商局。招商局以官商各半集資銀兩，於一八七七年二月與旗昌公司辦理了接交手續。旗昌退出了長江航運。

### （三）日清輪船公司

西方輪運公司在長江上鷸蚌相爭之際，崛起的日本不甘落後，一八九八年，日本大阪商船公司以六百噸級的「天龍川」「大井川」兩輪經營上海—漢口航線，每年兩地各開九十六次，是為日本輪船行駛長江開端。大阪商船的加入，招致招商、太古、怡和三家公司一致抵制，為了與上述公司相抗衡，日本大阪商船公司聯合日本郵船公司、日資湖南汽船公司、大東汽船公司於一九〇七年共同組建日清公司。日清公司總公司設在日本東京，上海、漢口設有分公司。

漢口日清公司在漢口沿江離日租界一千一百米地方設碼頭二座，堆疊六處。日清輪船公司下設庶務、會計、出口、進口、船客、倉庫等系（相當於股），另外設有買辦部，大買辦一人，對公司的日本經理負責以及與各報關行的業務聯繫；副買辦一人，管理倉庫，俗稱「棧房先生」；三買辦一人，督促「上街先生」（指推銷、採購、業務人員）兜攬客貨。買辦

・二十世紀二〇年代漢口日商日清汽船碼頭

部設有帳房間和寫字間。日清公司每艘輪船除設駕駛部、甲板部、管事部外，也設有買辦部。其中大、二、三買辦各一人，一般是由分公司買辦或報關行經理介紹。買辦之下，雇有管貨員四到八人，官艙茶房七到八人，房艙茶房十餘人，統艙茶房約五十到六十人（指大輪船而言，小輪船則少些）。茶房不僅沒有工資，還必須交給買辦押金數十元。官艙及房艙茶房由船上供給伙食，統艙茶房有飯無菜，靠各艙客人賞給的小費維持生活，有時則冒著極大風險夾帶私貨賺錢養家。

日清輪船公司在漢開闢多條航線，營運船舶有 13 艘，總噸位 27186 噸，且在貨運方面有較大優勢。這幾條航線分別是：漢口—上海航線，有船 8 艘，總噸位 15150 噸；漢口—宜昌，有船 2 艘，總噸位 2192 噸；漢口—湘潭航線，有船 2 艘，總噸位 1211 噸。上水貨物多為棉紗、棉布、砂糖、火柴、水產物、鉛、釘、鐵器，下水貨物則為銻、豆類、木材、米、煤、焦炭、雞蛋、陶瓷、桐油、茶油。在這幾條航線中，日清公司會根據各航線枯、豐水季節，靈活調整船隻進行營運，比如，漢湘線因水位變化，每年十一月至次年三月換小輪行駛。漢常線每年十月中旬到翌年四月間停航。除此之外，大阪商船公司、日本郵船公司還經營以漢口為始發點，直通神戶、大阪的國際航線，一九〇七年日清公司創立後暫停。一九一八年，第一次世界大戰結束，金融業非常活躍，日清公司又恢復直達航線，並加強運力，將「潮洲丸」投入漢口—大阪線。

一九三七年「七七」事變後，日清公司奉令將長江上游所有船隻和日僑集中漢口，陸續駛運上海。一九三九年，日清公司併

入東亞海運股份公司。漢口分公司在職員工一律發給一個月工資後解散，東亞海運股份公司以日清公司在中國各港埠的設備為基礎，並從大阪鐵工所購進九艘新輪，分別命名為「興東丸」「興亞丸」「興太丸」「興平丸」「興國丸」「興運丸」「興隆丸」「興昌丸」「寧波丸」，專門承擔日本軍部的運輸任務。一九四一年底日本發動太平洋戰爭後，在中國淪陷區港口停泊的太古、怡和和掛義大利國旗的中國三北公司的全部船隻以及水陸設備，均由日本軍部下令從十二月八日起由東亞海運派員接管，並編號更換船名。

一九四三年冬，東亞海運股份公司「崇明丸」在湖北武穴被美國空軍擊沉，其後，又有「麗山丸」號、「鳳陽丸」號等 12 艘相繼被擊沉擊傷，一九四五年九月，東亞海運股份公司漢口分公司由國民政府軍事委員會後勤部水運指揮部派員接收。

## （四）太古洋行

一八六七年英商太古洋行在上海成立，一八七二年太古洋行在中國設立航業公司，開始經營長江航線。

·一九一一年停泊於漢口碼頭的太古洋行「沙市」輪船

太古洋行漢口分行（以下簡稱「太古漢行」）除從事進出口貿易外，還經營航運，太古漢行先期在漢口前花樓、熊家巷等處營建有堆棧，一九〇二年又在漢口碼頭設信貸

部，一九〇四年另在一道街營建四碼頭。太古漢行在漢口營運的船舶前後計 24 艘，總噸位 40159 噸，其中，漢口至上海航線有輪船 10 艘，總噸位在 25183 噸以上，每週四班；漢口至長沙、湘潭線有大輪 5 艘、小拖輪 7 艘，大輪每艘可裝貨 700-800 噸，小拖輪每艘可裝貨 200 噸，每週 2 班；漢口至宜昌航線有船 3 艘，總

·一七〇六至一九〇七年，臨江的漢口英商太古洋行堆疊和倉庫。該洋行經營航運業，與其他外國輪船公司壟斷了長江航運

噸位 6371 噸左右，每月 3 班。而且，太古洋行自己出口的雜糧、棉花、生鐵、石膏、土布、茶、腸衣、桐油籽、礦砂、紙頭等，進口的布匹、鋼鐵、糖、雜貨等貨物每日需 3000 噸大輪 2-3 艘，因此，太古航業公司在中國的航運業務十分繁忙。後來隨著長江航運競爭的加劇，尤其是日清輪船公司加入長江航運，使得太古利益受損，該行於一九〇七年起，聯合怡和、招商兩家輪船公司，擠壓日清公司。與此同時，太古為了贏得更大利益，將勢力擴張至內河航路，建造了吃水較淺的小輪「城步」「城陵」「郴州」「秀山」「君山」「綏定」「株洲」「常寧」「長樂」「常德」等多艘船舶，開闢了漢口—常德等航線，為行駛漢口—湘潭的大輪「吉安」「沙市」「湘潭」等轉運貨物。在當時經營長江航線的六大公司（餘為招商、寧紹、三北、怡和、日清）中，太

古船隻最多，除星期天外，每日均有輪船上下行駛。

一九三二年「一・二八」事變後，長江被封，上海—漢口航線陷入關停狀態，太古、怡和利用小輪將貨物由吳淞口內運至南通，經鹽河至鎮江，再轉江輪到漢口。每月航次在十到十四次之間。一九三三年，太古「吳淞」輪開除茶房（服務員），發生廣東海員罷工，波及漢口。江輪營業更是衰落，航班減少，運費一再下跌，加之「安慶」輪在青山嘴失事，「萬流」輪沉沒，虧損巨大。一九三八年十月武漢淪陷後，太古漢行在漢經營全部停歇，新中國成立，一九五四年十二月十五日太古漢行結束業務。

（五）怡和洋行

怡和漢行是一家主營航運、兼營進出口貿易的洋行，其四大部門之一的船頭部承擔其責。船頭部下設輪船、躉船、碼頭、堆疊四個辦事處。一八六七年，怡和洋行與旗昌輪船公司達成為期十年的協議，將船隻退出長江航線，一八七六年，怡和洋行船隻重返長江，稍後即將船隻由 13 艘增加到 22 艘，噸位由 12571 噸增加到 23953 噸。

一八七七年，怡和洋行在漢口一道街等地建堆疊三處，專用碼頭 2 座，在漢口的營運船舶有 15 艘，總噸位達 35 991 噸。經營航線有漢口—上海線（7 艘，16697 噸），每週 6 班，漢口—宜昌線（4 艘，8812 噸），每月定期 6 次，漢口—湘潭線（2 艘，2030 噸），每周定期 2 班，宜昌—重慶線（2 艘，1000 噸）。為與日本航業競爭，怡和漢行自一九〇四年起開闢漢湘航線，以大汽船「同和」（1 350 噸）、「昌和」（1025 噸）兩輪開航漢口—

長沙線，後陸續增加「明和」「順和」「漢和」「福和」等輪，以及「附1號」型鐵駁11艘，投入客貨運輸。怡和洋行將湖南的純銻、生銻、鎢砂、黑鉛砂、白鉛砂、錳、糧食、植物油等戰略物資和牛皮、雨傘、湘蓮、鞭炮等特產，通過漢口銷往江、浙、閩、粵、皖以至南洋一帶，又通過漢口將糖、布匹、棉紗、五金、水泥、日用百貨與雜貨等物傾銷湖南。

每年四到十月洪水期，怡和漢行每週以大船在漢口─長江航線上往返一次，十一月開始進入枯水時，大船改走漢口─嶽州─宜昌航線，小輪則航行漢口─長沙線，到水位最低時，其吃水最淺的「福和」輪也不能駛入長沙港，則租用二十至三十噸木帆船，懸英國國旗進行營運，以避軍閥隊伍徵用。一九三四年，怡和漢行由於經營不善，多艘江輪停航，勉強維持經營。一九三八年武漢淪陷，怡和漢行在漢經營全部停歇，一九四一年，日軍接管，抗戰勝利後，怡和漢行恢復營業。

表 3-7 一八六二至一八七三年外資專業輪船公司設立概況表

| 創辦年份 | 公司名稱 | 資本額（兩） | 地址 | 國籍 |
|---|---|---|---|---|
| 1862 年 | 旗昌輪船公司 | 1 000 000 | 上海 | 美國 |
| 1863 年 | 上海拖駁公司 | | | 英國 |
| 1865 年 | 省港澳輪船公司 | 1 144 000（1 600 000 元） | 香港 | 英國 |
| 1867 年 | 公正輪船公司 | 170 000 | 上海 | 英國 |
| 1868 年 | 北清輪船公司 | 194 000 | 上海 | 英國 |
| 1872 年 | 華海輪船公司 | 325 000 | 上海 | 英國 |

| 1872 年 | 中國太平洋輪船公司 | 893 750<br>（250 000 英鎊） | 香港 | 美國 |
| --- | --- | --- | --- | --- |
| 1873 年 | 太古輪船公司 | 970 000<br>（360 000 英鎊） | 上海 | 英國 |

注：資料來源，馬志義主編《招商局史》（近代部分），人民交通出版社，1988 年版，第 5 頁。

各國輪船公司相繼設立後，在中國江海航線展開更加激烈的競爭。尤其是旗昌輪船公司憑藉雄厚實力，採用多種競爭手段，先後擊敗廣隆、寶順、怡和、瓊記、公正等對手，從一八六七年起基本上壟斷了長江航運，並把勢力伸向沿海航線、津滬航線，一八六七年旗昌資本 125 萬兩，次年增加到 187.5 萬兩，到一八七〇年，旗昌已擁有輪船 17 艘，總噸位為 25827 噸，資產額接近 240 萬兩，成為「東亞最大的一支商業船隊」。

## 二、傳統木船退出長江

武漢位於長江與漢水的交匯處，向為水運重鎮，航運發達。自古以來，武漢的江、河、湖等眾多水系中常年遊弋著無數的傳統木製帆船，「每年有五千三百只船沿著揚子江把準備出口的貨物載到上海來……另外每年還有七千隻船載運貨物和旅客到海外去。」[41] 但隨著近代國門的洞開，外資輪船業介入長江流域，武

---

[41] 聶寶璋、朱蔭貴著《中國航運史資料》第一輯下冊，上海人民出版社，1983 年版，第 1 254-1 255 頁。

・一九〇六年漢口江邊的蒸汽輪船與木製帆船

漢舊式航運業迅速瓦解，並逐漸走向衰落。曾有西方人士指出：
「當一艘有較大的容積，一年四季都可航行，以及有保險條件的
洋式船，從事這項貿易後，估計至少能把十五艘中國木（帆）船
趕出競爭領域。」**42**

　　木帆船是民船、木船、帆船、划船等各類木質非機動船的總
稱，它們是武漢舊式航運業的主力軍，武漢鹽運、漕運及城市之
繁盛皆仰仗於它。清代是漢口淮鹽運輸鼎盛時期，康熙、雍正時
漢口每年運銷淮鹽已達八十三萬引，課額達一百餘萬兩，漢口
「鹽務一事，亦足甲於天下」。乾隆元年（1736 年），積聚在漢
口的未銷淮鹽達七八百萬包，當時，由江蘇儀征出口的淮鹽由長
江水運到漢口集中，然後分銷湖北、湖南各州縣口岸，漢口以東
的蘄、黃等州縣所需淮鹽也由漢口分運。嘉慶、道光年間，兩湖
鹽運更旺，進出漢口的鹽船大約一萬三千隻。

　　漕運也是湖北航運的大宗，湖北漕糧有南漕、北漕之分，南

---

42　轉引自劉宏友，徐誠主編《湖北航運史》，人民交通出版社，1995 年
　　版，第 240 頁。

漕由民船運交荊州倉，用作駐荊州官兵糧餉，北漕運至京師。明宣德四年（1429 年）起，湖廣漕糧入大運河交淮安，再由湖廣軍用船隻運至天津。正德元年（1506 年），政府指定漢口、長沙為漕糧交兌處，並設「漢口巡查司」，到明萬曆元年（1573 年），衡陽、零陵、岳陽、長沙等地漕糧全在漢口交兌，年漕運額定量為 328600 多石，有漕船 1012 艘，武昌、漢陽河泊所建有「常平糧倉」。當時，湖南、湖北船幫均經過江夏縣、漢陽縣等處所。一八五二年，太平軍攻佔南京市，漕糧折銀方式的出現使湖廣漕運旺盛不再，到清嘉慶以後，逐漸下滑，至嘉慶十七年（1812 年）湖廣漕船從原有的 826 艘減至 180 艘，到清同治十一年（1872 年），漕糧改由中國輪船招商局新式輪船承運，至此湖北各幫軍船停運，一九〇〇年後，漕運全部改用機動船和鐵路運輸，辛亥革命後漕糧全部改征貨幣，漕運停歇。

隨著淮鹽、漕糧運輸的起落，武漢舊式輪船業變化不定，但舊式輪船業最終的衰落緣於其技術的落後。中國漕運帆船船式與洋輪相比較，一艘木船如「江、廣漕船身長九五尺，寬一丈六尺五寸，底長七丈二尺」，可載量 2000 石，即 106 噸。而一八六四年進出漢口港的外國船總噸位達 214246 噸。就時效來說，洋輪數天的航程，中國木船得數月方能完成。「僅漢口一處，洋輪可使數千中國木船失去生意，導致失業人數可能達數萬。」[43] 中

---

43　徐鵬航主編《招商局與湖北》，湖北人民出版社。2008 年版，第 8-9 頁。

國漕船主要靠風力驅動，難免受風向和水流的影響，無論行駛速度或承載能力均無法與洋輪船相比，在長江航運的激烈競爭中處於絕對劣勢。而洋船較少受不利航行條件的束縛，航期穩定而安全可靠。客商為不耽擱商務，自然希望租用安全性能好，辦事效率高的洋輪為其載貨。在優勢盡占的外國洋輪船的擠壓下，中國傳統木船逐漸退出了長江這條黃金水道。

　　就在中國航權喪失殆盡的前夕，中國有識之士們以強烈的主權意識，挽航權於既倒之頹勢，奮發圖強，創辦本土船運公司，搶奪漸已喪失的航權。

## 三、中國輪船招商局及其漢口分局的問世

　　西方航運業的入侵，致使曾盛極一時的漕運業遭受到了沉重的打擊，中國木船生意蕭條，民族航運瀕臨破產，「自不能與迅速安全取價低廉之外輪爭衡」，「自漢口以下，各船廢止者過半」。[44] 新式洋輪對中國傳統木船的船運極具破壞力，波及整個長江流域。尤其洋行獨攬長江航權，以致白銀大量外流，中國航運商只得變賣資產，慘澹度日。

　　為挽回長江航運權益，爭奪已喪失的江海航權，打破外國輪船勢力對中國航運的壟斷。一八七二年十二月二十三日，北洋大臣李鴻章奏請朝廷試辦輪船招商局。

44　徐學禹著《國營招商局之成長與發展》，《輪船招商局七十五周年紀念刊》1947年版，第1頁。

・中國輪船招商局漢口分局大樓舊影

（一）中國輪船招商局的醞釀與籌辦

外國輪運的入侵，一方面給中國舊式航運業以殘酷的打擊與破壞，另一方面就是加速了中國舊式航運業向機器航運的轉變。從十九世紀四〇年代到七〇年代，中國新式輪船業經歷了長達三十年的醞釀，期間，從政府到民間，或購買外輪、或仿造、或雇用洋師、或入股外國輪船公司，進行了多種嘗試與探索，最後終於在一批洋務官僚與商人的共同助推下，中國自辦輪船公司的夢想才於一八七二年初步實現。

一八六七年，為扼制外輪對本土輪運業的衝擊，中國第一位留美學生、買辦商人、候補同知容閎擬設華商輪船公司，並提出《聯設輪船公司章程》，這是中國歷史上最早的策劃組織輪船公司章程。緊接其後，沙船商人趙立誠、華商吳南記等相繼請建華商輪船公司，但均遭兩江總督曾國藩的否決，不僅如此，江蘇藩司丁日昌的兩次請提也遭到曾的反對，在一連串的否決與反對中，第一波建立華商輪船公司的呼聲，在「永作罷論」中偃旗息鼓。

隨著外國來華輪船數量的不斷增多，外輪對中國航運壟斷進一步加深，創辦中國新式航運業的議論又重新活躍起來，時值清廷就江南製造局、福州船政局的裁撤進行大辯論，在這場辯論中，中國航運界進一步認識到「輪船招商」是一條基本適合中國

輪運業發展的途徑，李鴻章對此作了詳盡周密的考慮，提出了一些具體設想。

　　一八七二年三月李鴻章以北洋大臣的名義飭令各有關官員詳細籌畫有關輪船招商之事，並授意津海關委員林士志與廣幫商人提出議呈。實際上「輪船招商」事宜，曾國藩曾委託其舊屬吳大廷籌畫過，曾死後，吳大廷便向李與新署南洋大臣何璟稟呈輪船招商之事，吳認為輪船「招商出租承領，既可取償造船之款，又可節省行船之費，俾商民習知輪船之利，漸漸推廣，由富而強，誠為當今之仇務」。「將來如有招商租雇之船……必使弊去而後利興。」[45] 江南局道員馮焌光也就「輪船招商」事宜提出若干建議，如准其兼運漕運、租價低廉、准商人集資設保險局、不准洋商入股等。雖如此，但輪船招商之議仍頗費周折，反對、拖延者大有人在。在這種情況下，李鴻章只得獨力承擔，重申輪船「變通之法，不外配運漕糧、商人租賃二議」[46]。對曾國藩提出的「物色眾商所深信之人，而勿繩以官法」的設想作了一些補充，認為「更宜物色為股商所深信之官，使之領袖，假以事權」。這樣，使商人「必獲利益」，也使「洋人不得專利於中國，利萬莫大焉」[47]。一八七二年六月十七日總理衙門批准了李鴻章的建

45　轉引自張後銓主編《招商局史》（近代部分），人民交通出版社，1988年版，第27頁。

46　轉引自張後銓主編《招商局史》（近代部分），人民交通出版社，1988年版，第28頁。

47　轉引自張後銓主編《招商局史》（近代部分），人民交通出版社，1988年版，第28頁。

議，並表示支持。於是，經過長達半年辯論，「輪船招商」一事塵埃落定，中國新式航運業即將橫空出世。

創辦新式航運業是在近代中國出現的新事物，李鴻章認為「非有大力者，恐難辦到」，為挑選合適之人，李鴻章可謂費盡心機，在其「博訪周密」下，浙江候補知府、經辦海運十餘年之久的海運局委員朱其昂進入李的視野，成為中國輪船招商局初期的籌辦者。

朱其昂，字雲甫。江蘇寶山高橋鎮人（今屬上海浦東新區高橋鎮）。朱其昂出生於江蘇富裕之家，朱自小志向遠大，不恃才傲物，未滿二十歲便傾其所有與人合夥在上海十六鋪開辦南北洋貿易，每年出海三次。當其財富豐厚之際，便與其弟朱其詔合夥經營沙船。幾年下來，沙船發展到六十艘，人員三千多人。清咸豐十年（1860 年）起同美國商人在山東煙臺開設清美洋行，經營上海、煙臺、天津各口岸貿易，後又在北京、天津、上海、廣東各地設華裕、豐匯銀號，承辦海運多年。待事業一帆風順後，花錢捐了道臺，走入官場，兼任漕運局總辦、海運委員。一八七一年七月，盛宣懷赴上海與其商議辦輪船局事。朱因擔心沙船工人失業，興趣不大，後經陪同盛宣懷到滬，經馬建忠勸說，他同意參與承辦招商局組建工作。朱其昂深諳船務，雖沒經營新式航運，但因其世代經營沙船，因而對航運頗為熟悉，所以，在接受任務很短的時間內，就在李鴻章授意下，與朱其詔共同擬定輪船招商局章程（共 20 條），並任招商局總辦，次年招商局改組，任會辦，負責漕運和官務。

朱其昂任總辦後，為了加快招商局的建設，將招商局辦公室

設在上海自己的廣昌商號內，並邀上海著名錢商兼絲商胡光墉、李振玉共同籌畫，在上海洋涇浜南永安街租賃房屋，以備開局之用。而且，為了減輕政府壓力，朱其昂向李鴻章建議，「仍循往年許道身、容閎原議」，由官設立商局，在殷實華商中招收股份，以解資金之困。李鴻章接納了朱的建議。在李鴻章及眾人的苦心籌措下，一八七三年一月十七日中國輪船招商局正式開局，地址設在上海洋涇濱南永安街。這樣中國近代第一家大型輪運企業在上海正式宣告誕生。光緒三年（1877 年），朱其昂為招商局購買美商旗昌輪船公司財產，赴江、粵、浙等地籌款。次年由李鴻章委為津海關道，任命三日後不幸去世。

輪船招商局創辦初期，面臨多方面困難，開局僅半年，輪船招商局就陷入困境。「因創辦之始，外洋及貿易情形未熟，船價稍貴。其用人濫而靡費多，亦所不免。」[48] 後經唐廷樞、徐潤、盛宣懷等後任者的艱難經營，招商局逐步進入正軌，又經多年開拓，漸從洋商手中挽回利權。至光緒元年（1875 年），已有自製輪船，加上承領閩廣輪船八艘，又增加股份，在漢口、宜昌、沙市、九江等地設分局，並向英國購進二艘輪船，分往南北洋各海口及外洋日本、菲律賓、新加坡等處貿易，又承運江浙漕糧。從此中國輪船開始暢行中國海域，成為海防洋務的一大業績。

48　聶寶璋、朱蔭貴編《中國近代航運史資料》第 1 輯，上海人民出版社，1983 年版，第 794 頁。

表 3-8 招商局早期新辟航線表（1872-1881 年）

| 年份 | 新辟航線 | 配備船隻 |
|---|---|---|
| 1872 | 滬—汕線 | 伊敦 |
| 1873 | 滬—津線 | 永清 |
| | 滬—煙—津—牛莊線 | 福星 |
| | 滬—漢線 | 永寧、洞庭 |
| | 滬—汕—港—廣線 | 伊敦、永清 |
| | 上海—寧波線 | 永寧 |
| | 上海—長崎—神戶線 | 伊敦 |
| | 上海—呂宋線 | 伊敦 |
| 1874 | 汕頭—新加坡線 | 富有 |
| 1877 | 上海—溫州線 | 永寧 |
| 1878 | 漢—宜線 | 江通、江孚、江平、江源 |
| | 上海—福州線 | 海晏 |
| | 上海—溫州線 | 永寧 |
| | 汕頭—廈門線 | 和眾 |
| | 省—澳線 | 洞庭 |
| | 香港—海口線 | 美利 |
| 1879 | 廣東—新河線 | 洞庭 |
| 1880 | 上海—營口—煙臺線 | 美利 |
| 1881 | 海口—海防線 | 洞庭、康濟 |

注：轉引自胡政、朱玉華主編《招商局與中國港航業》，社會科學文獻出版社，2011 年版。

## （二）漢口分局接踵登場

　　一八七二年中國輪船招商總局在上海成立，次年一月十四日輪船招商局就派劉紹宗任漢口辦事處商董，在漢口民生路二號設

辦事處，即漢口分局。漢
口分局資本銀三萬餘兩。
下設業務、船務、會計三
課，購置十一號棧、四至
八號碼頭。由漢口轉運四
川、兩湖、廣州。這是中
國自辦近代機械輪船在漢
口營運之始。

·二十世紀二三十年代的華商三北輪埠公司
漢口分公司辦公大樓

　　漢口分局是招商局一等分局，是長江上下遊總樞紐，它直屬
總局領導，具有分區領導地位。長江上游宜昌、沙市、湘潭三
處，有事必先報漢口分局，然後由漢口分局轉呈上海總局。長江
下游九江、安慶、蕪湖等局，遇有長江航運事務，先與漢口分局
商討，後呈報總局。漢口分局歷任局長（商董、總辦經理）有劉
紹宗、唐鳳徠、張寅賓、董仁柏、施紫卿、施子英、施省之、蔡
麗生、姚一鳴等。

　　劉紹宗，漢口分局第一位負責人，亦稱商董，十九世紀六〇
年代為漢口、九江美商瓊記洋行買辦。輪船招商局成立後，因有
投資和「為公司輪船攬載的經驗」，任輪船招商局漢口分局商
董。並佔有股份。

　　輪船招商局漢口分局成立後，開通了滬漢線。一八七三年七
月十日，「永寧」號貨輪（載重量 240 噸）從上海出發，掛輪船
招商局旗，開航鎮江、九江、漢口，代表中國輪船招商局首航中
國內河，接著，「洞庭」號也投入輪船招商局的長江營運。輪船
招商局船開始懸掛「黃底藍色雙魚旗」，不久改為「紅底黃日

旗」。由唐廷樞入局時帶來的「永寧」「洞庭」「南潯」「滿洲」四艘（也有說「永寧」「洞庭」「漢陽」三艘）江輪搭附局中，為輪船招商局緩解了沒有江船的窘境。

一八七六年五月，湖北為籌備江防，購「漢廣」兵商兩用輪船由英到滬。兩湖督憲李瀚章為「顧全大局」，奉命將「漢廣」交輪船招商局使用，派走寧波。九月，兩江、浙江向英國定購「江永」「江寬」抵達上海，交予輪船招商局航行長江。輪船招商局始有與洋行抗衡的資本。一八七七年三月，輪船招商局兼併美商旗昌輪船公司，接受旗昌「江匯」等十六艘大輪船，及「七里」「熙春」小輪。一八七八年，搭附招商局輪船除「永寧」「洞庭」兩艘報局方收買歸入商股外，餘皆解約。到一九四六年，漢口分局有碼頭四座，倉庫十個，容量二萬六千七百五十二噸，棧房十一座。其中周家巷碼頭三座，洪益巷五座，張美之巷三座，分別是紗棧、危品棧、轉口棧、糖鹽棧、油類棧、雜貨棧等。

一八七六年，輪船招商局收購美商旗昌輪船公司在長江沿線的產業，漢口分局也相繼接收美商旗昌輪船公司在漢碼頭、樓房、躉船、駁船，至此，漢口分局共有貨棧樓房十一幢，可儲存貨物十三點九七萬件，經營業務頗有擴展，僅次於上海輪船招商局碼頭。從一八七三年到一九三八年，招商局先後在漢口營運的船舶有「永寧」「洞庭」「漢陽」「江寬」「江永」「江表」「江通」「江孚」「江裕」「江長」「固陵」「快利」「江慶」「江順」「江安」「江漢」「江新」等共計二十二艘，另有小船、鐵駁，經營漢口—上海線、漢口—宜昌線、漢口—長沙線、漢口—湘潭線、漢口—重慶線。到一九一一年前，有大船六艘，之後，基本保持

在九艘左右。

　　漢口分局航運業務，一八八六年一年的水腳（水路運輸費用）為二十八萬兩，至一八九九年則定在三十五萬兩，花紅四千一百五十一兩一錢九分。所載貨物以麵粉居首位，其次為雜貨、汽油、食鹽、煤、大米等，運往下游的貨物以糧油、布麻、煙、茶、日雜為大宗，全年運輸量大致為九十六點七六萬公擔，年入達三百萬兩銀。

　　漢口分局的設立及滬漢線的開通，標誌中國新式輪運航業在長江流域崛起。此後不久，隨著宜昌、沙市的先後開埠，航運線路不斷向長江上游延伸，中國輪船招商局又先後成立宜昌、沙市分局，並開通漢宜線、漢渝線等。這兩條航線成為中國輪船招商局的重要航線，是中國近代新式航運業的一件大事，也是輪船招商局早期維護航權的重要標誌。從此，洋輪獨霸內河航運的局面被打破，中國近代民族航運事業由此翻開了新篇章。

表 3-9 招商局漢口分局負責人一覽表

| 機構名稱 | 職務 | 姓名 | 任職時間 | 機構名稱 | 職務 | 姓名 | 任職時間 |
|---|---|---|---|---|---|---|---|
| 漢口辦事處 | 商董 | 劉紹宗 | 1873—1875 | 漢口分局 | 經理 | 蔡麗生 | 1933—1937 |
| 漢口分局 | 總辦 | 施紫卿 | 1893— | | | 姚一鳴 | 1946— |
| | | 施子英 | 1914— | | | 李蓀芳 | 1948— |
| | | 施成之 | 1917— | | | 江紹曾等 | |
| | | 施省之 | 1921— | | | | |

　　注：錄自武漢市地方志編纂委員會主編《武漢市志・交通郵電志》，武漢出版社，1998 年版，第 194 頁。

## 四、漢口輪船招商分局與洋輪的爭鋒

輪船招商局作為中國晚清創建的第一家官督商辦的近代企業，它依靠政府的扶植和中國商人的支持，克服初創時期的困難，業務有較快的發展，企業規模不斷擴充，組建中外十九個分局，逐步打破了外輪獨佔中國航運的危局。這招致了外輪的聯合打壓，在與外輪的不斷爭鋒下，招商局逆勢而上，借鑑近代資本主義的經營方式，開通多條航線，兼併美商旗昌輪運公司，結束了以對華販賣鴉片起家的美商旗昌、英商太古、英商怡和主導長江航運的局面，形成長江航運領域中招商局、太古、怡和中外輪船公司的「鼎足三分」形勢。漢口分局也在總局的護翼下不斷壯大，成為招商局主導長江航運的中堅。

### （一）漢口分局業務之擴展

輪船招商漢口分局其業務既承接政府運輸業務，也承擔民間客貨運輸。而政府運輸方面又有漕運與鹽運之分，此為輪船招商局早期賴以生存的兩大利潤來源。招商局與外國航業抗衡，憑藉的是地利、人和的優勢。在招商局籌辦時期，李鴻章曾指出：第一，我船有漕米裝運，貨源有保證，洋船全靠臨時攬載；第二，我局的經費、棧房、輪船用度、駁船扛力比洋船便宜；第三，用中國人攬中國貨，取信易，利便實甚。[49] 輪船招商局創辦始終得

---

49　胡政、朱玉華主編《招商局與中國港航業》，社會科學文獻出版社，2011年版。

到李鴻章的特殊關照。在「商為承辦，官為維持」的原則下，清廷從政治、經濟等方面大力支持與呵護中國近代第一家民族航運企業——輪船招商局，可謂清廷之「特保」，故雖在「商困民窮，勢已岌岌」之危局中，仍得以生存、發展和壯大。為抗擊洋商控制江海航運領域，清廷加大了對招商局的扶持力度，如補助漕運津貼。按照高於沙船運漕的價格標準支付輪船招商局運費，力求「迅速把江海航線的外船排擠出去」。「運漕水腳是政府對招商局的一種變相補貼，沒有這種補貼，招商局非虧本不可」[50]，「承運漕糧，為招商局根本」[51]。

漢口輪船招商分局的民運業務，以滬漢線、漢宜線攬客和載貨為主。主要運輸茶葉、米穀、棉麻、木材、食鹽、布匹、小麥、桐油、牛羊皮、煙葉、豆類、芝麻、蛋類、棉紗、生漆、豬鬃、鐵礦砂、銻礦砂，棉製品、棉紗、煤油、五金、染料、食糖等進出口貨物。物資流向為長江流域和國外。從漢口運往下游各埠的貨物以糧油、布麻、煙、茶、日雜為主。土貨外銷如：茶葉、牛羊皮、煙葉、芝麻等銷往歐美等地。棉花、苧麻、生漆、鐵礦砂等銷往日本。銷往國外的還有豬鬃、桐油、柏油等。其中，「茶葉、鐵礦砂可從武漢直銷國外，其他多數貨物需經上海

50　《北華捷報》1879 年 8 月 8 號，第 136 頁。
51　聶寶璋、朱蔭貴著《中國近代航運史資料》第 1 輯，上海人民出版社，1983 年版，第 939 頁。

等港口轉運」[52]。清末漢口俄羅斯茶多由招商局輪船「運赴上海，再行轉運天津，以外銷外蒙古、西伯利亞等埠」[53]。漢口分局僅俄茶一項，每年水腳「四五萬金」。[54]

各地主要運輸的貨物略有不同。季節不同運輸的貨物也不盡相同。一八九三年，宜昌以「青麻為大宗，木耳、皮油次之。青麻每年約有一萬四五千件，由漢口轉運汕頭、香港兩處」。[55]「由漢轉津貨，以茶件為宗；轉汕頭貨以藥材、麻件為大宗，現以糧食為大宗；由漢裝滬貨以茶、煙、油、麻、藥材為大宗，現亦以糧食為大宗；裝鎮貨以油件為大宗。」「豆餅暢銷，約在春夏之交」[56]。

### (二) 漢口分局與外輪的較量

輪船招商局成立以來，雖然長期得到政府的保護，然而在僧多粥少、市場競爭激烈的狀況下，輪船招商局為謀求長遠發展，也採取各種措施爭取客源、貨源，以保證業務的持續增長。如，

---

52 徐鵬航主編《招商局與湖北》，湖北人民出版社，2008 年版，第 39 頁。
53 聶寶璋、朱蔭貴著《中國近代航運史資料》第 2 輯，中國社會科學出版社，2002 年版，第 831 頁。
54 《董葆善致盛宣懷函》（光緒十八年二月初七），《輪船招商局》，第 410 頁。
55 鄭觀應撰，上海圖書館、澳門圖書館編《長江日記》，上海古籍出版社，2010 年版，第 191 頁。
56 鄭觀應撰，上海圖書館、澳門圖書館編《長江日記》，上海古籍出版社，2010 年版，第 201 頁。

採取優惠或折扣策略。對於華商租輪船運輸物資，招商局根據裝運貨物的價值給予不同的運費折扣；對於官方租輪船運輸物資，則按事前商定的運費給予優惠。「奉運淮軍及

・一九〇六年漢口碼頭輪船往來，貨物聚集，呈現一派繁忙景象

楚軍、霆軍之兵勇軍械，均照定數或七八折，或五六折，從減核收。」[57] 特別是招商局在起用唐廷樞、徐潤後，在其主持局務以來實施一系列得力舉措，不僅備獲國人稱賞，同時也引起洋人密切關注。一八七三年天津英國領事商務報告指出：招商局「將顯示出是英美航運公司的強大競爭對手」。[58] 十九世紀七〇年代一名英國海軍軍官認為：「當唐氏在東方一家第一流的外國公司（怡和洋行）任職時，獲得了豐富而廣闊的經驗，他正在運用這個經驗去損傷這些外國公司。」[59]

唐廷樞和徐潤在洋行任職多年，熟諳洋商經營，與其競逐，知己知彼，易於立身於不敗之境。一八七六年太常寺卿陳蘭彬概括：「招商局未開以前，洋商輪船轉運於中國各口，每年約銀七

57　中國史學會編《洋務運動》之六，上海人民出版社，1961 年版，第73-74 頁。

58　陳絳著《唐廷樞與輪船招商局》，《近代史研究》1990 年第 2 期總第56 期，中國社會科學院近代史研究所。

59　中國史學會編《洋務運動》，中國近代史資料叢刊（八），上海人民出版社，1961 年版，第 402 頁。

百八十七萬七千餘兩。該局既開之後，洋船少裝貨客，三年共約銀四百九十二萬三千餘兩，因與該局爭衡，減落運價，三年共約銀八百十三萬六千餘兩。是合計三年中國之銀少歸洋商者約已一千三百餘萬兩。」[60] 綜合統計招商局歷年賬略所記，從創辦到一八八四年核收輪船運費共一千七百一十三萬七千零九十五兩，加上跌價競爭使外商運費收入大減，中國少溢出白銀不下數千萬兩。[61] 李鴻章則聲稱：「創辦招商局十餘年來，中國商民得減價之益而水腳少入洋人之手者，奚止數千萬，此實收回利權之大端。」[62]

唐廷樞主持的輪船招商局，在長江流域與外商的較量中，以漢口、宜昌、沙市分局與洋商的角逐最為激烈，在收回中國航運權益方面的積極作用是顯而易見的。

### 1. 兼併旗昌輪船公司

旗昌輪船公司是由經營鴉片走私的美國商人在華設立的第一家專業輪船公司。一八六六年利潤為二十二萬餘兩，一八七一年增至九十五萬餘兩。短短的幾年，資本由一百萬兩增至二百二十五萬兩，船隻和噸位也迅速增加。它以經營長江航運為主，也派船在沿海各口岸往來，總收入中 67%-75% 是從長江航線得來

---

60　中國史學會編：《洋務運動》，中國近代史資料叢刊（六），上海人民出版社，1961 年版，第 9-10 頁。

61　張後銓主編《招商局史》（近代部分），人民交通出版社，1988 年版，第 128-129 頁。

62　轉引自徐鵬航主編《招商局與湖北》，湖北人民出版社，2008 年版，第 41 頁。

的。一八六一年旗昌輪船公司擁有江輪兩艘，總數不足九百噸。一八七二年已擁有江輪九艘，總計一點六萬噸，其中三千噸以上的大輪就有二艘。除重入長江並與旗昌簽訂「運價協定」的英商怡和洋行外，長江上與旗昌競爭的只有美記、馬立師兩家小洋行輪船，及唐廷樞、徐潤等買辦創辦的公正輪船公司，三家公司合計僅五六隻輪船，除有一隻上千噸外，其餘均為兩三百噸的小船。旗昌在長江航線上幾乎沒有競爭對手，可謂長江輪運中的巨無霸。

一八七三年七月十日，唐廷樞首派輪船行駛長江，此時招商局發展規模很小，但作為中國新式輪運的先驅，以小型船隊出征洋行壟斷水域，敢與洋商分利，實在勇氣可嘉。而且，他的這一舉動，立即遭到旗昌、太古、怡和「合力以傾我招商局」。[63] 一八七四年，太古洋行駐上海經理致函倫敦：「我們正在考慮同旗昌一起采取對付中國輪船招商局的措施，希望這些措施將把它打垮。」三家洋行聯手，以不惜血本跌價競爭，企圖一舉擊垮羽翼未豐的招商局，把中國新式輪船航運業扼殺在繈褓之中。

63 中國史學會編《洋務運動》，中國近代史資料叢刊（六），上海人民出版社，1961年版，第13頁。

表 3-10 旗昌與輪船招商局一八七二至一八七三的江輪比較

| 公司 | 船名 | 噸位 | 說明 |
|------|------|------|------|
| 旗昌輪船公司 | 莫陽 | 1223 | 1865 年 7 月從吠禮查洋行買進 |
| | 火後 | 3801 | 1865 年 12 月從廣隆洋行買進 |
| | 江龍 | 945 | 1867 年初從瓊記洋行買進 |
| | 富士 | 1215 | 1867 年初從寶順洋行買進 |
| | 廣島 | 1294 | 1867 年初從寶順洋行買進 |
| | 杭州 | 2024 | |
| | 河南 | 566 | |
| | 湖北 | 2745 | |
| | 普利茅斯山 | 3017 | |
| 輪船招商局 | 永寧 | 240 | 1873 年進入輪船招商局附局 |
| | 洞庭 | 241 | 1873 年進入輪船招商局附局 |
| | 漢陽 | 275 | 1873 年進入輪船招商局附局 |

注：摘錄自徐鵬航主編《招商局與湖北》，湖北人民出版社，2008 年版，第42 頁。

　　美商旗昌輪船公司對於同行，即便是小型或初創的航運企業，皆予以重視並實施打擊，意在防患於未然。一八六二至一八六三年間，上海有二十家洋行經營輪運業務，有的被旗昌擠垮，有的被迫妥協。一八七三年初，為了打壓中國輪船招商局，旗昌故伎重演，用擊垮美商瓊記、英商寶順等十餘家船運洋行的價格戰來對付中國輪船招商局，將客人船費由 15 兩降至 10 兩，貨物水腳則從每噸年均 5.5 兩降至 4 兩。此後逐步下降，上海「往漢口九江等處，貨每噸二兩五錢，往鎮江噸貨一兩五錢，只有原來

的 50%左右」。[64] 至一八七五年，客人、雜貨、茶葉等貨物價格大都在一八七三年的基礎上又下降一半，如客人船費從 10 兩降至 5 兩，貨物每噸從 4 兩降至不足 2 兩，一些貨物如重貨則下降至不足兩成。到一八七七年，競爭更加慘烈。價格大幅下降，導致輪船招商局運營利潤率顯著下降，至 一八七七年，輪船招商局雖因跌價少賺七八十萬，但在清政府漕運、中國客戶的支援下，輪船招商局長江運輸能力依然得到空前加強，在資本、淨收入（含折舊）方面保持年年上升的好勢頭。

表 3-11 輪船招商局資本、利潤率及淨收入統計表（1873-1877 年）單位：兩

| 年度 | 資本 | 利潤 | 利潤率（％） | 淨收入（含折舊） |
|---|---|---|---|---|
| 1873-1874 | 599023 | 81608 | 13.62 | 81608 |
| 1874-1875 | 1251995 | 156144 | 12.47 | 156144 |
| 1875-1876 | 2123457 | 161384 | 7.6 | 161384 |
| 1876-1877 | 3964288 | 359162 | 9.06 | 359162 |

注：摘錄自徐鵬航主編《招商局與湖北》，湖北人民出版社，2008 年版，第 43 頁。

上表資料表明，招商局在激烈的競爭中，發展勢頭強勁，航運利潤逐年遞增，誠如當時《萬國公報》所言：「旗昌設立長江輪船貿易時中國尚未照西法貿易也，今招商局穩步後塵亦。招商局之總辦諸君才明見遠，乘機所作，照現在擴而充之，更可見其

64  《申報》同治十二年三月初五（1873 年 4 月 1 日）。

一年興旺一年也。」[65] 長江航道是旗昌航運的生命線，旗昌迅猛發跡得益於長江航運的豐厚利潤。然而，旗昌長江航運「霸主」地位並不長久，英商太古、美記等洋行和輪船招商局先後加入競爭，而怡和洋行也乘勢組建華海輪船公司，繼續投入長江航運。旗昌在其挑起的價格大戰中，妄想以其雄厚的資本擊垮立足未穩的中國輪船招商局，然而事與願違，不僅沒能擊垮招商局，其自身還出現虧損，一八七七年，旗昌終因入不敷出，「萌退讓之念」。得此信的中國輪船招商局領導立即「面商旗昌歸併之舉」，月底，歸國的唐廷樞與盛宣懷、徐潤等到南京與兩江總督兼南洋通商大臣沈葆楨面商，後呈上書面報告，最終獲得官方的認可和支持。一八七七年三月，輪船招商局以二百二十二萬兩的高價收買了旗昌在華的全部資產，包含漢口、九江、鎮江、天津的洋樓、棧房、碼頭作價二十二萬兩。輪船招商局共收二十艘輪船、五隻駁船，輪船由原來的十一艘增至三十一艘。

輪船招商局對其中八艘江輪進行了名稱更改：「湖北」改名「江天」、「氣拉渡」改名「江靖」、「裸物樂」改為「江源」、「快也堅」改名「江匯」、「四川」改名「江長」、「徽州」改名「江表」、「南京」改「江孚」、「河南」改名「江通」。江輪「美利」及小輪沒有更名。分配於長江航線上的輪船招商局輪船共計八艘，「江寬」「江永」「江孚」「江表」四輪船走上海漢口，「江平」

---

65  《萬國公報・大清國事：論招商局買旗昌公司》1877 年第 424 期，15-16頁。

走宜昌漢口，「江天」走上海寧波，「江靖」「江通」停泊黃浦江備用。原航行於長江的「洞庭」走廣州、澳門，「大有」停泊黃浦江備用。輪船招商局長江運輸船隊得到大大加強，上海、漢口等地都得到許多「扼要碼頭」，輪船招商局「氣勢方覺漸盛」。

自此，招商局迅速龐大，一躍成為中國水域最大的船隊。「盤購旗昌當年，招商局的輪船從前一年的十一艘一萬一千八百五十四噸遽增至二十九艘三萬零五百二十六噸。」[66]「從此國家涉江浮海之火船，半皆招商局旗幟。」[67]

2. 簽訂長江「齊價合同」

一八七七年招商局兼併旗昌輪船公司後，擴大了產業和地盤，實力大增。長江航運態勢形成招商局、太古、怡和三強鼎立的局面。洋商對招商局收購旗昌輪船公司非常忌妒，採取極力降價和傾軋手段進行惡性競爭，企圖擠垮招商局，中外輪船公司競爭愈演愈烈。

招商局在政府的庇佑下，分別在一八七八年、一八八四年和一八九三年與太古洋行、怡和洋行簽訂了三次「齊價合同」。長江合同是其中較為重要的一項。一八七七年底，招商局與太古洋行簽訂為期三年的「齊價合同」，規定招商局在長江航行的船舶為六艘，太古為四艘，「其水腳（即運費收入）以招商局得五五

66  聶寶璋著《中國近代航運史資料》第 1 輯下冊，上海人民出版社，1983 年版，第 1000 頁。
67  《申報》1877 年 3 月 2 日。

之數,太古得四五之數」,宣布從一八七八年一月一日起上調長
江航線客貨運價,年內,怡和洋行也與招商局簽訂「齊價合
同」。三家關於運費收的分配比例是:招商局占 38%,太古
35%,怡和 27%。這是中國航運業與外國競爭取得的一次勝
利。這一年四月,招商局開始經營漢(口)宜(昌)線,以「江
通」號首航宜昌,五月又相繼投入「江平」「江孚」「江源」行
駛該線。一年下來,招商局實現了扭虧為盈。一八七九年,怡和
洋行公然破壞「齊價合同」,增派「公和」「福和」兩輪行駛長
江、漢水航線,並隨意降低運價,迫使招商局削價應對。一八八
四年,招商局再次與太古、怡和簽訂「齊價合同」(為期 6 年),
規定以船舶噸位的大小分配運費收入,三家所占份額比例仍為
38%:35%:27%,同時規定「倘有別家輪船爭衡生意者,三
公司務須跌價以驅逐他船為是」,意在排斥其他競爭者,特別是
中國民營航運業。一八八九年,太古洋行再次大幅降低運價,迫
使招商局和怡和洋行低價運行。經過多年談判,一八九三年三
月,三家簽訂第三次「齊價合同」,繼續維持三足鼎立的局面。

　　與其他口岸相比,輪船招商局在滬漢線上的輪運,競爭最為
激烈。輪船招商局漢宜線上卻能占優,仍是獨自運營。因為「齊
價合同」的簽訂,輪船招商局的水腳收入立即得到大幅度的提
升。從一八八五至一八九三年,輪船招商局每年水腳收入在
185.9 萬-218.9 萬兩,船棧淨收入在 25.7 萬-85.3 萬兩。輪船招商
局、太古洋行、怡和洋行三家擬定的齊價合同,強調「同心協
力,彼此沾益」,「倘有別家輪船爭衡生意者,三公司務須跌價

以驅逐他船為是」**68**。其目的是為合理調配競爭主體，避免中外企業因惡性價格競爭而蒙受巨大損失。然而一紙合同並不能完全消除競爭，經過短期的休戰後，出於資本的逐利本性，各方勢必會在長江航運中爆發新的競爭。

招商局是中國第一家民族工商企業，發展至今一百四十餘年，積澱了厚重的歷史，由小到大，由弱變強，由一家經營單一的企業，衍生出眾多的行業。它的創辦是作為資本主義侵略的對立物而出現的，是反抗和抵禦外來經濟侵略的產物，是代表民族挽回長江航運權益的先鋒；而唐廷樞、徐潤、鄭觀應、盛宣懷就是這支航運隊伍的傑出掌舵人。可以毫不誇張地說：輪船招商局為推動近代中國的社會進步，促進近現代中國新型產業的發展，做出了無與倫比的貢獻。

---

68　汪敬虞著《十九世紀西方資本主義對中國的經濟侵略》，人民出版社，1983 年版，第 275 頁。

昌明文庫・悅讀歷史　A0604005

# 武漢近代工業史　第一冊

| | |
|---|---|
| 作　　　者 | 唐惠虎、李靜霞、張穎 |
| 版權策畫 | 李煥芹 |
| 責任編輯 | 呂玉姍 |
| 發 行 人 | 陳滿銘 |
| 總 經 理 | 梁錦興 |
| 總 編 輯 | 陳滿銘 |
| 副總編輯 | 張晏瑞 |
| 編 輯 所 | 萬卷樓圖書股份有限公司 |
| 排　　　版 | 菩薩蠻數位文化有限公司 |
| 印　　　刷 | 百通科技股份有限公司 |
| 封面設計 | 菩薩蠻數位文化有限公司 |

出　　　版　昌明文化有限公司

桃園市龜山區中原街 32 號

電話 (02)23216565

發　　　行　萬卷樓圖書股份有限公司

臺北市羅斯福路二段 41 號 6 樓之 3

電話 (02)23216565

傳真 (02)23218698

電郵 SERVICE@WANJUAN.COM.TW

大陸經銷

廈門外圖臺灣書店有限公司

　　電郵 JKB188@188.COM

**ISBN 978-986-496-505-2**

2019 年 3 月初版

定價：新臺幣 480 元

如何購買本書：

1. 轉帳購書，請透過以下帳戶

　　合作金庫銀行 古亭分行

　　戶名：萬卷樓圖書股份有限公司

　　帳號：0877717092596

2. 網路購書，請透過萬卷樓網站

　　網址 WWW.WANJUAN.COM.TW

大量購書，請直接聯繫我們，將有專人為您

服務。客服：(02)23216565 分機 610

如有缺頁、破損或裝訂錯誤，請寄回更換

版權所有・翻印必究

Copyright©2019 by WanJuanLou Books CO., Ltd.

All Right Reserved　　　　　　Printed in Taiwan

國家圖書館出版品預行編目資料

武漢近代工業史 第一冊 / 唐惠虎, 李靜霞,
張穎著.-- 初版.-- 桃園市：昌明文化出版；
臺北市：萬卷樓發行, 2019.03
　　冊；　公分
ISBN 978-986-496-505-2(第 1 冊：平裝). --

1.工業史 2.湖北省武漢市

555.092　　　　　　　　　　108003229